Gregor Eisenhauer
SCHARLATANE

Gregor Eisenhauer
SCHARLATANE
Zehn
Fallstudien

>»Es ist erbärmlich anzusehen, wie die Menschen
>nach Wundern schnappen, um nur in ihrem
>Unsinn und Albernheit beharren zu dürfen,
>und um sich gegen die Ohnmacht des Menschen-
>verstandes und der Vernunft wehren zu können.«
>Johann Wolfgang von Goethe

Eichborn Verlag
Frankfurt am Main 1994

© Vito von Eichborn GmbH & Co. Verlag KG,
Frankfurt am Main, 1994.
Reprint der limitierten Bleisatzausgabe.
Umschlag: Uwe Gruhle.
Satz: Greno, Nördlingen.
Druck und Bindung: Wiener Verlag, Himberg bei Wien.
ISBN: 3-8218-4441-8

Inhalt

I

Der
Antichrist
Appollonios
von Tyana
4 v. Chr. bis 96 n. Chr.

Die Zahl praktizierender Erlöser war zu allen Zeiten größer als der tatsächliche Bedarf. Das liegt zum einen an ihrem mangelnden Erfolg und zum anderen an dem Anspruch selbst kleiner und kleinster Volksgruppen, einen stammeseigenen Messias stellen zu dürfen. Das daraus resultierende heilsgeschichtliche Wirrwarr hat nur eins zweifelsfrei offenbart: keiner der allzu übereilt Verehrten hielt Wort. Keiner ist zurückgekehrt, keiner hat die Welt von ihren Übeln erlöst, keiner auch nur ein einigermaßen verläßliches Zeichen seiner jenseitigen Fortexistenz gegeben, das gilt für die christlichen wie für die griechisch-römischen, für die asiatischen wie die afrikanischen Weltenretter. Die Rückkehr vieler wird noch immer tagtäglich erwartet, mehr noch aber sind vergessen, gestorben mit der Kultur, deren Hoffnungsträger sie waren. Denn stets war die Unzufriedenheit der Menschen mit ihrer Zeit groß genug, um sie Zuflucht bei himmlischen Helfern suchen zu lassen, und stets fanden sich Berufene zuhauf, um sich in dieser Rolle anzudienen. Und je größer die diesseitige Not, je kräftezehrender der Lebensüberdruß, desto zahlreicher die Schar der jenseitigen Erlöser. Ein Gott allein — das zumindest hatte die Geschichte gelehrt — kann die Übel dieser Welt nicht verantworten. So war denn in den

Hochkulturen der Antike die Vielgötterei eine unbezweifelbare Selbstverständlichkeit geworden. In Ägypten wurden Hathor und Isis, Osiris und Seth nebst einer Vielzahl anderer, keineswegs untüchtiger Gelegenheitsgottheiten verehrt; in Griechenland hob sich der fromme Blick augenzwinkernd zum Olymp, auf dem zuweilen kaum weniger anarchische Verhältnisse herrschten als auf dem Peloponnes, und in Rom schließlich betete man zu allem, was Erfolg versprach. Je mächtiger sich die Stadt entwickelt hatte, desto pragmatischer war das Religionsverständnis ihrer Bürger geworden. Götter wurden geprüft, für gut oder schlecht befunden, und im Fall ihrer Tauglichkeit in das heimische Pantheon aufgenommen. Toleranz war ein Gebot weniger der religiösen als der politischen Vernunft. Die Erfahrungen mit Karthago hatten gelehrt, daß es in historiographischer wie ökonomischer Hinsicht wenig einträglich war, fremde Völker xenophobischer Eitelkeiten wegen gänzlich zu vernichten. Schon im Interesse eines dauerhaften Steueraufkommens war es allemal sinnvoller, in einem militärisch behüteten Frieden mit den Eroberten zu leben, die Sklaveneinfuhr über den freien Markt abzuwickeln und einen nicht nur die heimische Küche bereichernden Kulturaustausch zu fördern.

4 v. Chr., im Geburtsjahr des Apollonios — das ebensowenig beglaubigt ist wie sein Todesjahr —, schien die Welt nach den Wirren der Bürgerkriege diesen Frieden wiedergefunden zu haben. Während Cäsar sich noch als das gezeigt hatte, was er tatsächlich war, als Usurpator, kostümierte sich sein Großneffe und Adoptivsohn Oktavian als traditionsbewußter Republikaner, was ihm der Senat und das Volk von Rom mit allerlei Ehrentiteln honorierten. Das silberne Zeitalter war angebrochen, und mit ihm die Epoche der Heuchler und Lobhudler, die sich zu Ruhm und Reichtum dienerten. Ovid schrieb in serviler Ehrerbietung seine Bettelbriefe vom Schwarzen Meer, wohin man ihn vorgeblich seiner unzüchtigen Gedichte wegen

verbannt hatte; Horaz dichtete zu der kaiserlich anberaumten Jahrhundertfeier das offizielle Festlied, und Vergil verklärte in seiner *Äneis* Römertugend und Tyrannenherrschaft. Mit der den Historikern dieser Tage eigenen weitschweifigen Unbekümmertheit fälschte Livius die römische Geschichte in 142 Büchern, Nikolaus von Damaskus handelte die gesamte Weltgeschichte nicht weniger erfindungsreich in 144 Bänden ab, Strabo benötigte für die gesamte Geographie seiner Zeit immerhin noch 17. In allen Wissenschaften wurde gesammelt und systematisiert, abgeschrieben und neu zusammengestellt, ohne daß sich ein rechter Fortschritt einstellen wollte.

Zu Lebzeiten des Augustus umfaßte das Römische Reich 3,3 Millionen km² und 54 Millionen Einwohner, darunter 5 Millionen römische Bürger. Das Straßennetz erstreckte sich über 80000 Kilometer. Es gab Baukonzerne, Handelskonsortien, Großbäckereien; man kannte das Glas und braute Kosmetika aller Art, man benutzte Zahnpulver und Zahnstocher, heißes Wasser und Verhütungsmittel. Die Luxusindustrien florierten, der Handel blühte, aber alle Pracht und aller Prunk konnten nicht darüber hinwegtäuschen, daß Roms heroische Zeit, die Zeit seines Aufstiegs zur Weltmacht, vorüber war. Wo einst die Bürger der Republik die Staatsgeschäfte beraten hatten, drängte sich zu Hunderttausenden der Pöbel. Die Stadt, ehedem so überschaubar in Gemeinden unterteilt, zählte nun an die 2 Millionen Einwohner und wucherte über alle Grenzen. Der Luxus war, an altrömischen Maßstäben gemessen, unvorstellbar; die Kluft zwischen Arm und Reich nicht größer, wohl aber auffälliger als je zuvor. Der soziale Friede war fortwährend gefährdet, aber, trotz gelegentlicher Unruhen, nie in einer für die Aristokratie lebensbedrohlichen Weise — ein römischer Bürger, wie verarmt er auch immer sein mochte, wußte stets noch Elendere unter sich. 2 Millionen Sklaven lebten in Italien, davon die Hälfte allein in Rom. Reiche Römer hielten sich für gewöhnlich 400 bis 500,

schon der geringen Lebensdauer wegen. Die meisten Skla-
venbesitzer folgten dem Vorbild Catos, des streitbarsten
Verfechters altrömischer Tugenden, der seine Leibeigenen
töten ließ, sobald sie unrentabel wurden. Moralische Bedenken gegen dergleichen letale Entlassungspraktiken hatten schon die griechischen Philosophen im Interesse ihres
stadtstaatlichen Wohlstandes nicht aufkommen lassen wollen: »Von der Stunde ihrer Geburt«, verfügte Aristoteles
lakonisch, »sind manche zur Unterwerfung, andere zur
Herrschaft bestimmt.« Die Bergwerke, die Latifundien
der Großgrundbesitzer, die Staatsbetriebe und Galeeren
hätten ohne Sklaven nicht betrieben werden können. Rom
prosperierte dank fremder Hände Arbeit, ein Umstand, der
nicht weiter auffiel, denn die extremistische Forderung
nach Einführung von Sklaventrachten hatte der Senat
wohlweislich abgelehnt: »Dann würden sie sehen, wie
wenig zahlreich wir sind.«

Im Umgang mit den Sklaven gab es keine Standes-
schranken: Auspeitschungen, Folterungen und Kreuzi-
gungen waren überall an der Tagesordnung, im Gelehrten-
haushalt wie im Großgrundbesitzerkral — die Gladiatoren-
spiele waren nur die spektakulärste Inszenierung dieses
gewalttätigen Rassedünkels: Augustus hielt sich während
seiner Regierungszeit 10000 Kämpfer, eine Schar, die
Claudius und Trajan kaum mehr für ein Schauspiel
genügte.

Roms große Zeit war dahin und mit ihr die römischen
Tugenden. Auch wenn man es sich offiziell nicht ein-
gestand, man war der eigenen imperialen Größe längst
überdrüssig. Die Senatoren und Ritter, die Kaiser und
Hofschriftsteller träumten vom einfachen Leben, fern der
Großstadt, auf dem selbstbewirtschafteten Landgut der
Väter, wo man sich, so es die Zeit zuließ, dem melancholi-
schen Verdruß über die Unstetigkeit des Lebens und die
Eitelkeit allen Seins hingab: »Denk einmal — zu deiner
Belehrung — an die Zeit unter Vespasian; dann wirst du

das alles sehen«, sinnierte Mark Aurel Generationen später: »Leute, die heiraten, Kinder aufziehen, krank sind,
sterben, Krieg führen, Feste feiern, Handel treiben, das
Land bebauen; Menschen, die schmeicheln, anmaßen,
argwöhnisch oder heimtückisch sind; manche, die am
liebsten sterben möchten, die über ihre Lage jammern,
andere, die lieben oder Schätze häufen oder nach dem
Konsulat, nach der Königskrone begehren! Und von dem
Leben all dieser Menschen nirgends mehr eine Spur! —
Wandere in Gedanken weiter zu den Zeiten Trajans: wieder ganz dasselbe! Tot auch das Leben der Menschen von
damals. Und ebenso betrachte die anderen Urkunden früherer Zeiten und ganzer Völker [. . .].«

Zukunftsangst machte sich breit. Alle republikanischen
Reformbewegungen waren gescheitert, die Bürgerkriege
hatten den Glauben an die eigene Unfehlbarkeit erschüttert, Korruption und Gewalt die Grundfesten der Gesellschaft ins Wanken gebracht. Die alten Götter schienen
ratlos — die Willkür regierte: »Wir sind so sehr dem Zufall
ausgeliefert«, klagte Plinius, »daß der Zufall unser Gott
geworden ist.« Ihm huldigte man, privat und in aller
Öffentlichkeit. Wichtige Staatshandlungen durften nur
unter günstigen Vorzeichen vorgenommen werden, sei es
des Himmels, der Leber ausgeweideter Opfertiere, des
Vogelflugs oder des Appetits des bodenständigeren prophetischen Federviehs — die Verdauung der heiligen
Hühner war oftmals entscheidender für die Geschicke des
Römischen Reiches als der Sachverstand seiner Regie-
rungsbeamten.

In Rom herrschte der Aberglaube. Der durch Cäsar
verschuldete Brand der 500 000 Schriftrollen umfassenden
alexandrinischen Bibliothek war das Fanal des Untergangs
der hellenistischen Geisteswelt gewesen. Die Tradition
eines unerschrockenen Denkens verkümmerte, Wissenschaft und Kunst verloren an Ansehen, die Zahl derer, die
sich gebildet nennen durften, wurde zur verschwindenden

Minorität. Apoll und Athene, die Götter der Vernunft, hatten ausgedient, der Obskurantismus wurde Mode.

»Wird der Menschenverstand erst einmal aus dem Gleichgewicht gebracht«, spottete Tacitus besorgt, »dann ist er bereit, alles zu glauben.« Tempelschlaf, Wunderkuren, Orakelzauber waren überall im Römischen Reich alltäglich. Man deutete Träume und Stuhlgang, Froschgeschrei und Grillengezirp. Man gelobte und flehte, versprach Opfer und schlachtete, mitunter berserkerhaft blutrünstig: Die voreilige Freude über Caligulas Regierungsantritt kostete 160000 Opferstieren das Leben — eine ungeheure Zahl, selbst wenn es — Suetons Hang zu numerischem Pathos in Rechnung gestellt — nur 16000 waren. Man verehrte Standbilder und Talismane aller, gerade auch der obszönen Art, ließ Statuen bildhauern und Götter malen, schenkte und stiftete, und machte die Priester und ihre Zuliefererbetriebe reich. Die Magierkaste beherrschte alle theatralischen Mittel, um den Glaubenswilligen jenes Spektakel zu bieten, das sie sich als Lohn ihrer Gläubigkeit erhofften. Physikalisch versiert nutzte man das Prinzip des Saughebers, um Wasser in Wein zu verwandeln. Man ließ durch hydraulische Gebläse Fanfarenstöße ertönen und Altarfeuer lodern. Heißluft öffnete Türen und ließ Götterstatuen sich wie von selbst bewegen, Beleuchtungseffekte gaukelten Epiphanien vor, Marionetten auferstandene Götter, Drogen versetzten in farbenprächtige Paradiese. Auf das Geheiß all der weisen Männer und Auguren hin fluchte man und beschwor, bannte und memorierte man Zaubersprüche. Natürlich geschahen aufgrund dieser abergläubischen Praktiken keine Wunder, aber je größer die Zahl der Gläubigen, je fester ihr Wille, alles Unerklärliche Göttern und Götzen gutzuschreiben, desto häufiger und spektakulärer wurden die kolportierten Wundererscheinungen.

Eine neue, nervöse Religiosität machte sich breit, der es zunächst und vor allem um das persönliche Heil ging. Die olympischen Götter, alt und müde geworden, waren all dem nicht mehr gewachsen. Die aus aller Herren Länder heimkehrenden Legionäre stillten die Nachfrage nach Neuem. Die Kulte wurden immer zahlreicher und orgiastischer, die Gier nach Ekstase, Vergessen, Unsterblichkeit immer ungezügelter. Die Zeit war aus den Fugen geraten, und nicht wenige glaubten sich berufen, sie einzurenken.

Es war unter der Herrschaft des Augustus, als in Kappadokien, einer Gebirgslandschaft im östlichen Kleinasien, dessen Menschen »Hosen aus Leder tragen [. . .] und die nicht essen, soviel sie wollen, sondern soviel sie haben«, fern der römischen Hauptstadt und jeglicher Zivilisation, ein Kind unter seltsamen Umständen zur Welt kam. Denn der Mutter erschien, wiewohl sie schon eine geraume Zeit schwanger war, ankündigungslos ein Geist. »Ohne sich zu fürchten, fragte sie ihn, was sie gebären würde. ›Mich‹, gab dieser zur Antwort, und als sie weiter fragte, wer er denn sei, sagte er: ›Proteus‹.« Die Geburt selbst vollzog sich unter nicht minder mysteriösen Umständen. Ein Traum hieß die Frau kurz vor der Entbindung zum Blumenpflücken auf die Wiese gehen. Dort sank sie in einen tiefen Schlaf und wurde von Schwänen umringt, die einen wehenfördernden Hymnus intonierten: »Es hilft ja jeder Schrecken bei der Entbindung, sogar vor der bestimmten Zeit.« Ein Blitz zuckte nieder, erhob sich zum Firmament und erlosch, was vielen als Gleichnis der göttlichen Berufung des Knaben galt und zugleich — im Verein mit den sangesfreudigen Schwänen — als Indiz einer Vaterschaft Zeus' gewertet wurde, dem Proteus nur als begütigender Bote diente. So oder so von göttlicher Abkunft, erstaunte Apollonios — der Name bezeugt die tiefe mütterliche Verunsicherung — von klein auf seine Mitwelt: Er war von auffallender Schönheit, rascher Auffassungsgabe, untrügbarem Gedächtnis und bestürzendem Fleiß. Sein Vater gab ihn einem Rhetor in Tarsos, der mondänen Hauptstadt von Kilikien in die Schule, wo er sich früh über die Unmoral der Städter empören lernte. Aus Abscheu vor den dortigen dekadenten Sitten zog er noch in jungen Jahren weiter in eine nahegelegene Tempelanlage des Asklepios, um sich in Götterlehre und Philosophie unterweisen zu lassen. Unter allen Lehren gefiel ihm die des Pythagoras am besten, und so beschloß er, dem längst verstorbenen griechischen Weisen in allem nachzufolgen. Er verweigerte tierische Nahrung, verschmähte Wein, weil er die Seele verdunkelt, ging barfuß, legte sich ein leinenes Kleid an, ließ die Haare wachsen und wohnte fortan — zum Schrecken der Priester — im Tempel, um, wie sein Vorgänger, aller Welt weise Ratschläge zu erteilen. Ratschläge von ähnlich sibyllinischer Art wohl, wie sie einst Pythagoras berühmt gemacht hatten: »Den Liebesgenüssen mag man sich im Winter hingeben, nicht im Sommer; im Herbst und Frühling sind sie weniger schädlich, schädlich aber zu jeder Jahreszeit und der Gesundheit nicht zuträglich«; »man soll Feuer nicht mit dem Schwerte schüren, soll die Waage nicht überschlagen lassen, [...] das Herz nicht essen, nicht beim Abnehmen sondern beim Aufsichnehmen der Last sich beteiligen, [...] das Gesäß nicht mit der Fackel abwischen, nicht der Sonne zugewandt sein Wasser abschlagen [...], auf abgeschnittene Nägel und Haare nicht pissen [...].« Allem Anschein seiner Lebensführung wie auch der Zeugenschaft seiner Jünger nach war Pythagoras ein Heiliger, lange bevor dergleichen asketischer Rigorismus allgemein üblich wurde: »Niemals ward er dabei betroffen, daß er seine Notdurft verrichtete oder sich der Liebeslust hingab oder betrunken war.« Er enthielt sich der Eitelkeit und des Lachens, war wenn, dann nur mäßig zornig und weissagte allenfalls aus dem Vogelflug, aber nie aus dem Feuer. Pythagoras lehrte Gütergemeinschaft. Er riet, die Götter zu ehren, die Eltern und Großeltern, seinen Nächsten solle man so freundlich wie möglich gegenübertreten, die Gesetze achten, weder Tier noch Pflanze schädigen, sofern sie zahm und dem Menschen nützlich sind. »Der Bohnen aber müsse man sich enthalten«, weil ihr »Nichtgenuß dem Leibe zu größerer Bescheidenheit und Ruhe [verhelfe] [...] und dadurch auch die Traumbilder milder und weniger aufregend« mache. Aristoteles vermutete, daß diese Aversion gegen Bohnenfrüchte daher rühre, weil Pythagoras ihre »Ähnlichkeit mit den Schamteilen oder mit den Hadespforten« unangenehm gewesen sei — wahrscheinlicher ist, daß ihm die unentwegten Flatulenzen seiner Jünger zuwider waren.

Lebensziel eines jeden — so Pythagoras' diätische Empfehlung — solle die Reinheit sein, die man »durch Sühnungen, Bäder, Besprengungen, sowie dadurch [erlangt], daß man sich selbst unbefleckt erhalte von der Berührung mit Leichen, von Beischlaf und von Verunreinigung jeglicher Art«. Die lebensfroheren Komödiendichter, denen die lustlose Biederkeit der sich so unnahbar gebenden Philosophen ohnehin zutiefst verdächtig war, vermerkten nicht ohne Häme, daß die meditative Lebensführung entgegen allen Verlautbarungen der jeweils eigenen Körperhygiene keineswegs sonderlich förderlich zu sein schien, denn warum sonst waren die Schüler des Pythagoras landauf, landab als »Schmutzgesindel« verrufen, warum sonst spottete man allenthalben über ihre Läuse und den »starren Schmutz« ihrer Mäntel. Auch an Pythagoras selbst schieden sich die Geister, seinen Jüngern galt er, der den Begriff des Philosophen allererst geprägt und mit Leben erfüllt hatte, als gottgleicher Weiser, die Satiriker dagegen verhöhnten ihn als einen, »der sich auf blendende Weisheit verlegte, und, ein erhab'ner Prophet, geschwätzig auf Menschenjagd auszog«.

532 v. Chr. verließ der Vielgescholtene seine Heimat Samos und gründete im süditalienischen Kroton eine philosophische Kolonie. Mit fanatischer Eile machte sich sein Orden daran, die unsittlichen Zustände in den umliegenden Gemeinden zu verbessern. 510 v. Chr. zerstörten die

Pythagoreer das nahegelegene Sybaris, dessen liederlicher Lebenswandel sprichwörtlich geworden war. Zur Vergeltung wurde die Mehrzahl der Ordensmitglieder von den sich rachsüchtig zusammenrottenden Nachbarn in ihrem Versammlungshaus eingeschlossen und verbrannt. Nur wenige entkamen, darunter Pythagoras selbst. Als der Fliehende an ein Bohnenfeld kam, hielt er sinnend inne und sprach die vielbedachten Worte: »Besser, sich gefangen geben, als die Bohnen niederzutreten [...]« — seine Mörder vernahmen es mit Freude. Wahrscheinlicher ist allerdings, daß ihm die Flucht nach Metapontion gelang, wo er 497/96 v. Chr. unbehelligt starb. Pythagoras glaubte an die Wiedergeburt. So soll er einst, als er ein jaulendes Hündchen hörte, seinen Besitzer gebeten haben, die Peitsche wegzulegen, da er am Bellen einen alten Freund wiedererkannt habe. Nach eigenem Dafürhalten kehrte er alle 207 Jahre wieder aus der Unterwelt zurück, was Apollonios in dem Glauben bestärkte, ein Wiedergänger des verehrten Meisters zu sein — sofern dieser sich nicht allzu pedantisch an seinen Erweckungsrhythmus hielt.

Im 20. Lebensjahr des Apollonios starb sein Vater. Das Erbe war groß, und Apollonios eilte, es an die Armen zu verteilen. Er hatte keine bessere Verwendung: Frauen waren ihm gleichgültig. Luxus verachtete er. Eines der wenigen Vergnügen, das er sich in treuer Nachfolge des Pythagoras gönnte, war ein kaltes Bad nach den alltäglichen religiösen Disputationen: »Badeanstalten nannte er bekanntlich den Weg des Menschen zum Alter.« Um sich spirituell weiter zu vervollkommnen, und wohl auch weil er dem theologischen Einerlei überdrüssig geworden war, entschloß sich Apollonios für einige Jahre zum Stillschweigen. Während dieser Zeit pilgerte er in den Provinzen seiner Heimat umher und tat Gutes. Als er auf einer dieser Wanderungen »nach Aspendos kam [...] gab es dort nichts auf dem Markt als Viehfutter und Hungerrationen, denn die Reichen hatten alles Getreide aufgekauft, um es zu exportieren«. Apollonios, zur Stummheit verpflichtet, wäre sich und seinem Schwur beinahe untreu geworden »aus Mitleid mit den Tränen der Weiber- und Kinderscharen und dem Stöhnen der halbverhungerten Greise. Aber er hielt sein Schweigegelübde und schrieb seine Anklage auf eine Schiefertafel, die er dem Statthalter reichte, damit er die Worte verlese, die da lauteten: ›Apollonios an die Getreidehändler von Aspendos: Die Erde ist die Mutter von uns allen, und sie ist gerecht, aber ihr in eurer Ungerechtigkeit habt so gehandelt, als ob sie ausschließlich eure Mutter wäre. Wenn ihr damit nicht aufhört, werde ich nicht zulassen, daß ihr weiter auf der Erde verweilt.‹ Darüber sehr bestürzt, ließen sie große Mengen Getreide auf den Marktplatz bringen, und die Stadt erwachte wieder zum Leben.«

Nach Beendigung seiner missionarischen Lehrzeit brach Apollonios zu seiner ersten großen Reise auf: Über Antiochia zog er — ähnlich wie vor ihm Alexander der Große — ostwärts nach Babylon und weiter ins Wunderland der Inder, um die Weisheit der Magier und die brahmanische Philosophie kennenzulernen. Sein Reisebegleiter war Damis, der treueste seiner Jünger, von der Statur Sancho Pansas und dem stenographischen Eifer Eckermanns.

Daß Apollonios alle Sprachen der damaligen Welt beherrschte, ließ die Gespräche mit den Regenten der am Wege liegenden Königreiche leicht, aber keineswegs mühelos werden, denn gerade die niederen Hofbeamten verstanden sein philosophisches Anliegen erst, als sie sahen, wie schnell er sich damit die Gunst der Mächtigen zu erwerben vermochte. Sein Umgang mit den Herrschern der Welt war herablassend bis zur Kränkung — das imponierte. Man war dankbar, daß hier einer den Mut fand, all das offen zu verachten, woran man selbst, sei es aus Überdruß oder körperlichem Unvermögen, kaum mehr Freude hatte. Vor dem stets himmelwärts gekehrten Blick dieses Heiligen verlor das Alltägliche seine lastende Bedeutung, metaphysische Heiterkeit machte sich breit. Dem unter römischer Oberhoheit schwermütig gewordenen König von Babylonien, einem Land, dessen zivilisatorischer Wagemut einst sprichwörtlich gewesen war, schuf der Durchreisende solchermaßen nachhaltige Erleichterung von dem Alp der Melancholie: »›Apollonios befreit mich nicht nur von den Sorgen um die Königsherrschaft, sondern auch von der Angst vor dem Tode.‹« Und das alles, ohne unter den angebotenen Schätzen mehr als ein geringes an Reiseproviant anzunehmen.

Je näher die kleine Reisegruppe Indien kam, desto größer wurde — das hatte zuvor auch schon das Heer Alexanders erleben müssen — die Zahl der Mirakel, der Riesen, Gespenster und Drachen, der ölhaltigen Würmer, gescheckten Frauen und nimmermüden Kamele. Aber Apollonios war nicht in das Gangesland gekommen, um Naturwunder zu bestaunen, er war gekommen, um die brahmanischen Religionslehrer zu treffen, die fernab auf einem fabulösen »Hügel der Weisen« residierten. Die Neugierde beflügelte ihren Schritt, und das erste Staunen nach der Ankunft am heiligen Berg war groß. Aber so imposant die Tempelanlage, so fromm der Sinn der Heiligen, so bewundernswert ihre magischen Fähigkeiten in Prophetie, Levitationskunde und Astrologie, wesentlich Neues vermochten sie nicht zu bieten, auch wenn sich Apollonios, schon aus Dankbarkeit für ihre Gastfreundschaft, in allem als lernbegieriger und betont leichtgläubiger Zuhörer zeigte. Auf »die Frage, wofür sie sich denn hielten, erwiderte ihr Wortführer gelassen: ›Für Götter!‹ Und als Apollonios nach dem Grund fragte, hieß es: ›Weil wir gute Menschen sind!‹ Dieser Ausspruch schien Apollonios so viel gesunden Menschenverstand zu enthalten, daß er ihn später bei seiner Verteidigungsrede gegen Domitian verwendete.« Nach vier Monaten tagtäglicher Weisheitslehren verließ Apollonios die Heiligen vom Berg und machte sich, versehen mit vielerlei Komplimenten und der prophetisch beglaubigten Gewißheit, daß er »schon während seines Lebens den meisten Menschen als Gott gelten« werde, auf den Heimweg. Über das Rote Meer reiste er nach Kleinasien, wo die griechischen Städte miteinander wetteiferten, ihm ihre Gastfreundschaft antragen zu dürfen.

Voll missionarischem Tatendrang belehrte er zunächst die Epheser über die Laster der Unzucht und die Tugend des Teilens, aber trotz des anfänglich so enthusiastisch bekundeten Läuterungswillens verhallten seine Ermahnungen bald ebenso ungehört wie die disziplinarische Warnung vor einer drohenden Pest. Als man »sich aber gegenüber dem nahenden Unheil so unvernünftig verhielt, hielt sich Apollonios nicht mehr verpflichtet, ihnen zu helfen. Er zog daher im übrigen Ionien umher, brachte überall alles in Ordnung und teilte in seinen Unterredungen allen Anwesenden mit, was ihnen nützlich sein könnte.« Kaum war die Pest ausgebrochen, baten die Epheser reumütig um Hilfe. Apollonios ließ sich eingedenk seines Rufes nicht allzulange bitten, kam zurück, wies ihnen einen alten, in Lumpen gehüllten Bettler und sprach: »Hebt Steine in großer Menge auf und bewerft damit den Feind der Götter!« Ein kurzes, gewissenhaftes Zögern — dann faßten die Bürger Mut und steinigten den Greis. »Nach einer kleinen Weile ließ Apollonios die Steine wegräumen, um das Wesen, das sie getötet hatten, zu betrachten«: Was sie sahen, war ein gewaltiger Hund, der schäumte »wie die tollwütigen Tiere« — eine Verwandlung, die um so erleichterter zur Kenntnis genommen wurde, als am gleichen Tag die Pest verschwand. Apollonios trieb auf seiner Weiterreise noch eine Vielzahl anderer Dämonen aus, er entzauberte Hexen, ließ Achilles von den Toten auferstehen und vermochte mit seinen Moralpredigten zeitweise sogar die Aufmerksamkeit der Athener zu fesseln, ehe er in Begleitung seiner eifrigsten Jünger weiter nach Rom zog. 26 der 34 Mitgereisten entschlossen sich jedoch zur eiligen Umkehr, als sich die Gerüchte verdichteten, daß der derzeit amtierende Kaiser Nero den Philosophen so wenig Sympathie entgegenbrachte, daß er selbst seinen Hauslehrer Seneca zum Freitod ermuntert hatte. Apollonios zeigte sich davon unbeeindruckt. Und obwohl er bald durch allerlei Wunder auf sich aufmerksam machte und kaum eine Gelegenheit ausließ, über Neros Sangeskunst zu spötteln, blieb er im Gegensatz zu vielen anderen umhervagabundierenden Sophisten von Nachstellungen verschont. Als Nero allerdings ein öffentliches Auftrittsverbot über alle Philosophen verhängte, war auch Apollonios gezwungen, außer Landes zu gehn. Mit den wenigen ihm verbliebenen Jüngern reiste er zunächst nach Spanien, um ethnologische Studien zu betreiben und putschwillige Statthalter gegen den Kaiser aufzuwiegeln. In Cadiz bestaunte er das Phänomen der Gezeiten und erklärte es, eingedenk der pythagoreischen Lehrsätze zur Peristaltik, als Folge unterirdischer Winde, die den Ozean wie einen Atemzug an- und abschwellen lassen. Über Libyen und Sizilien — wo er mit philosophisch verhaltener Freude Neros Sturz zur Kenntnis nahm — reiste er weiter nach Ägypten. Allerdings war ihm sein Ruf bereits vorausgeeilt, so daß er entgegen seinen bescheidenen Erwartungen wie ein Gott empfangen wurde. Vespasian, der zu dieser Zeit gleichfalls in Ägypten weilte, um den Aufstand gegen den ehemaligen kaiserlichen Lustknaben Vitellius zu organisieren, nutzte die Gelegenheit, um allerlei prophetische Auskünfte einzuholen. Wie erhofft, ermunterte Apollonios den Bittsteller nachdrücklich zum Aufruhr, was Vespasian zu dem geflügelten Stoßseufzer veranlaßte: »Mein Zeus, laß mich über weise Männer herrschen und von weisen Männern beherrscht werden!« Der zukünftige Kaiser gedachte seinen neuen Ratgeber auf der Stelle mit sich nach Rom zu führen, aber Apollonios entzog sich dieser ehrenvollen Zwangsverpflichtung so höflich und bestimmt, daß Vespasian wenig mehr als die enttäuschte Nachfrage blieb: »Wirst du dich meiner auch erinnern?« »Gewiß«, erwiderte Apollonios, »wenn du ein guter Fürst bleibst und deiner selbst eingedenk bist.«

Ermüdet von all den politischen Alltagsgeschäften, reiste Apollonios weiter nach Äthiopien, zu den berühmten Gymnosophisten. Auch sie hausten wie die heiligen Männer Indiens auf einem Hügel, einem nur mäßig hohen allerdings, da sie den Indern und Griechen an Weisheit weit unterlegen waren, wie Apollonius in Anhörung ihrer mit allzu kynischer Sorglosigkeit verkündeten Lebensphilosophie schnell herausfand: »»Die Erde selbst ist unser Lager, und was sie von selbst hervorbringt und freudig darbietet, ohne gegen ihre Natur dazu gezwungen zu sein, ist unsere Nahrung. Überzeuge dich aber selbst, daß es uns auch nicht an den Mitteln zu jenen Künsten gebricht. Baum dort‹, rief er eine Ulme an [. . .], ›grüße den weisen Apollonios!‹ Und der Baum grüßte ihn, wie ihm befohlen war, wobei seine Stimme wohlartikuliert und weiblich klang.«« Apollonios belehrte seine Gastgeber eindringlich über die Rückständigkeit ihres animistischen Religionsverständnisses und anempfahl ihnen statt dessen die Weisheitslehren des Pythagoras und der indischen Brahmanen, ohne Erfolg.

Unterdessen hatte Titus, der Sohn des Vespasian, Jerusalem erobert und »mit Leichnamen angefüllt«, was er in altrömischer Bescheidenheit weniger der eigenen Feldherrenkunst als vielmehr der »zürnenden Gottheit« zugute hielt, der er zu ihrem Rachewerk nur seine Hände geliehen habe. Apollonios, gerührt ob dieser unzeitgemäßen Tugendhaftigkeit, eilte, dem zukünftigen Regenten zu dessen weiser Zurückhaltung zu gratulieren, woraufhin der artig retournierte: »Ich habe Jerusalem erobert, du aber mich.«

Kaum war Titus dank seiner Ruhmestat zum Mitregenten seines Vaters Vespasian berufen worden, ließ er Apollonios zu sich kommen, um ihn um Ratschläge für seine zukünftige Regierungspolitik zu bitten und über all das zu befragen, wovor er sich zu hüten habe. Apollonios aber wußte nur die vage Warnung vorzubringen, daß Gefahr aus dem Meer drohe. Zu welchem Zeitpunkt, das ahnte er selbst nicht, sonst hätte er sich vermutlich alle staatsmännischen Unterweisungen erspart. Titus nämlich starb bereits zwei Jahre nach dem Tod seines Vaters an einem Seehasen, den ihm sein Bruder Domitian vorgesetzt hatte. Apollonius wurde seine prophetische Vagheit jedoch keineswegs übelgenommen, und so trennten sich beide, der weltliche und der geistliche Herrscher des Erdkreises, mit einer brüderlichen Umarmung.

So zumindest erzählt es Philostratos in seiner Lebensbeschreibung des Apollonios. Tatsächlich hat diese Begegnung nie stattgefunden. Ebensowenig wie die Indienfahrt oder die sich anschließende Ägypten- und Äthiopienreise. Auch Damis, der treue Freund und Protokollant, aus dessen Aufzeichnungen Philostratos geschöpft haben will, ist eine Erfindung. Mit der den römischen und griechischen Geschichtsschreibern eigenen Unbedenklichkeit hat Philostratos das Leben des Apollonios zum Roman werden lassen. Die kulturgeschichtlichen Details, die Wundergeschichten und ethnographischen Kuriosa sind bei Herodot, Xenophon und anderen Autoren entlehnt. Nichts von all dem, was Apollonios auf seinen langen Reisen zustieß, ist im strengen historischen Sinne tatsächlich geschehen, keines der geschilderten Gespräche wurde je geführt, keine der unzähligen Reden je gehalten. Aber um die Wahrheit über Apollonios zu erzählen, war diese Biographie auch nicht geschrieben worden.

Philostratos, Sohn eines Sophisten und Vielschreibers, selbst als Rhetor in Athen tätig, war auf einer seiner Reisen auch nach Rom gekommen, wo er am Hof des Kaisers Septimus Severus reüssierte, weil er sich in dem Zirkel um Iulia Domna, der ehrgeizigen und kulturbeflissenen Gemahlin des Kaiser hervorzutun wußte. Auf ihren

Wunsch hin verfaßte er in 8 Büchern die Biographie des Apollonios, die er 217 n. Chr. fertigstellte. Iulia Domna, aus einer syrischen Priesterfamilie stammend, hochgebildet und überaus interessiert an allen philosophischen Dingen, schätzte Weisheitslehrer jeglicher Couleur, sofern sie — darauf legte sie einigen Wert — nicht nur durch ihre prophetischen Gaben, sondern auch durch ihr Aussehen zu begeistern vermochten. Ein solch romantischer Held war Apollonios, jener Apollonios, den sie Philostratos zu schaffen den Auftrag gab. Und Philostratos, wie die meisten seiner Zunft zur Weitschweifigkeit neigend, kam dem mit epischer Breite und belletristischem Erfindungsreichtum nach. Sein Apollonios verkörperte in Idealgestalt all jene hellenistischen Tugenden, die in dieser Epoche religiöser Sektiererei in Vergessenheit zu geraten drohten. Es war die Zeit des Niedergangs. Rom hatte den Zenit seiner Macht längst überschritten, die Siege des Septimus Severus, des ersten Afrikaners auf dem römischen Kaiserthron, waren nur noch ein letztes Aufflackern einstiger Größe. Die Auflösungswirren, im Politischen wie im Religiösen, verängstigten das Volk. Die Zahl der Magier, Zauberer und Endzeitpropheten nahm von Tag zu Tag zu, mit kosmopolitischem Eifer wurde jeder Erlöser, sofern er nur geringsten Anlaß zur Hoffnung bot, kultisch vereinnahmt und heimischen Bedürfnissen angepaßt. Die Biographien all dieser Heilskünder glichen sich bis zur Verwechslung an: Dionysos, Attis, Osiris, Mithras, jeder von ihnen war eines spektakulären Todes gestorben, jeder war wiederauferstanden, wenn auch nur im Glauben seiner Anhänger, die, sooft ein ansehnlicher junger Mann eines ungewöhnlichen Todes starb, eine Neuauflage des göttlichen Mysteriums vermuteten.

130 n. Chr. ertrank ein junger Gespiele Hadrians, Antinoos mit Namen, im Nil, sei es aus Eifersucht, Ungeschicklichkeit oder weil er sich für den kaiserlichen Freund opfern wollte. Um den Fall in der Anonymität einer Allerwelts-

affäre vergessen zu machen, wurde das Gerücht seiner Gottwerdung lanciert. In den religiös erregten Gemeinden des Ostens erhoffte man sich Antinoos daraufhin umgehend als neuen Erlöser, in Delphi und Olympia wurde er als Dionysos redivivus gefeiert, in der von Hadrian eilends gegründeten Stadt Antinoopolis verehrte man ihn gar als Wiedergeburt des Osiris. Man erfand Mysterienspiele zu seinen Ehren, seine Passion wurde dichterisch verklärt, seine baldige Auferstehung von eigens angestellten Priestern feierlich in Aussicht gestellt. Ein neuer Gott war geboren.

Jesus Christus war unter all diesen Erlösergestalten zunächst nur einer von vielen, und keineswegs der Beeindruckendste. Er stammte aus einem ärmlichen Landstrich, eine gewisse Schlichtheit des Gemüts war den Berichten seiner Jünger zufolge unübersehbar, seine Rede ließ alle sophistische Eleganz vermissen, er kannte keinen der maßgeblichen Philosophen, und auch seine Wunder waren von eher konventioneller Natur. Was ihn und seine Lehre so beliebt werden ließ, war die in den Augen der gebildeten Stände unerhört servile Art, in der er und seine Anhänger um all jene warben, die seit jeher zu den Verachteten der Gesellschaft gehört hatten: die Sklaven und Niedriggeborenen, Verwirrten und Räuber, Aussätzigen und Frauen. In Rom hatten die Behörden diese neue Sekte zunächst nicht sonderlich ernst genommen. Man wiegte sich in Sicherheit, weil die Christen im Volk zunächst kaum weniger verhaßt waren als die Atheisten. Wozu sollte ein Gott auch gut sein, der sich nie sehen ließ? Was sollte eine Lehre taugen, die Vorteile allenfalls im Jenseits versprach? »Von den Gebildeten« hingegen wurden die Christen »verachtet wegen ihrer Niedrigkeit, ihrer Unwissenheit, ihrer Geringschätzung von Kunst und Wissenschaft sowie von allem, was dem Leben Anmut und Schmuck verleiht [...]«. Die ersten Verfolgungen unter Nero gründeten sich dementsprechend auch weniger auf den Vorwurf der Brandstiftung als vielmehr den des »all-

24

gemeinen Menschenhasses« — woraufhin viele unter so grausamen Martern hingerichtet wurden, daß sie Mitleid erregten, »obwohl sie schuldig waren und die härtesten Strafen verdient hatten«.

Die Unerschütterlichkeit, mit der die Christen in den Tod gingen, imponierte. Ihr Gott schien mächtig, ihr Versprechen auf ein baldiges Leben im Paradies mehr als nur ein rhetorischer Winkelzug. Zudem wurde in diesen Zeiten eifrigsten Missionierens — so beteuert Gibbon — die Lehre, welche die Christen predigten, »durch zahllose Wunder bekräftigt. Die Lahmen gingen, die Blinden sahen, die Kranken wurden geheilt, die Toten auferweckt, Dämonen ausgetrieben und die Gesetze der Natur oft zum Wohle der Kirche unterbrochen.« Das sorgte für Zulauf. In den aufgeklärten Kreisen Roms sah man diese Entwicklung mit Sorge, aber ohne Furcht. »Nicht nur über die Städte, sondern auch über die Dörfer und das Land hat sich die Seuche dieses Aberglaubens verbreitet; es scheint, sie kann aufgehalten und in die richtige Bahn gelenkt werden.« Und die auf Einsicht und Vernunft vertrauende Taktik, unter Androhung drakonischer Strafen die Abtrünnigen zumindest nominell wieder zur römischen Staatsreligion bekehren zu können, schien zunächst aufzugehen. »Jedenfalls steht ziemlich sicher fest, daß die schon fast vereinsamten Tempel wieder besucht, die lange ausgesetzten feierlichen Opfer wieder aufgenommen und überall Opferfleisch zum Verkauf angeboten wird, für das sich bisher nur ganz selten ein Käufer fand. Daraus läßt sich leicht denken, welch eine Menge von Menschen zur Vernunft gebracht werden kann, wenn man ihrer Reue Raum gibt.«

Die Römer waren allen Religionen gegenüber tolerant — den Juden war unter Cäsar und Augustus volle Religionsfreiheit gewährt worden, ägyptische und babylonische, griechische und afrikanische Kulte hatte man eingebürgert, ohne daß deren Anhänger einander anders denn durch die propagandistische Übertrumpfung der gegnerischen Heilsversprechen befehdet hätten. Die Christen aber, das wurde zunehmend deutlich, waren auf die Zerstörung aller konkurrierenden Kulte aus, sie verketzerten mit pietätloser Häme die alten Götter, sie verweigerten sich kollektiv dem Gottkaiserkult, und das in einer so aufreizend barschen Weise, daß nichts anderes übrigblieb, als sie strafrechtlich zu disziplinieren. Zwar nutzte man die gesetzlichen Mittel hierzu bis in die Mitte des 3. Jahrhunderts nur allzu zögerlich, aber aller Milde zum Trotz zeigten sich die wenigsten einsichtig. Im Gegensatz zu den Juden beharrten die Christen unnachgiebig auf ihren Blasphemien, so daß die Behörden immer häufiger gezwungen waren, wegen Majestätsbeleidigung und fortgesetzten Religionsfrevels zu ermitteln. Die Verwirrung unter den römischen Statthaltern war groß: »Zwischenzeitlich«, so Gaius Plinius an Kaiser Trajan, den er um genauere Instruktionen beim gerichtlichen Vorgehen gegenüber den Christen bat, »habe ich bei denen, die mir als Christen angezeigt wurden, folgendes Verfahren angewendet: ich habe sie persönlich gefragt, ob sie Christen seien. Die Geständigen habe ich unter Androhung der Todesstrafe ein zweites und drittes Mal gefragt; die hartnäckig dabei blieben, ließ ich zur Hinrichtung abführen; denn ich war der Überzeugung — was immer es auch sei, was sie damit eingestanden —, daß auf alle Fälle ihr stures Festhalten und ihre unbeugsame Halsstarrigkeit bestraft werden müsse.« Dieser — so Mark Aurel — »exhibitionistische Hang zum Martyrium« verlangte angesichts des noch immer sicher geglaubten Weltendes kein allzu großes Opfer von den Delinquenten, brachte aber ihre Richter in manch verdrießliche Situation, was viele der zum Justizmord Genötigten zu dem Stoßseufzer veranlaßte: »Ihr Elenden, wollt ihr durchaus sterben, so habt ihr ja Abgründe und Stricke.«

Die Vorbehalte gegenüber den Christen wurden bei den Gebildeten um so größer, je mehr Anhänger die neue

Sekte fand. Ihre aggressiven Bekehrungspraktiken stießen ab, ihr Haß gegen alle ihnen fremde Religionen erzeugte Gegenhaß. Zudem machten die umherziehenden Apostelnachfolger selten einen vorteilhaften Eindruck. Das überhandnehmende Missionarsunwesen war selbst in der Kirche umstritten; so heißt es in einer »Apostellehre«, daß die reisenden Wanderprediger »allenfalls zwei Tage an einem Ort bleiben dürfen, wer drei bleibe, sei ein Betrüger, ebenso wer Geld für die Reise verlange«. Die Richtlinien lassen darauf schließen, daß viele die apokalyptische Freizügigkeit der Gemeinden zu ihren eigenen Gunsten auszunutzen verstanden.

Die Skeptiker sollten recht behalten: Nach dem Toleranzedikt Konstantins war die Ausbreitung des Christentums nicht mehr aufzuhalten, und schon unter Theodosius setzte eine hartnäckige Verfolgung der nunmehr zu Heiden erklärten Altgläubigen ein, die nicht weniger zäh an ihren Göttern festhielten als die Christen an dem ihren — allerdings hatten sie die Gewalttätigkeit ihrer Gegner im Umgang mit Andersgläubigen unterschätzt. Alle Warnungen der Philosophen waren vergebens gewesen. Umsonst hatte man darauf hingewiesen, daß es seit der Geburt Christi mit dem Römischen Reich bergab gegangen war — kurze Phasen scheinbarer Konsolidierung ausgenommen; umsonst hatte man die Dürftigkeit des einen, unsichtbaren Gottes, umsonst die blutrünstigen Abendmahlssitten und barbarischen Manieren beklagt. Umsonst war auch Philostratos' Anstrengung gewesen, in Kontrast zu all den umhervagabundierenden religiösen Hochstaplern noch einmal das Idealbild des hellenistischen Weisen aufleben zu lassen, der aus gutem Hause stammte, wohlerzogen war, unterrichtet in den Künsten, in Politik und Philosophie, begabt mit gesundem Menschenverstand und klarer Rede: »Er gab sich nicht mit spitzfindigen Problemen ab und zog die Rede nicht in die Länge. Niemand hörte ihn je in einem ironischen Ton reden oder mit den

Zuhörern methodisch argumentieren. Bei wissenschaftlichen Gesprächen pflegte er vielmehr wie vom Dreifuß herab zu sagen: ›Ich weiß!‹ oder [...] ›Man muß wissen!‹. Seine Meinungen waren kurz und unerschütterlich gefaßt, seine Ausdrücke wirkungsvoll und gleichsam mit den Dingen verwachsen. Was er sagte, hatte einen Nachhall wie ein vom Thron herab gesprochenes Recht.« Aber trotz all der vollbrachten Wundertaten, trotz Wiedererweckungen und Dämonenaustreibungen, wirkte Apollonios' Reden und Tun bieder, freudlos, uninspiriert: »Diejenigen, [...] die wie ich Wasser trinken, sehen alles, wie es ist, und stellen das, was nicht vorhanden ist, nicht als wirklich hin in ihrer Einbildung. Ebensowenig erscheinen sie gedankenlos, stumpfsinnig und töricht und sind auch nicht heiterer, als sich gehört, sondern legen eine aufgeweckte und besonnene Haltung an den Tag, am Abend desgleichen wie am Morgen [...].« Diese unentwegte Besonnenheit, dieser allzu philiströs anmutende Rigorismus beeindruckte, ohne zu überzeugen. Die Römer fanden an weisen Männern wie Apollonios und seinesgleichen, die sich als »Bacchanten der Nüchternheit« anpriesen, wenig Gefallen. Ihr Unterhaltungswert war gering, ihr frömmelnder Seinsüberdruß alles andere als ansteckend. In den Augen vieler waren sie schlicht Deserteure des Lebens: »[...] unter allen Menschen bedarf ich wohl allein weder der Geschlechtsteile noch des Weines.« Die wenigsten Griechen des klassischen Zeitalters hätten sich dessen gerühmt, die wenigsten Römer waren gewillt, dem nachzueifern. Apollonios hatte sich durch seinen allzu lauteren Lebenswandel einige Jünger, aber wenige Freunde geschaffen. Im Volk war man der Philosophen ohnehin schon lange überdrüssig geworden. Ihr Reden hatte in all den Jahrhunderten seit Plato und Aristoteles nichts bewirkt. Sie selbst waren meist unansehnlich, ihre Morallehren alltagsuntauglich, ihre Zukunftspläne utopistisch — jeder Jahrmarktsmagier war unterhaltsamer, jedes Dorforakel zuverlässiger. Dem Aberglauben fiel zu, was die Philosophie an Boden verlor.

Als Titus nach kurzer Amtszeit eines nach Meinung einiger Spötter allzu natürlichen Todes gestorben war, ernannten das Heer und der Senat einhellig seinen Bruder Domitian zum Nachfolger, und anfangs regierte er nicht ohne Fortüne. Britannien wurde erobert und befriedet, der Bau des Limes schützte gegen die Überfälle der Germanen, die räuberischen Donauvölker wurden niedergerungen, an den Grenzen des Reiches herrschte weitgehend Friede. Zur Verherrlichung seiner Erfolge ließ Domitian eine Reihe von Tempeln und Siegesbogen errichten, was die Stadt verschönerte und die Finanzen zerrüttete. Um den römischen Pöbel bei Laune zu halten, veranstaltete er zahllose Wettbewerte, Wagenrennen und Gladiatorenkämpfe, erstmals auch zwischen Frauen; er gab Seegefechte in einem Tiberbassin, öffentliche Festessen und ließ an jedermann Geldgeschenke verteilen. Privat eher von laxer moralischer Gesinnung — er verführte »eine große Zahl verheirateter Frauen« —, legte er in der Öffentlichkeit größten Wert auf eine strikte Einhaltung der Sittengesetze. Staatsbeamtete Priesterinnen, in der römischen Republik ihrer Keuschheit wegen berühmt, in der Kaiserzeit ihrer Liederlichkeit wegen berüchtigt, wurden nunmehr für einen Verstoß gegen das Jungfräulichkeitsgebot lebendig begraben, ihre Liebhaber zu Tode gepeischt. Diese Strenge mutete um so unbarmherziger an, als Domitian selbst — wiewohl ansonsten allen Leibesübungen abgeneigt — »von einer übermäßigen Wollust« war und »seinen fortgesetzten Geschlechtsverkehr wie eine Art Turnübung« betrachtete, »die er mit dem griechischen Ausdruck ›Bettgymnastik‹ nannte«. Ungetrübte Freude über die reformierte Sittengesetzgebung konnten nur die zum Eunuchendienst vorgesehenen Sklaven empfinden, die nun, dank des neuerlassenen Kastrationsverbots, auf eine freudvollere Zukunft hoffen durften.

»In der Rechtssprechung war er sorgfältig und eifrig«, korrupte Beamte wurden mit ungewohnter Strenge diszipliniert. »Die Behörden in Rom und die Statthalter in den Provinzen hielt er so fest im Zaum, daß es zu keiner Zeit ehrlichere und gerechtere Beamten gab [...].« Im stolzen Bewußtsein all des Erreichten ließ sich Domitian, cäsarisch unachtsam, Herr und Gott nennen, was ihm viele der gemaßregelten Senatoren verübelten — zunächst zu ihrem eigenen Schaden. Domitian, von Kind auf an militärisch-strenge Disziplin gewöhnt, duldete keine Opposition und ließ alle Regierungsgegner mitleidlos verfolgen. Um verborgene Mitwisser ausfindig zu machen, unterzog er die Delinquenten »einer neuen Art von Folter: er ließ ihnen nämlich die Schamteile verbrennen«. Je größer die Zahl der so erzielten Geständnisse, desto größer die Zahl der Verschwörer, desto tollwütiger sein Verfolgungswahn, dem schließlich auch eigene Angehörige zum Opfer fielen, die man des Christentums und anderer staatsfeindlicher Umtriebe verdächtigte: Ein Vetter wurde hingerichtet, die eigene Ehefrau verbannt. Diese Milde kostete Domitian das Leben.

In den Augen der vom Senat ausgehaltenen Geschichtsschreiber war Domitian der heimtückischste und unberechenbarste Tyrann der römischen Geschichte. Suetons Erzählungen nach spießte er stundenlang und zum bloßen Zeitvertreib Fliegen, er verschmähte — das ließ ihn greulicher noch als Nero erscheinen — »die Lust an Musik und Gesang, weil diese seiner Ansicht nach den Zornmut schwächte. Zur Erquickung zog er dagegen das Leid der andern Menschen und ihr Jammern vor. Die Nacht [...] hielt er für das Ende der Regierungsgeschäfte und den Anfang des Mordens.« Auf diese Weise wurde der Senat seiner angesehensten Mitglieder beraubt und die Philosophen »in einen solchen Schrecken versetzt, daß sie eiligst

ihre Tracht von sich warfen und zum Teil ins Abendland
[...] davonliefen, [...] zum Teil in die Wüsten. Einige
ließen sich sogar zu Reden verführen, die das Verbrechen
beschönigten.« Nicht so Apollonios. Er reiste umher und
belehrte die Menschen unerschrocken, »daß die Macht der
Tyrannen nicht ewig sei und daß gerade die Furcht, die
sie erwecken, ihnen Verderben bringt«. Tatsächlich wird
sich Apollonios, sofern er denn, weit über Achtzig, überhaupt noch auf Vortragsreisen ging, wie die Mehrzahl
seiner Standeskollegen stillschweigend auf den Weg in die
innere Emigration gemacht haben. Sein heroisches Auf-
rührertum ist ebenso erfunden wie die Verschwörung, die
Philostratos ihm zu Ehren erdichtete. Und selbst wenn er
dem Tyrannen getrotzt haben sollte, dann nur, weil er,
so die einfältige Versicherung seines Biographen, dank
seines prophetischen Talents ohnehin voraussah, daß die
Reise nach Rom und das Treffen mit dem Aufrührer
Nerva — entgegen den Vorwarnungen furchtsamer Jünger — alles andere als waghalsig sein würde.

Domitian haßte die Philosophen, weil sie unentwegt an
seinem Gottkaisertum mäkelten, und er haßte Nerva, weil
er durch ihn an seine unrühmliche Jugend erinnert wurde.
Die Armut hatte den Heranwachsenden einst zu allerlei
Nebenerwerben gezwungen. So ließ der Prätor Clodius
Pollio »einen eigenhändig geschriebenen Brief Domitians«
zirkulieren, »worin ihm dieser eine Nacht versprach. Es
gab zudem Gerüchte, die behaupteten, Domitian sei auch
von seinem späteren Nachfolger Nerva mißbraucht worden.« Für diese Schmach gedachte er sich zu rächen,
wenn nicht an Nerva selbst, so doch an seinen Freunden
und Vertrauten. Durch Spitzel über alle Umtriebe der
Opposition unterrichtet, ließ Domitian das geheime
Geheiß ausgeben, daß Apollonios sofort zu verhaften sei,
sobald man seiner habhaft werden könne. Noch ehe die
geheime Staatspolizei davon unterrichtet war, stellte sich
Apollonios freiwillig, was seinen Ruf als Magier in uner-

wünschter Weise bekräftigte. Die Anklage lautete auf
Konspiration und Zauberei — angeblich hatte er gemeinsam mit Nerva Umsturzpläne geschmiedet, zu deren prophetischer Absicherung er einen Knaben geopfert haben
soll, »um aus den jugendlichen Eingeweiden zu weissagen«. Zudem sei er durch seine Tracht wie seine Lebensführung in unwürdiger Weise auffällig geworden. Anstatt
nun zu fliehen, wie es ihm der gesunde Menschenverstand seiner Freunde riet, zögerte Apollonios keinen Moment, sich der Anklage zu stellen — und seine Anhänger
über die Pflicht des Weisen zu belehren, gegen die Tyran-
nei zu kämpfen, erst recht dann, wenn das eigene Leben
bedroht ist und die Sklavenseelen verzagen. Wozu sollte
Philosophie sonst taugen, wenn nicht dazu, Mut in schwerer Zeit zu geben? Das Erstaunen war allgemein, schon
weil man von den neueren Philosophen eine derartige
Charakterstärke im alltäglichen Leben nicht gewohnt war.
Aber Apollonios glaubte sich seiner Unsterblichkeit sicher,
und er vertraute auf die Gewißheit, die viele seiner skep-
tischeren Kollegen nicht mehr zu teilen vermochten,
»[. . .] daß die Weisheit alles überwindet, was sie begreift,
selbst aber von nichts überwunden wird«.

Die Tage im Gefängnis brachte er damit hin, sich und
seine Mithäftlinge mit allerlei existentialistischen Trost-
sprüchen der Art zu begütigen, daß das Leben ohnehin
stets ein Sein in Gefangenschaft sei und ihr Schicksal von
daher ein keineswegs ungewöhnliches — was zumindest
jene heiterer stimmte, die nicht zur Hinrichtung vorgesehen waren. Eine erste Gegenüberstellung in Privataudienz
trug wenig zur Beilegung des Konflikts bei. Domitian
wurde angesichts der respektlosen Unschuldsbeteuerungen
des Apollonios so ungehalten, daß er »ihm Bart und
Haupthaar abschneiden und ihn wie den schlimmsten
Übeltäter in Fesseln legen« ließ. Apollonios nahm es
gelassen. Der Tag des Prozesses kam, »alle bekannten
Persönlichkeiten hatten sich eingefunden«. Domitian

übernahm den Vorsitz. »Apollonios aber gönnte dem Kaiser überhaupt keinen Blick und übersah ihn so vollkommen, daß ihn der Ankläger des Hochmutes bezichtigte und ihn aufforderte, zum Gott aller Menschen aufzublicken. Da hob Apollonios seine Augen zur Decke empor, zum Zeichen, daß er zu Zeus aufschaue.«

Vier Anklagepunkte kamen auf Geheiß Domitians zur Verhandlung. Er selbst führte das Kreuzverhör: »Aus welchem Grunde, Apollonios, kleidest du dich nicht wie alle andern, sondern trägst deine eigene, besondere Tracht?‹ ›Weil mich die Erde‹, lautete die Antwort, ›die mich nährt, auch kleidet und ich die armen Tiere nicht beunruhigen will.‹ Des weiteren fragte der Kaiser: ›Warum nennen dich die Menschen einen Gott?‹ ›Weil jeder Mensch, den man für gut hält, mit dem Namen eines Gottes geehrt wird‹, erklärte Apollonios. Die dritte Frage bezog sich auf die Pest in Ephesos und lautete so: ›Kraft welcher Voraussetzung und Schlußfolgerung hast du der Stadt Ephesos die Krankheit angekündigt?‹ ›Ich führe, mein Kaiser, eine einfache Lebensweise‹, erwiderte Apollonios, ›und habe deshalb das Unglück zuerst empfunden.‹« Eine nur allzu verständliche Vagheit angesichts des Verdachts auf Zauberei. Die vierte und letzte Frage schließlich bezog sich auf die verschwörerischen Zusammenkünfte mit Nerva, bei denen es zur Opferung eines Knaben gekommen sein sollte. Apollonios bestritt die Vorwürfe, und das in so eindrucksvollen Worten, daß der »Gerichtssaal applaudierte. Der Kaiser war der Ansicht, die Anwesenden zeugten damit für den Angeklagten, und war auch beeindruckt von der Kraft und dem Verstand, die sich in [. . .] [seiner] Antwort äußerten. Er erklärte deshalb: »Ich spreche dich von der Anklage frei [. . .].« Apollonios war das nicht genug. »Dir, mein Kaiser«, erwiderte er spöttisch, »gebühret Dank. Nicht aber deinen Ratgebern und Vollstreckungsbeamten, die das Land zugrunde richten und die Städte mit Wehklagen füllen.«

Wohl wissend, daß er damit den jähzornigen Kaiser erneut gegen sich aufbrachte, beteuerte er, daß nunmehr seine Geduld mit den staatlichen Stellen erschöpft und alle weitere Nachstellung vergeblich sei: »denn über meine Seele bist du nicht Herr. Eigentlich wirst du auch meinen Leib nicht fassen können: ›Denn nicht wirst du mich töten, da dies nicht mir bestimmt ist!‹ Mit diesen Worten verschwand er aus dem Gerichtssaal und nützte damit den günstigen Augenblick aus, da der Mann [= der Kaiser] ganz offensichtlich nicht mehr sachgemäße, sondern überflüssige Fragen an ihn gestellt hätte.«

Domitian war bestürzt — und nicht wenig verlegen, daß seine kaiserliche Macht eine so beschränkte war. Die Verlegenheit währte nicht allzulange, denn kurze Zeit nach dem Prozeß wurde er ermordet. Apollonios hatte ihn um sein Herrscherglück gebracht. »Er war bisher nur gewohnt, Schmeichelreden zu hören, jetzt aber hat er zum ersten Male Tadel vernommen.« Ihn, den Herrscher der Welt, »der Griechen und Barbaren ein Schrecken war«, hatte ein bettelarmer Greis »zum Spielzeug der Philosophie« gemacht. »Daran zerbrechen tyrannische Naturen [...].« Sein Nachfolger Nerva hatte leichtes Spiel, wodurch sich wiederum die prophetische Weissagung des Apollonios in der erhofften Weise erfüllte: Der Tyrann war gestürzt und er selbst unversehrt geblieben. So zumindest wollten es die Jünger des Apollonios glauben machen. Tatsächlich wurde der Philosoph ohne größeres Aufheben hingerichtet, sei es auf dem Scheiterhaufen oder indem man ihn lebendig schleifen ließ, »nachdem man einen Haken in seinen Hals getrieben« hatte — was Domitian selbst allerdings keineswegs vor seiner Ermordung bewahrte. Ein der Unterschlagung angeklagter Verwalter bot sich den unschlüssigen Verschwörern, darunter auch die ihres Christentums wegen verbannte Frau des Kaisers, als Vollstrecker an. Indem »er behauptete, einen Beweis für eine Verschwörung zu haben, wurde er vorgelassen und

34

stieß dem Kaiser, während dieser mit Schrecken das ihm überreichte Schriftstück las, den Dolch in den Unterleib«.

Sein Nachfolger Nerva schrieb daraufhin — nach Auskunft des Philostratos — eilends an Apollonios und bat ihn, als Ratgeber zur Verfügung zu stehen, aber der nunmehr dank der Gnade seines Biographen bald Hundertjährige zog es vor, seine letzten Jahre lehrend in Griechenland umherzuwandern, um die Zahl seiner Jünger zu vermehren. Immerhin erteilte er dem Kaiser einige briefliche Ratschläge, die er ihm durch seinen treuen Diener Damis zukommen ließ — die Reise sollte es diesem ersparen, den Tod seines Herrn miterleben zu müssen. Als Apollonios sein Ende nahen fühlte, zog er sich auf die Insel Kreta zurück, »ein Greis am ganzen Leibe, aber ohne Schwächen und anmutiger als die Jugend«. Eilends versammelte Wächter berichteten, wie er den Tempel der Artemis betrat, aber zu aller Erstaunen nicht wieder hervorkam: »Von innen aber habe man die Stimmen singender Jungfrauen vernommen, deren Gesang etwa so lautete: ›Verlasse die Erde und komme zum Himmel!‹ Es war dies, als ob sie sagen wollten: ›Steige von der Erde in die Höhe!‹« Von dort herab erschien er 10 Monate später einem an seiner und der Unsterblichkeit der Seele zweifelnden Jüngling unversehens im Traum und empfahl ihm — nunmehr himmlischer Weisheit übervoll — seine Zeit nicht länger mit Philosophieren zu vertun: »Was nützet dir dies, was nach dem Tode erst dir klar wird? Wozu auch im Leben sich selbst darüber mit Grübeln zu plagen?«

Unter all den Anhängern des Apollonios hat es nur einer zu Ruhm und Ansehen gebracht: Alexander, »der falsche Prophet«, dessen Leben Lukian niederschrieb: »In seinen Knabenjahren war er [...] außerordentlich schön, aber auch so ausschweifend, daß er sich einem jeden, der Lust zu ihm hatte, um Lohn verdingte.« Einer dieser Freier,

»ein Landsmann und Schüler des weltberühmten Apollo-nios«, nahm ihn in die Lehre und unterwies ihn in den wenigen Taschenspielereien, die zum Lebensunterhalt eines vagabundierenden Magiers genügten. Alexander war gelehrig, und er begriff schnell, daß es nur galt, die Menschen in ihren niedrigsten Instinkten, in ihren Ängsten und Hoffnungen zu bestärken, um Erfolg zu haben. Der Unruhe des Umherziehens müde, ließ er sich als Orakel nieder. Alles, was er besaß, war ein Heilkraut, um die bei prophetischen Anlässen gern gesehenen epileptischen Anfälle hervorzurufen, und ein Drachenkopf, »der aus leinenen Lappen verfertigt war und einige Ähnlichkeit mit einem Menschengesicht hatte. Er war so künstlich gemacht und bemalt, daß er wie natürlich aussah: der Mund konnte mittels eines Pferdehaares auf- und zugezogen werden; auch reckte er, nach Art der Schlangen, eine zweigespitzte Zunge heraus, die ebenfalls durch Haare bewegt wurde.« Die Gläubigen drängten sich, um den schlangenköpfigen Gott sprechen zu hören. Alexander wies sie an, ihre Fragen auf kleine Täfelchen zu schreiben, sorgfältig zu versiegeln und ihm, an Gottes Statt, für eine kleine Weile zum prophetischen Nachsinnen zu überlassen. Kaum hatte er das Täfelchen, zog er sich ins Allerheiligste zurück, erbrach geschickt das Siegel, reimte die Antwort und gab das Ganze nahezu unversehrt gegen großzügiges Entgelt wieder zurück. In seltenen, weil ungemein teuer zu bezahlenden Fällen verkündete der Gott das Orakel auch selbst. War die Schreibtafel allzu kunstvoll versiegelt oder der überbringende Sklave unbestechlich, dann »schrieb er das erste beste, was ihm einfiel, aufs Geratewohl darauf und dachte vermutlich, daß es nur desto orakelmäßiger klingen werde«. Zur Deutung dieser mysteriösen Botschaften verwies er die Bittsteller an die sich stets bereithaltenden Exegeten, die ihm für dieses Amt eine jährliche Pacht zu zahlen hatten. Wenn sich Alexander — aus diplomatischen oder finanziellen Erwägungen heraus —

zu allzu klaren Auskünften verlocken ließ, dann beugte er rufschädigenden Mißerfolgen dadurch vor, »daß er Orakel hinterdrein schmiedete, um diejenigen zu verbessern, die ihm mißlangen und durch den Ausgang Lügen gestraft wurden. Mehr als einmal hatte er Kranken die Genesung versprochen: starben sie aber gleichwohl, so lag schon ein anderes Orakel bereit [...].« Allzu unvorsichtige Bittsteller, die sich durch ihre Anfragen Blößen gaben, ließ er sein Stillschweigen teuer bezahlen, allzu Drängende ihre Eile. Alexander wurde reich, allerorten galt er als ein Muster an Frömmigkeit und Würde, als ein wiedergeborener Pythagoras. Schon der Wallfahrerströme wegen nahm niemand Anstoß daran, wenn er den Städten des Umkreises befahl, »ihm alle drei Jahre eine Anzahl junger Orakeldiener zu schicken, die er beim Gottesdienste zum Absingen der Hymnen gebrauchen könnte; und zwar mußten hierzu nach genauer Prüfung die edelsten, schönsten und wohlgebildetsten ausgesucht werden. Diese schloß er zu seiner Bedienung bei sich ein und erlaubte sich alle möglichen Ausschweifungen mit ihnen [...].« So glücksverwöhnt sein Leben, so grausam sein Tod: Alexander starb »noch vor seinem siebzigsten Jahre auf eine höchst jämmerliche Weise an einem Krebsschaden; das eine Bein faulte ihm nach und nach bis an die Hüfte ab, und er konnte sich der Würmer, die daraus hervorwimmelten, kaum erwehren«. Sein Ruhm als Prophet aber blieb davon unberührt.

Apollonios dagegen geriet in Vergessenheit. Ein Nachleben hatte er nur im Andenken einiger weniger Gelehrter. Hierokles, Statthalter von Bithynien, nahm ihn und seine Lehren zum Anlaß, den zunehmend herrschsüchtiger auftretenden Christen vor Augen zu halten, daß in den Reihen der Altgläubigen mehr tugendhafte Weise zu finden waren als in ihren eigenen Reihen. Entrüstet ließ der Kirchenvater Eusebios daraufhin erklären, daß es sich bei Apollonios keineswegs um einen sonderlich guten Menschen noch gar um einen Erlöser im herkömmlichen Sinne, sondern allenfalls um einen okkultistisch begabten Philosophen gehandelt habe, dessen vermeintliche Wunderwerke nur von einem gewissen magischen Geschick zeugten. Ein Vorwurf, den die Fürsprecher des Apollonios aufgriffen, indem sie nun ihrerseits auf die dürftige Beglaubigung der Wundertaten des Jesus Christus verwiesen, der wenn schon nicht der Neigung zur Philosophie, so doch mit gleichem Recht magischer Praktiken zu verdächtigen sei. Lactantius, der »christliche Cicero« geheißen, entzog sich dieser heidnischen Logik mit dem Verweis auf die Schriften der Propheten, in denen Ankunft und Wirken des christlichen Messias ja explizit vorausgesagt worden waren — eine Sichtweise, die wiederum die jüdischen Theologen nicht zu teilen vermochten, was jedoch niemand weiter interessierte. Die Ablehnung unter den Kirchenvätern war jedenfalls einhellig, und je stärker die Christianisierung voranschritt, desto kleiner wurde die Gemeinde des Apollonios. Kaiser Alexander Severus opferte ihm, aber er opferte wohlweislich auch Christus, Abraham und Orpheus. Kaiser Aurelian hatte eine Apollonioserscheinung, aber das wohl nur, weil er dessen Heimatstadt Tyana zerstören wollte. Hier und da verehrte man ihn als Heros oder ließ ihn mit einer Lokalgottheit verschmelzen, man prägte Münzen mit seinem Bildnis und fälschte seine Briefe, aber man liebte ihn nicht — weder in der Antike noch in der Neuzeit. Der Frömmler Tillemont glaubte, der Teufel habe Apollonios gleichzeitig mit Christus auf die Welt kommen lassen, weil er fürchtete sein Reich zu verlieren. Der Aufklärer Bayle nannte ihn nüchterner, aber nicht weniger abschätzig »den Affen des Gottessohns«. Christoph Martin Wieland schließlich war es, der ihn zu rehabilitieren suchte, indem er ihn in seinem *Agathodämon* zum geheimen Ordensoberen der Aufklärer adelte — vergeblich. Apollonios blieb die Anerkennung versagt. Nicht durch eigene Schuld. Seine Heilsverspre-

chen und Lehren, seine Weissagungen und Wunder waren
so gut wie die der anderen. Es war nicht sein Wirken,
es war die Talentlosigkeit seines Biographen Philostratos,
die ihn die Unsterblichkeit kostete. Hätte einer der vier
Evangelisten sich seiner angenommen, es wäre mehr aus
ihm geworden.

II

Der Wanderer
Theophrastus Bombastus Aureolus Philippus von Hohenheim, genannt Paracelsus

1493/1494 bis 24. September 1541

Was Theoprastum Paracelsum betrifft, (er ist jetzt lange tot), — als er noch lebte, habe ich ihn so sehr kennen gelernt, daß ich mit derartigen Menschen zu leben, wie ich mit ihm gelebt habe, nicht leicht begehren würde. Denn abgesehen von seinen wunderlichen und glücklichen Heilungen in jeder Art von Krankheiten, habe ich an ihm weder irgendwelche Gottseligkeit noch irgendwelche Gelehrsamkeit bemerkt, und ich pflege mich sehr zu wundern, nachdem ich so manches erscheinen sehe, das von ihm geschrieben und der Nachwelt hinterlassen zu sein behauptet wird, welches ich ihm kaum im Traum zuschreiben würde. So sehr war er Tag und Nacht, während ich fast zwei Jahre bei ihm verkehrte und wohnte, dem Trunk und der Prasserei ergeben, daß man ihn kaum eine Stunde oder zwei nüchtern fand [. . .]. Dessen ungeachtet, wenn er am betrunkensten war und, nach Hause gekommen, mir etwas von seiner Philosophie zu diktieren pflegte, so schien sie so ordentlich zusammenzuhängen, daß sie von einem nüchternen Menschen nicht hätte verbessert werden können. [...] Die ganze Nacht, solange ich bei ihm wohnte, hat er sich nie ausgezogen, was ich seiner Trunkenheit zuschrieb. [...] Im Kurieren und Heilen von Geschwüren verrichtete er fast Wunder, wo wenig Hoffnung zu sein schien, keine Art von Speisen oder Getränken beim Heilen verbietend, sondern mit seinen Patienten Tag und Nacht nach Herzenslust zechend, so daß er sie, wie er zu sagen pflegte, mit vollem Bauch heilte. [...] Es zog ihn gar nichts zu Frauen, so daß ich glaube, daß er überhaupt nie eine erkannt hat. Im Anfang war er sehr mäßig, so daß er bis zu seinem fünfundzwanzigsten Jahre keinen Wein trank; aber später hat er so zu trinken gelernt, daß er ganze Tische voll von Bauern zum Trinken herausforderte und auch im Trinken und Saufen gewann, ab und zu seinen Finger in den Hals steckend und so einem Schwein gleichend [...].«

Paracelsus' Trunksucht erklärt den stets düster verhangenen Blick, mit dem er auf den wenigen gelungenen Porträts in die Ferne blickt, sie erklärt seine lebenslängliche Geldnot, seine Gemütsschwankungen, sein aufbrausendes Temperament. Und sie läßt seine Unzufriedenheit ahnen, Unzufriedenheit mit dem eigenen Talent und, mehr noch, mit den unzulänglichen Mitteln, die ihm die Medizin seiner Zeit an die Hand gab.

Theophrastus von Hohenheim wurde gegen Ende des Jahres 1493 im schweizerischen Einsiedeln geboren. Das genaue Datum ist unbekannt. Der in älteren Werken zuweilen genannte 10. November geht zurück auf eine huldigende Fälschung zu Ehren beider Reformatoren, des Kirchenrebells wie des *Lutherus medicorum*. Der Vater, Wilhelm Bombast von Hohenheim, illegitimer Sohn des

Kreuzfahrers Jörg Bombast, war ein verarmter Adliger, der sich der Heilkunde und den geheimen Wissenschaften verschrieben hatte; die Mutter eine Unfreie, die dem seiner schwarzen Madonna wegen hochberühmten ortsansässigen Kloster gehörte, so daß auch ihr Kind der Kirche erbuntertänig wurde. Als Paracelsus starb, nahm die Abtei dieses Recht auch eilends wahr und sicherte sich die wertvollsten Teile aus dem Nachlaß des lange verloren geglaubten Sohnes.

Wilhelm von Hohenheim brachte es zeitlebens zu keinen Reichtümern. Sein Studium der Medizin mußte er frühzeitig aufgeben, seine Reisen trugen ihm wenig mehr als neue Erfahrungen ein, und auch im Umgang mit seinen Patienten zeigte er wenig kaufmännisches Geschick. Er war ein guter Arzt, aber was ihn — wie später auch seinen Sohn — am Fortkommen hinderte, war sein allzu stolzer Sinn, mit dem er dem dynastischen Dünkel des familieneigenen Wappenspruchs gerecht zu werden suchte: »Eins andern Knecht soll niemant sein / Der für sich bleiben kan allein.« Theophrast wuchs in ärmlichsten Verhältnissen auf. Das Leben Wilhelm von Hohenheims war lange Jahre das eines Bauern, nicht eines wohlhabenden Arztes oder gar Edelmanns. Paracelsus hat später das Versagen seines Vaters als faustische Unruhe verklärt und ihm, kindlich liebevoll, überreichen Dank für seine fürsorgliche Erziehung abgestattet. Ihm, dem ersten und prägendsten all seiner Lehrer, galt seine Verehrung, der Mutter die Liebe: »das kint bedarf keins gestirns noch planeten darzu: sein muter ist sein planet und stern.« Sie war es nicht allzu lange. 1502, nach dem frühen Tod seiner Frau, zog Wilhelm von Hohenheim nach Kärnten und ließ sich in Villach als Stadtarzt nieder. In der nahegelegenen Klosterschule wurde Paracelsus in den der Gottesgelehrtheit förderlichen Fächern unterrichtet, die eigentliche Erziehung aber übernahm der Vater. Der Name, den Wilhelm von Hohenheim seinem Sohn in ausdrücklicher Abkehr von

der üblichen Patenschaft christlicher Kalenderheiliger gegeben hatte, wurde Programm: Theophrastus von Eresos
war der, was den schriftstellerischen Fleiß anbelangte,
bedeutendste Schüler und Nachfolger des Aristoteles.
Zeitlebens unverheiratet, widmete er sich mit all seinen
Kräften der Wissenschaft, er war Naturforscher und Philosoph in einer Person, beredt und beliebt, anerkannt und
erfolgreich — ohne je Großes geleistet zu haben.

So rauh das Leben, das Paracelsus in gelehrter Eintracht
mit seinem Vater führte, so rustikal wurde seine Denkungsart: »von der Natur bin ich nicht subtil gespunnen, ist auch
nicht meins lants art, das man was mit seidenspinnen er-
lange, wir werden auch nicht mit feigen erzogen, noch mit
met, noch mit weizenbrot, aber mit kes, milch und haber-
brot [. . .] dieselbigen, in weichen kleidern und die in
frauenzimmern erzogen werden und wir die in tanzapfen
erwachen, verstehent einander nit wol.« Paracelsus litt nie
Hunger, aber er lernte, was Armut ist, und er begriff,
wofür sich diese Armut zu ertragen lohnte. Während
andere mit Blick auf Posten und Pfründe den Katechismus
memorierten, wurde er in die Anfangsgründe der Geheimen Philosophie, der *Philosophia adepta* eingeweiht, die
sich nicht mit den dürftigen theologischen Auskünften
über Wesen und Wirken der Natur begnügte, sondern
weiterforschte, um die hinter den Erscheinungen verborg-
genen Kräfte aufzuspüren. Der Vater unterwies ihn in
Alchimie und Medizin, er ließ ihn in den umliegenden
Fuggerschen Bergwerken die Hüttenleute bei der Arbeit
beobachten, in den Laboratorien die wundersame Um-
wandlung grauen Gesteins in glänzendes Metall bestaunen.
Paracelsus lernte die Kunst chemischer Veredlung, und er
lernte, daß die Arbeit die Fugger reich, die Hüttenleute
selbst aber krank machte. Viele litten an Husten, Asthma
und schleichendem körperlichen Verfall, wenige wurden
alt. Der junge Laborant beobachtete, sammelte Symptome
und suchte nach Erklärungen, 25 Jahre später wird aus

diesen Aufzeichnungen die Schrift *Von der Bergsucht*, die erste berufsmedizinische Abhandlung der Neuzeit.

Kaum 16 Jahre alt, entschied sich Paracelsus für den gleichen Beruf wie den des Vaters. Wilhelm von Hohenheim, der nur allzugut wußte, daß er seinen Sohn nichts mehr lehren konnte, schickte ihn auf akademische Wanderschaft. Paracelsus reiste zunächst nach Wien, zu einem Freund des Vaters, um an der dortigen Universität das Bakkalaureat, den untersten akademischen Grad zu erwerben. Für das eigentliche medizinische Fachstudium aber zog es ihn dorthin, wo das wissenschaftliche Denken gerade eine vom Vatikan argwöhnisch beäugte Renaissance erlebte, nach Italien. Paracelsus schrieb sich an der Universität von Ferrara ein, eben der Universität, an der Kopernikus promoviert hatte, eben der Stadt, an dessen Hof Ariost im Dienste des Gemahls Lucrezia Borgias dichtete, einem jener Renaissanceherrscher, deren Andenken von der Nachwelt so ins Milde verklärt wurde, weil sie sich mit geraubtem Vermögen mäzenatischen Ruhm erkauften.

Der junge Student hat in der Stadt des Prunks und der Feste kaum für Aufsehen gesorgt: Paracelsus war 1,51 m groß und von Jugend an schwächlich. »Krümmung und Verdickung des Schädels ebenso wie der Beckenknochen«, ergab die Analyse seiner Skelettreste, »lassen auf einen rachitischen Prozeß schließen.« Sein Geschlechtstrieb war derart unauffällig, daß viele der hämisch kolportierten Legende Glauben schenkten, er sei Kastrat. »Es betraf 1497 oder 1498 den vier- bis fünfjährigen Knaben ein großes Unglück, — er wurde von einem Schwein kombabisiert. — Der Knabe setzte sich notwendiger Ursachen wegen an einen Misthaufen im Hofe der Wohnung seines Vaters im Dorfe Gaiss. Ein Schwein kam dahinter her und schnappte nach mehrerem, als es hätte schnappen sollen. Mit genauer Not heilte der jammernde Vater die Wunden [...].« Paracelsus studierte, aus welchen Gründen auch immer, mit Eifer und Erfolg. Mit dem ihm eigenen Selbstvertrauen bekannte er später, daß er »der hohen Schul nicht eine kleine Zier« gewesen sei. Er hatte die Schriften der Autoritäten exzerpiert, er kannte den Galen und die Aphorismen des Hippokrates, er war vollkommen prüfungssicher im Schulwissen seiner Zeit, in der Lehrbuchmedizin der Humanisten: »[. . .] hab am ersten den alten schriften gwaltig glauben geben und sie gleich dem Evangelio gehalten«. Aber so ansteckend der philologische Enthusiasmus der Humanisten, so groß der Fortschritt gegenüber den Bader- und Feldscherkünsten des Mittelalters, so bescheiden war der praktische Nutzen dieser akademischen Medizin. Paracelsus vermißte den lebensnahen Anschauungsunterricht seines Vaters. An der Universität wurde kommentiert und gelesen, selten experimentiert und geforscht.

1516 promovierte Paracelsus zum »Doctor beider arzneyen«, der Leib- und der Wundarznei, der inneren Medizin und der Chirurgie. Mit seinem akademischen Ausbildungsgang hatte es ebenso ein Ende wie mit seiner Geduld: »[. . .] nicht die bücher, auf denen der staub lieget und die die schaben fressen mögen, auch nicht die bibliotheken, die mit ketten gebunden ist, sondern die elemente in ihrem wesen seind die bücher. Darumb gehört in die arznei ein guter verstand und eine augenscheinliche erfahrenheit. So weiß der arzt, was er red, das also ist, nicht nach gutdünken, noch wähnen, noch hören sagen, noch bücher lesen, sondern wissen und nit wähnen.«

1516 verdingte sich Paracelsus als Feldarzt. Die Republik Venedig, unter den italienischen Stadtstaaten einer der rührigsten im Kampf gegen den mit sentimentaler Unbeirrbarkeit auf seine kaiserlichen Rechte pochenden Maximilian, erkaufte sich Sieg um Sieg — mit dem Erfolg, daß Italien in den folgenden Jahrhunderten von vielerlei söldnerstarken Nationen beherrscht wurde, mit Ausnahme der deutschen. Paracelsus sah die Greuel des Schlachtfeldes, die zerfetzten Glieder und Leiber, Folge der neuartigen Schußwaffen, er sah die Leiden der Opfer, die häufiger noch an der schlechten Wundbehandlung als an ihren Verletzungen starben, und er begriff, wie wenig er gegen den Tod auszurichten vermochte. Nach Kriegsende kehrte er nicht in die Heimat zurück. Ein Arzt, das hatte er auf dem Schlachtfeld erfahren müssen, lernt nicht nur an der Universität, ein Arzt lernt im Alltag, auf der Landstraße, »er muß auch zu Zeiten zu alten Weibern, Zigeinern, Schwarzkünstlern, Landfahrern, alten Bauersleuten und dergleichen mehr unachtsamen Leuten in die Schul gehen und von ihnen lernen, denn diese haben mehr Wissen von solchen Dingen denn alle hohen Schulen«. Von Rom reiste er nach Salerno, um die dortige medizinische Hochschule in Augenschein zu nehmen, die ihm allerdings ebensowenig imponierte wie die Universität Montpelliers, seine nächste Reisestation: An beiden hochberühmten Ausbildungsstätten zählte das akademische Dekor mehr als die Wissenschaft, so »das kein arzet gut wird, er fülle dan mit seiner mörderei etliche kirchhöfe vol«. Durchs südliche Frankreich zog er weiter nach Granada, von dort über Sevilla nach Lissabon, wo die Märkte voll waren von Kräutern und Gewürzen der neu entdeckten Welt. Über die Pyrenäen kehrte Paracelsus nach Frankreich zurück, um schließlich in Paris für kurze Zeit zur Ruhe zu kommen. Er hörte Vorlesungen an der Sorbonne und praktizierte nebenbei, allerdings auf eine Weise, die ihm mehr Feinde als Patienten gewann: »Seine Heilmittel und Methoden waren für Paris neu und gefielen schon deshalb den Pariser Doktoren nicht. Sie machten ihm das Leben während seines Aufenthaltes in Paris bitter. Sie verfolgten ihn während seines ganzen Lebens, sogar nach seinem Tode. So war z.B. ein Erlaß der Pariser Universität erschienen, der es verbot, [...] die paracelsischen Heilmittel und Methoden anzuwenden.« Es waren nicht nur seine Neuerungen, die Paracelsus so verhaßt machten, es war seine Unverbindlichkeit, mit der er andere in wenigen barschen Worten zu Tölpeln herabwürdigte, noch dazu in der Erwartung, sie würden ihm für seine rabiaten Belehrungen dankbar sein.

Paracelsus ging erneut auf Wanderschaft, aber wohin er auch kam, er gefiel nicht. Selbst für die grobianischen Sitten im Heiligen Römischen Reich Deutscher Nation war er zu ungehobelt im Umgang, zu liederlich in der Kleidung, zu abstoßend in der Erscheinung. Stets angetrunken und übelriechend, verdroß er noch die Gutwilligsten, kaum da sie kuriert waren. Sein Auftreten, sein Tun waren das eines Besessenen; am Tage lehrte und praktizierte er, abends zog es ihn in die Kneipen, aus denen er nur schwankend heimfand: »Er schläft nur wenig, zieht sich nie aus, mit Stiefeln und Sporen ruht er drei Stunden, auf das Bett geworfen, dann schreibt er wieder.« Unentwegt geriet er in Prügeleien, er wurde verhaftet, dreimal ins Gefängnis geworfen, geschmäht und verachtet. Zuweilen schlossen sich ihm Schüler an, aber keiner vermochte es mit ihm auszuhalten. Paracelsus war unbeherrscht, aufbrausend und nie zufriedenzustellen. Aber die Patienten vertrauten ihm, sein dämonischer Ruf eilte ihm voraus und wirkte oft heilsamer als seine Arzneien. Allerorten geriet er in Streit mit den Ärzten, schon weil er nie einen Zweifel daran ließ, was er von ihren Behandlungsmethoden hielt: »Sollten die Kranken, die ihr erwürget, wieder aufstehen und auch weiter wie im Leben die Zucht beweisen, sie würden euch auf die Nasen scheißen [. . .].« Aber auch wenn seine eigenen Heilerfolge oft genug staunen machten, in den Augen all derer, die ihre Patienten an ihn verloren, war er ein Betrüger. Paracelsus wiederum wußte nur allzugut um die hypokritische Moral seiner Standesgenossen: »Sie schneiden aus Lust, rein zur Vermehrung ihres eigenen Nutzens, und verachten das Liebesgebot. [. . .] Und wie ein Schaf in des Wolfs Rachen, also sind diese Kranken in des Arztes Hand.« Mit Bedacht hielt er sich von ihnen

48

und ihresgleichen fern, er wanderte mit Handwerksgesellen, trank mit Bauern und praktizierte in den ärmsten Hütten. Er sah und lernte, Nützliches wie Wunderliches, denn sein Hang zum Aberglauben nahm auf den langen Reisen durch verwaiste und verwunschene Gegenden stetig zu: »Ich hab auch in Krabaten gesehen von einem Zigeiner, der nahm einen Saft von einem Kraut, gab ihn auch zu trinken ein Mal; was Leibstiche waren in die Tiefe, die waren von einem Trinken geheilt; was aber zu Zufällen geneigt war, in selbigem hatte es keine Kraft.« Paracelsus war wundersüchtig und mißtrauisch in einem, so gern er die Sensation suchte und glaubte, so skeptisch stimmten ihn die billigen Scharlatanerien umherziehender Wunderdoktoren: »Ich habe in Friaul gesehen, da war einem ein Ohr abgehauen und ein Bader nahm es und setzte es wiederum an mit Steinmetzkitt, Käsleim usw.; er erhielt Lob und ein groß Wundergeschrei. Am anderen Tag fiel es wiederum ab, als es der Eiter unterfressen hatte.« Paracelsus selbst entwickelte viele Arzneien, darunter nicht wenige Wundermittel, die selten genug ihre Wirkung getan haben. Daß er trotzdem weniger Opfer unter seinen Patienten zu beklagen hatte als andere, lag zum wenigsten an den Arzneien selbst, als vielmehr an der moderaten Weise, in der er sie verwendete.

Gegen lebensgefährliche Medikationen wie Schröpfen, Purgieren und Einläufe aller Art empfahl er Allerweltskräuter, deren Heilsamkeit oftmals mehr der therapeutischen Kraft des Aberglaubens als ihrer tatsächlichen Wirksamkeit zuzuschreiben war: So rezeptierte er die Distel, weil sie dem einem die Kräfte nimmt und jenem gibt, der sie gerade am Leib trägt; er verschrieb den schwarzen Nieswurz, der, getrocknet duch die balsamischen Lüfte des Orients, schon den alten Weisheitslehrern zu hohem Alter und lebenslanger Fröhlichkeit verholfen hatte, und viele andere, von Sage und Mythos empfohlene Heilmittel mehr.

Es waren die volkstümlich überlieferten Geheimnisse der Naturmedizin, die Paracelsus für die Wissenschaft entdeckte, Geheimnisse, in denen sich jahrhundertealte Erfahrungskenntnisse und dumpfer Aberglaube unentwirrbar vermengten. Paracelsus wußte sehr genau um die unheilvollen wie die förderlichen Kräfte dieses Glaubens, und er verstand es mit grobianischer Geschicklichkeit, bei seinen Patienten den Lebenswillen zu wecken und zu stärken. Im Umgang mit seinen Kranken konnte er leutselig und hilfreich bis zur Selbstaufopferung sein — sofern sie sich keinem anderen als ihm anvertrauten: »Einst forderte man ihn gegen Abend zu einem Bauersmann, der schon an den Pforten des Todes war, als er eben am vergnügtesten zechte. Am frühen Morgen, noch halb taumelnd, ging er zum Kranken, ihm sein Laudanum zu geben, und fragte mit wilder Gebärde, ob man dem Patienten schon etwas eingegeben habe? Nichts, sagten die Umstehenden, als das hl. Abendmahl. Hat er einen andern Arzt, versetzte der Doktor, so bedarf er meiner Hilfe nicht, und ging davon.«

Paracelsus' Diagnosemethoden waren einfach, aber effektiv: mehr noch als der Urinschau vertraute er seiner Menschenkenntnis. Er ahnte, daß viele körperliche Symptome nur Ausdruck seelischer Disharmonien sind, er kannte die schwelgerische Unmäßigkeit seiner Landsleute, und er wußte, daß ein Scherzwort, eine Ermutigung zur rechten Zeit die Heilkraft jeder noch so untauglichen Medizin wundersam verstärken kann. Das ließ viele seiner Erfolge großartiger erscheinen, als sie es tatsächlich waren, denn oftmals hielt die euphorische Wirkung nicht allzulange vor. Es ging das Gerücht, »Theophrastus hab vil leuth verderbt, wenig gesund gemacht. Andere sagen, das die so seine Curen gebraucht, alle bald hernach gestorben und keiner übers 7. Jahr gelebt hab [...].«

Paracelsus durchwanderte Spanien, Portugal und England. »Sie trieben mich aus Litauen, danach aus Preußen,

danach aus Polen, war nicht genug. Ich gefiel den Nieder-
ländern auch nicht, den Universitäten nicht, weder Juden
noch Mönchen. Ich dank' aber Gott, den Kranken gefiel
ich [...].« Überall suchte er nach neuen Kuren und Arzneien, »nicht alein bei den doctoren, sondern auch bei den
scherern, badern, gelehrten, erzten, weibern, schwarzkünstlern so sich des pflegen, bei den alchimisten, bei den
klöstern, bei edlen und unedlen, bei den gescheiden und
einfeltigen [...].« Er lernte bei den Bauern Salben berei-
ten, die ebensogut für das Vieh wie den Menschen taugten,
er lernte bei den Handwerksleuten Berufskrankheiten kurieren, er trug zusammen, was sich an Erfahrungsschätzen
im Volk angesammelt hatte. Und er lernte die Armut und
das Elend der Leute kennen. Er sah, wie die Bauern Hun-
gers starben, weil die Söhne in den Krieg gezwungen
wurden; er sah, wie adlige Raufbolde die Fluren verwüste-
ten, Höfe und Dörfer plünderten; er sah, wie die Kirche
teilhatte am Rauben, anstatt sich ihrem Auftrag gemäß der
Armen und Verfolgten anzunehmen.

Kaiser Friedrich III., der Faule, hatte durch strategische
Passivität und geschickte Heiratspolitik das provinzgroße
Österreich zu jener schwerfällig-imperialen Größe geführt, die seinem kabbalistisch verspielten Wappenspruch
zufolge viel Stolz im Herrscherhaus und wenig Freude bei
den Untertanen aufkommen ließ: A-E-I-O-U — Alles
Erdreich ist Österreich untertan. Im Heiligen Römischen
Reich Deutscher Nation vermochte man diese habsbur-
gische Euphorie nicht zu teilen. Der Kaiser war fern, das
Ende der Welt nah. Allenthalben mehrten sich die apo-
kalyptischen Mahnzeichen: Die Kirche war in skandalöser
Verfassung, in Rom regierte der Antichrist, die Klöster
waren verkommen, die Moral der Priester, der Mönche
und Nonnen auf einem kaum zu unterbietenden Tiefstand.
Die Idee eines klerikal beherrschten Staates hatte sich als
Wahn erwiesen, der Ritterstand abgewirtschaftet, die

Bauern waren vielfach zu Tagelöhnern und Leibeigenen herabgesunken. Bischöfe und Prälaten zeigten sich nicht weniger herrschsüchtig als ihre weltlichen Komplizen und Gegenspieler. Der Kaiser war machtlos gegenüber dem raubsüchtigen Adel, die Grenzen waren bedroht, Konstantinopel gefallen, die Türken auf dem Vormarsch. Im Reich selbst wütete die Pest, Hexen, Ketzer und Dämonen trieben ihr Unwesen, die Inquisition begann ihre Arbeit. Angesichts der allgegenwärtigen Misere vermochte auch die Entdeckung eines neuen Kontinents wenig Zukunftsfreude zu verbreiten. Das Heilige Römische Reich Deutscher Nation stand vor dem Ruin.

Es war eine Zeit der wissenschaftlichen und wirtschaftlichen Triumphe. Im Bürgertum herrschte Aufbruchsstimmung. Die Naturwissenschaften befreiten sich von jahrhundertelanger theologischer Vormundschaft und fanden — in Rückbesinnung auf ihre antike Tradition — zurück zu einem unerschrockenen Denken. Die vor den Türken fliehenden griechischen Gelehrten unterwiesen die Italiener in ihrer verlorenen Kultur, Gutenberg schuf die Druckkunst, Leonardo da Vinci die Mona Lisa. Die Zeit war im Umbruch. Und die deutschen Herrscher waren dem wie immer nicht gewachsen.

Der Sohn Kaiser Friedrichs, Maximilian I., der »Letzte Ritter«, wie er sich rufen ließ, war zumindest beliebt, da er in jeder nur erdenklichen Weise die romantischen Erwartungen seiner Untertanen erfüllte: »Seine körperliche Schönheit war in allen Altersstufen ausgezeichnet. Er hatte ein ruhiges und heiteres Antlitz, strahlende Augen von förmlich himmlischem Glanz, in denen ein Zuneigung gewinnender Ausdruck lag, so daß er von Männern und Frauen gleichermaßen geliebt wurde.« Maximilian war ein Held beim Tanz wie beim Turnier, er gab sich leutselig und gebildet, fromm und draufgängerisch, und er hatte — bei all seiner Neigung zu Verschwendung und kaiserlicher Pracht — einen Sinn für Realpolitik, der seine militärischen Abenteuer nicht allzu kostspielig werden ließ. In seinen Mußestunden gab er sich der Kunst hin, er hörte Musik, er schrieb und ließ schreiben, und zeigte sich — im Vergleich zu all seinen Vorgängern — ungewohnt kultiviert, was ihm die Hofhistoriographen mit keineswegs unentgeltlicher Lobrednerei dankten.

Aber so legendenhaft sich seine Züge bereits zu Lebzeiten verklärten, so dürftig war — nüchtern besehen — die Bilanz seiner Regierungszeit. Italien ging verloren, die Schweiz löste sich aus dem Reichsverband, Frankreich, Portugal und England wurden übermächtig. Maximilian selbst war es, der die Söldnerscharen der Landsknechte ins Leben rief, die zum Schrecken ihrer Führer und des Volkes mehr als ihrer Gegner wurden. Er, der letzte Ritter, förderte die Weiterentwicklung der Artillerie, die manch ritterlich Gesinntem ein unerwartet schnelles Ende bereitete. Und trotz all dieser Modernisierungsbestrebungen scheiterte auch er an der Aufgabe, die widerstrebenden Kräfte der allzu vielen Landesherrn, die den Wohlstand ihrer Untertanen in aristokratischen Hahnenkämpfen verausgabten, zentralistisch zu bändigen. So war das Reich ungeachtet der allseits gepriesenen Tugenden seines Herrschers in einen derart blamablen Zustand geraten, daß schon im Interesse der äußeren Sicherheit Reformen unabdingbar wurden. Das Fehderecht des Adels sollte eingeschränkt, das neugeschaffene Reichskammergericht die Rechtssicherheit herstellen und eine allgemeine Reichssteuer — ähnlich wie in Frankreich — eine einheitliche Politik finanzierbar machen. Aber der Adel, vorpreußisch unbeirrbar in seinem junkerlichen Egoismus, gedachte keineswegs, sich das göttlich verbürgte Privileg auf provinzielle Allmacht zugunsten einer ihm unbegreiflich abstrakten Reichsidee zu opfern, und Maximilian wiederum war keineswegs in der Lage, sich energisch gegen die Landesfürsten durchzusetzen. Es gab nur ein Feld, auf dem er brillierte, das der Heiratspolitik, aber deren Folgen kamen Habsburg und nicht dem Reich zugute.

1519 wurde Karl V., der 19jährige Enkel Maximilians, zum Kaiser gewählt, zum einen, weil die deutschen Kurfürsten hofften, daß ihm die habsburgische Erblast ohnehin keine Zeit für Reichsangelegenheiten lassen würde, zum anderen, weil er — getreu seinem Wappenspruch *plus ultra* — die höchsten Bestechungsgelder zahlte. Allerdings war auch seine Regierung wenig glücklich: er führte 5 Kriege gegen Frankreich — ohne nennenswerte Erfolge. Seine militärischen Eskapaden ließen den heimischen Protestanten genug Zeit, sich zu sammeln, seine barsche Abfertigung des aufrührerischen Luther kam zu spät. Trotz der in der neuen Welt zusammengeraubten Gold- und Silberschätze war seine Schuldenlast erdrückend, und so herrschte in seinem Reich, »in dem die Sonne nicht unterging«, mehr Elend denn je zuvor.

14 Millionen Menschen lebten im Heiligen Römischen Reich Deutscher Nation, über 90 Prozent davon auf dem Land, über 70 Prozent in Armut und ständiger Furcht um ihr Leben. Mißernten, Seuchen und Kriege, Räuberbanden, adlige wie bürgerliche, Hexen und Teufel drohten allerorten. Die Bauern waren jedermanns Opfer, die reichen Bürger plünderten sie ebenso wie die Kirchenleute, Raubritter plagten sie nicht weniger als die fürstlichen Landesherrn. Die Abgaben und Lasten, die schleichende Aberkennung traditionell verbriefter Rechte hatte längst alles erträgliche Maß überschnitten, so daß selbst der seiner Indolenz wegen so hochgeschätzte deutsche Ackersmann zu murren begann.

Unter dem Feldzeichen des »Bundschuhs«, der geschnürten Fußbekleidung des armen Mannes, probten sie den Aufstand. Militärisch zaghaft zunächst, mit Forderungen, die ihren adligen Herren so bescheiden schienen, daß sie eine arglistige Täuschung vermuteten. Die ersten örtlichen Revolten scheiterten, die Anführer wurden eilends hingerichtet. Aber die Unzufriedenheit blieb und gärte weiter. Wanderprediger zogen umher und schürten die Wut gegen Adel und Geistlichkeit. 1524 erhoben sich die Bauern im Südschwarzwald, weil sie an einem Sonntag in der Erntezeit gezwungen worden waren, für ihre Herrin Schneckenhäuslein zum Garnaufwickeln zu sammeln. Der Aufruhr verbreitete sich wie ein Flächenbrand. Die Bauern erhoben sich im Allgäu, in Oberschwaben und am Bodensee, sie schlossen sich in mehreren »Heerhaufen« zusammen; bald standen hunderttausend Mann unter Waffen, melden die Chroniken. Auf Flugblättern wurden die Forderungen nach Erneuerung der alten bäuerlichen Rechte gestellt, aber noch immer war der Ton zu maßvoll, als daß sich die Gegner um Verständigung bemüht hätten — es war allzu offensichtlich, daß die kriegsungewohnten Bauern wenig Zutrauen zu ihrer eigenen Courage hatten.

Der Adel formierte sich im Schwäbischen Bund und drängte zum Krieg. Zwei der getrennt operierenden Bauernheere wurden militärisch besiegt, das dritte, zahlenmäßig stärkste, durch Versprechungen zur Selbstauflösung bewegt. Die Erhebungen in Thüringen und Franken scheiterten ebenfalls. Auch hier schlugen die militärisch trainierten Söldnerheere die kopflos agierenden Bauernhaufen leicht in die Flucht. Hätten sie geahnt, welches Schicksal ihnen nach einer Niederlage drohte, wäre ihre Gegenwehr standhafter gewesen. Allein in Franken wurden nach Niederschlagung des Aufstandes 10000 Bauern niedergemetzelt. Insgesamt wurden 100000 Bauern von Söldnern und Henkern erschlagen, verbrannt, geviertelt — auch wenn die Zahlen unzuverlässig sind, die Darstellungen der begangenen Grausamkeiten sind es nicht.

1525, mitten während des Bauernaufstandes, wurde Paracelsus in Salzburg verhaftet. Man verdächtigte ihn, gemeinsame Sache mit den Aufrührern zu machen. Denunzianten hatten dem von Tag zu Tag scheuer um sich blickenden Erzbischof zugetragen, daß Paracelsus die Revolution predige. Tatsächlich machte Paracelsus nie einen Hehl aus seiner Sympathie für die Sache der Bauern, schon gar nicht, wenn er zuviel getrunken hatte, und da er in Gasthäusern zu später Stunde nie nüchtern war, gab es Anlässe zuhauf, ihn anzuzeigen. Nacht für Nacht wetterte er mit ketzerischem Grimm und schwerer Zunge gegen »das unnütze Kirchgehen, üppige Feiern, vergebene Beten und Fasten« und was sonst alles an pfäffischen Pflichten den Leuten auferlegt wurde. Er verspottete die Sonntagschristen und höhnte über die gottgewollte Ständeordnung: »Was bist du, Edelmann? Was bist du, Bürger, was bist du, Kaufmann? Stinkt dein Dreck nit so übel als des Bauern Dreck?«

Paracelsus war auf seiten der Bauern, auf seiten derer, die gegen angemaßte Autorität, weltliche wie kirchliche, fochten. In den Augen der Bigotten war er ungläubig. Er ging fast nie in die Kirche: »[...] ich habe ihn nie beten sehen oder hören, noch fragte er nach irgend einer geistlichen Übung noch nach der evangelischen Lehre, welche zu der Zeit bei uns verehrt und geübt zu werden anfing, und von unserm Prediger sehr sorgfältig und fleißig betrieben wurde, welche er nicht nur verachtete, sondern auch drohte, daß er noch einmal Luther und dem Papst, ebenso wie nun Galen und Hippokrates, den Kopf zurechtsetzen werde, und daß niemand, der bisher über die heiligen Schriften geschrieben habe, sowohl die Älteren als die Jüngeren, den rechten Kern der Schriften noch nie getroffen hätten, sondern nur die äußere Schale, so daß sie nur die Schatten träfen und erklärten.« Paracelsus war kein katechismustreuer Katholik mehr, dazu war ihm, dem Freigeist, die Orthodoxie zu eng geworden, dazu war das Versagen der Amtskirche zu offensichtlich; aber er lief auch nicht in das Lager der Lutheraner über: »Eins andern Knecht soll niemant sein / Der für sich bleiben kan allein.«

Denn darüber war er keinen Moment im Zweifel, daß er selbst, daß sein Werk dem Luthers allemal überlegen war: »Ich lasse Lutherum sein Ding verantworten; ich will das meine verantworten, denn er soll mir nicht einen Rinken auftun in meinen Schuhen!«

Luther, das sah Paracelsus mit scharfsichtiger Eifersucht, war weder Philosoph noch Politiker. Er verriet die Sache der Bauern ebenso wie die der Wissenschaft. Sein Aufstand wider Kirche und Papst brachte wenig Besserung und unermeßliches Leid. Was als Reformation gedacht war, geriet zum Glaubenskrieg, dessen verhängnisvolle Folgen die zum Anlaß genommenen Übel als Kavaliersdelikte erscheinen ließen. Es zeugte — das sah Paracelsus nicht anders als Erasmus von Rotterdam — weniger von Reformeifer als vielmehr von selbstgefälligem Fanatismus, hurender Nonnen, schlemmender Mönche und korrupter Prälaten wegen die Apokalypse zu entfesseln.

Paracelsus war kein politischer Mensch, er war Arzt. In einer Zeit, in der die allgemeine Verrohung ungeahnte Ausmaße erreicht hatte und ein Bauern- oder Ketzerleben weniger als nichts galt, forderte er Mitleid für all jene, die das Schicksal schon von Natur aus gestraft hatte: »Ich ermahne euch an die Armen, die vor euern Türen liegen, fallen und schaumen, daß ihr da helft, ratet und Nützliches vollbringt. Daß nicht [...] eure Unbarmherzigkeit zu Gott schreiet [...].« Aber es war nicht die Zeit, um Fürsorge für Behinderte und Epileptiker, Sieche und Alte zu erbitten: »Es ist keine Liebe, wo Pfaffen sind, wo Edelleute sind, wo Fürsten und Könige sind.« Paracelsus war kein Revolutionär, er war Arzt. Er hatte Mitleid mit den Armen, er verachtete die Heuchelei der Mächtigen, aber er wollte keinen Disput mit der Obrigkeit — es sei denn in Honorarfragen. Und auf seine polternde Art wirkte er tatsächlich überzeugend: Es gelang ihm, sich aus allen Anklagen revolutionären Sympathisantentums herauszureden. 1525 verließ er Salzburg und kaufte sich im Jahr darauf in Straßburg das Bürgerrecht, um für eine Weile zur Ruhe zu kommen.

Im Herbst 1526 wandte sich der schwer erkrankte Basler Verleger Johann Froben an Paracelsus und bat ihn um Hilfe. Paracelsus verordnete ihm strenge Diät und einige seiner Spezialrezepturen. Froben genas. Gleichsam zur Probe wandte sich daraufhin Frobens Freund, Erasmus von Rotterdam, an den vermeintlichen Wunderheiler, der ihm daraufhin diverse Leber-, Nieren- und Blasenleiden diagnostizierte, allerdings in allzu kryptischen Worten, die wiederum Erasmus mit kaum verhaltener Skepsis erfüllten: »Deine Rätselworte kann ich nicht aus der Heilkunst, die ich niemals erlernt habe, sondern nur aus simplem Gefühl als wahr erkennen.« Der Leib schmerzte, und doch vertraute sich der Gelehrte nicht der Behandlung des Paracelsus an — die Zweifel des Humanisten gegenüber der okkultistisch anmutenden Denkungsart des Naturkundlers überwog. Die allesamt an Wohlleben kränkelnden Honoratioren, animiert durch Frobens spektakuläre Genesung, entschieden anders. 1527 wurde Paracelsus als Stadtarzt nach Basel berufen. Am 5. Juni kündigte er seine erste Vorlesung an, in der er nichts weniger als die gesamte Medizin zu reformieren gedachte: »Da [. . .] nur die wenigsten der Doktoren sie heute mit Glück ausüben, schien es geboten, sie in ihren früheren löblichen Zustand zurückzuführen [. . .] und sie von den schwersten Irrtümern zu reinigen, nicht den Regeln der Alten ergeben, sondern lediglich denjenigen, welche wir aus der Natur der Dinge und durch unsere mühevolle Arbeit gefunden haben [. . .]. Nicht der Titel, nicht die Eloquenz, nicht die Sprachkenntnisse, nicht die Lektüre vieler Bücher [. . .] sind die Erfordernisse des Arztes, sondern die größte Kenntnis der Naturdinge und Mysterien, welche einzig so viel wert sind als alles andere zusammen.« Was er von der lateinischen Gelehrsamkeit der Amtsdenker dachte, zeigte sich schon daran, daß er seine Vorlesungen in wesentlichen Teilen auf deutsch hielt — erstmals in der Geschichte der Universität, selbst Luther führte seine theologischen Disputationen noch lateinisch.

Der Umgangston mit seinen Studenten und Kollegen war rauh und keineswegs herzlich. Paracelsus verstand es auch hier, sich binnen kürzester Zeit unbeliebt zu machen. »Ich sage euch, mein Gauchhaar im Genick weiß mehr als ihr und eure Skribenten, und meine Schuhriemen sind gelehrter als eure hohen Schulen. Ich will die Stund greifen, daß euch die Säue im Katen müssen umziehen: Wie gefällt euch der Peregrinus? Wie gefällt euch der Waldesel von Einsiedeln? Kommt heraus mit dem, was in euch steckt: könnt ihr disputieren? Warum fangt ihr's nicht an?« Die Art und Weise, wie Paracelsus mit Autoritäten — lebenden wie toten — umsprang, war nicht nur im Fall Galens von provozierender Respektlosigkeit: »Ich hätt' nicht vermeinet, daß der Fürst der Ärzte dem Teufel in den Arsch gefahren sollt' sein, nämlich seine Diszipel fahren ihm nach oder mindestens seiner Mutter ins Futtloch! Sollte das ein Fürst der Arznei sein und die Arznei auf ihm stehen, so müssen's die größten Schelme in der Arznei sein, so unter der Sonne leben.« Verschont von Kritik blieb nur er selbst: »So wie die Araber ihren Avicenna hatten, die Pergamener den Galen, Italien seinen Marsilius, so hat mich das glückliche Germanien zu seinem unentbehrlichen Arzt bestimmt.« Drei Wochen nach seiner Antrittsvorlesung warf Paracelsus öffentlich medizinische Lehrbücher ins Feuer, »auf daß alles Unglück mit dem Rauch in die Luft« gehe. Die Professorenkollegen reagierten gereizt. Man lancierte allerlei Gerüchte, man ließ die Obrigkeit — wohl in der Hoffnung auf ein sokratisches Strafmaß — wissen, daß man es hier offensichtlich mit einem Verderber der Jugend zu tun habe, und finanzierte einen anonymen Anschlag an der Kirchentür, um den bekannt Jähzornigen zu kompromittierenden Ausfällen zu reizen: »Verrecken will ich, wenn du des Hippokrates

Nachttopf zu tragen würdig wärest oder zu hüten meine Schweine, du Nichtsnutz! Was schmückest du Dohle dich denn mit Federn, die du gestohlen? [...] Am besten ist für dich ein Strick, an dem du dich aufhängen kannst [...].« Paracelsus reagierte in der erwarteten Maßlosigkeit. Wutentbrannt forderte er vom Magistrat eine harte Bestrafung des Schuldigen — vergeblich. Ohnehin bereuten die Honoratioren längst seine Berufung, denn der Wunderheiler hatte sich inzwischen nicht nur als streitsüchtig, sondern auch als habgierig erwiesen — wie so oft wollten die von ihm Geheilten die hohen, in der Not so freudig versprochenen Honorare nicht zahlen. »Die Art der Kranken ist, daß sie den Arzt [...] bescheißen. Mißgerät es, so will man gar nit (bezahlen) tun, geräts wohl, so verbergen sie sich, daß sie den Arzt nimmer sehen.« Einen dieser Undankbaren, einen Domherrn, zitierte er vor Gericht und verlor. Die Schadenfreude war allgemein. Keiner ergriff für ihn das Wort: »Es mag ja sein, ich habe vielleicht einiges zu lose gegen den Magistrat und andere gesprochen; was ist es weiter, sobald ich eben dies, was ich auch immer gesagt habe, durch die Tatsache beweisen kann. [...] Dadurch ist es geschehen, daß der Magistrat gegen mich durch Haß, Zorn, Neid, bewegt worden ist, und wo ich nur eine halbe Stunde länger geblieben wäre, hätte er angeordnet, mich zu ergreifen und mich für meine freien Reden zu bestrafen [...].«

Paracelsus mußte fliehen, seiner schlechten Manieren und seiner revolutionären Lehren wegen. Der Mensch, davon ließ er allen orthodoxen Repressalien zuwider nicht ab, ist mehr als nur ein behauchter Lehmkloß, er ist ein organisches Wesen, Abbild und Spiegelbild der ihn umgebenden Natur. Der Natur verdankt der Mensch alles, sie läßt ihn werden, sie läßt ihn vergehn: »Aus der Natur kommt die Krankheit, aus der Natur kommt die Arznei und aus dem Arzt nit. Dieweil nun die Krankheit aus der Natur, nit vom Arzt kommt, so muß der Arzt der sein, der aus beiden lernen muß [. . .]. Und lehren sie ihn nichts, so kann er nichts und weiß nichts.« Die Ärzte der Universitäten lernen vom Papier fürs Papier, zur Freude der Buchdrucker, zum Leidwesen der Patienten: »Wiewohl ihr euch gründet und beruft auf die geschriebenen Ärzte, chaldäische, arabische und griechische, so will uns das spöttlich ansehen, denn ihre Schriften weisen, daß es ihnen mit ihren Kranken gleich gegangen ist wie euch mit den euren, deren die Mehrzahl stirbt.« Wiederholt hatte Paracelsus zu einer anderen Ausbildung geraten: »So einer will Stadtarzt sein, ein Lektor und Professor ordinarius, so soll er können, das ihm zusteht. Diese aber, dieweil etliche in Schulmeisterei erfault sind, andere in der Rhetorik verschwollen, der andere in der Poeterei ans Lügen gewohnt und dergleichen an andere [ABC-]Schützerei, so können sie nit anders sein, als sich die Buchstaben machen. Die Erfahrenheit des Lichts der Natur macht den Arzt und seine Experienz, deren sie wenig kennen. Darum, weil sie die nicht wissen, so muß ihnen ein Erfahrener gleich sein einem Experimentator; das ist: gehts, so gehts. Ich sage so, und das wegen der großen Krankheit und elendem Augenblick, daß sie und all ihre Bücher nichts als eine Stentorei sind und ein Klapperwerk, auf den Pfennig gerichtet, und auf keine Gesundheit nicht.« Aber seine Reformpredigten trafen auf taube Ohren. Die Ärzteschaft war nicht gewillt, auf Altvertrautes zu verzichten, schon gar nicht, wenn größere Einkommenseinbußen aufgrund rascherer Heilungserfolge drohten. Paracelsus wurde nicht gehört, weder an den Universitäten noch bei seinen städtischen Kollegen, und so machte er sich daran, die Summa seines Könnens schriftlich weiterzugeben. Um der Pfuscherei der Bader und Chirurgen ein Ende zu machen, plante er eine »Große Wundarznei«, »geteilt in fünf Teil: den ersten in die Wunden, so von außen ankommen, die andern in die offenen Schäden, den dritten in die auswendigen Gewächse und Gebresten, den vierten in die französischen Blattern und Lähme mitsamt ihren Schäden, und den fünften in die äußerlichen Geschwär.« Aber das Werk kam nicht zustande. Selbst zur »Kleinen Wundarznei« reichte es nicht. Paracelsus war müde geworden. Schlimmer noch, er hatte längst begonnen, an seiner eigenen Kunst zu zweifeln. Jahre-, jahrzehntelang hatte er die Pharmazie und Medizin in all ihren Disziplinen studiert wie kaum ein anderer vor ihm, er war an allen berühmten Universitäten Europas gewesen, er hatte bei Bauern gelernt und bei Handwerkern, bei Weisen und Hochstaplern, und doch genügte ihm sein Wissen nicht. Was immer er auch tat, Krankheit und Tod triumphierten über die Kunst des Arztes.

Paracelsus verfaßte eine Schrift über die pestartig sich verbreitende Syphilis: *Vom Ursprung und Herkommen der Franzosen«*, die keine neuen Erkenntnisse bot, aber immerhin die — gemessen am Kenntnisstand der Zeit — beste Therapie. Syphiliskranke waren mit den Mitteln der damaligen Medizin nicht zu heilen, um so hilfloser wirkten die Anstrengungen der Ärzte, um so sinnloser waren die Leiden der mit Quecksilber traktierten, mit allerlei Rezepturen vergifteten Patienten. Paracelsus empfahl die altbekannten Kuren in verträglicherer Dosierung, das bewirkte keine Heilung, schuf aber immerhin Linderung, mehr Linderung jedenfalls als das von vielen als neues Wundermittel gepriesene Guajakholz, dem Paracelsus in gewohnt unverblümter Manier alle Heilkräfte absprach — zum Ärger des Handelshauses Fugger. Die nämlich hatten sich im Vertrauen auf die exorbitanten pharmakologischen Gewinnspannen den Alleinimport dieses exotischen Gewächses gesichert und fürchteten nun Millionenverluste. Eilends bestellte man bei universitären Handlangern Gegengutachten und ließ über den mißliebigen Kritiker ein Druckverbot verhängen.

Auch Paracelsus' Buch über die Pest war besser als die Schriften der Schulgelehrten. Aber auch er wußte keine

Erklärung für die rätselhafte Plage. Als Strafe des Himmels verstand er sie und als Ungeschicklichkeit des Menschen, der Unheil auf sich zieht, weil er »Neid, Haß, Falsch, Untreu« in sich nährt. Je schlechter also die Menschen, desto gefährlicher die Pest. Je weiser, desto geringer die Ansteckungsgefahr — ein fadenscheiniger Trost für die Hinterbliebenen. Paracelsus konnte die Pest nicht heilen, er konnte die Syphilis nicht heilen, er hatte keine wirksame Medizin gegen das Fieber und die Schwindsucht, er konnte Schmerzen lindern und manches nervöse Gebrechen kurieren, aber allzuoft war er machtlos.

Auf seinen Wanderungen hatte Paracelsus alles gesehen, was ein Mensch seiner Zeit an Schrecken erfahren konnte, aber so mißtrauisch er als Arzt einzelnen Exemplaren der Gattung gegenüberstand, so voll Bewunderung war er als Naturforscher stets für das gewesen, was der Mensch seiner natürlichen Anlage nach verkörperte, einen Mikrokosmos, ein Universum in sich: »[...] in ihm ist der ätherische Körper als Vehikel der Seele, der dem Himmel entspricht; in ihm ist das vegetative Leben der Pflanzen, das Sinnenleben der Tiere, der himmlische Geist, die englische Vernunft und der göttliche Verstand.« Entsprechend dieser Hierarchie hatte Paracelsus in seiner Krankheitslehre fünf Ursachen unterschieden: die leiblichen, die umweltbedingten, die astralen, die psychischen und die dem göttlichen Zorn entsprungenen. Aber so fortschrittlich diese Unterscheidung im Kontrast zu den mechanistischen Krankheitslehren späterer Jahrhunderte anmutet, so prekär war ihre Handhabung. Je tiefgründiger die Fragestellung, desto schrankenloser ersetzten intuitive Phantastereien fehlende Fakten: »Die astra oder Sterne haben in sich Veränderungen, sie werden gut und böse, süß und sauer. Wenn sie in ihrer Güte sind, so kommt nichts Böses von ihnen, aber wenn sie bös sind, entsteht ihre Bosheit.« Und je mißgünstiger ihre Stimmung, desto übler ihre Ausdünstungen, mit denen sie unmerklich die Menschen vergiften.

Zu welchen philosophischen Ammenmärchen Paracelsus sich auch immer flüchtete, das rätselvolle Zusammenspiel zwischen Natur und Geist, Seele und Kosmos vermochte er nicht zu entwirren. Er, der sich in jungen Jahren auf die Erforschung des Wißbaren hatte beschränken wollen, sah nun allenthalben geheimnisvolle Kräfte am Werk, im Großen wie im Kleinen, im Himmlischen wie im Irdischen: »Will der Mann, so macht ihm seine Spekulation eine Begierde, und die Begierde macht ihm den Samen.« Diese Ejakulationstheorie aus dem Geiste der Einbildungskraft ist als Beglaubigung für Paracelsus' Keuschheit entschuldigt worden — der Verdacht liegt näher, daß es sich um die wissenschaftstheoretische Sublimation dessen handelt, was Paracelsus aufgrund seiner Misogamie zeitlebens eigenhändig zu praktizieren gezwungen war.

Paracelsus verwirrte sich im Zweifel. Das Hoffnungsfrohe des Aufbruchs war längst verlorengegangen, sein Sinn hatte sich verdüstert, seine Seele verschattet: »Weil der Mensch in ein solch Wesen gekommen ist, daß in der Geburt und in der Schöpfung sein eigner Feind in seinen eigenen Leib beschlossen ist, muß er aus der Ursach mit der Krankheit und dem Tod umgeben sein. Und so er am gesündesten ist, so dünkt ihm das nur so, denn die Zerstörung feiert keinen Augenblick.« Alles Suchen nach der *Quinta essentia,* dem Stoff, der Heilung gegen jegliches Leid versprach, war vergeblich gewesen, alles Forschen, alles Experimentieren umsonst: »Hab aber ganz so gründlich nicht können erfahren, gewiß zu sein, es sei, in was Krankheit es wolle. Hab ihm viel nachgedacht, daß die Arznei eine ungewisse Kunst sei, die nicht gebührlich sei zu gebrauchen, nicht billig mit Glück zu treffen, einen [vermag] sie gesund zu machen, zehn dagegen verderben, — das mir eine Ursache gegeben hat [zu glauben], es sei eine Betrügnis der Geister, den Menschen also zu verführen und gering zu machen.«

Paracelsus war nie professoraler Humanist, er hatte stets die Buchgelehrten ihrer Weltfremdheit wegen verachtet. Er war Mediziner aus Leidenschaft, und er suchte Hilfe, wo immer sie möglich schien — auch in der Religion. Was Paracelsus in der Naturwissenschaft so lange verachtet hatte, »ein Geratewohler und verzweifelter Hoffer« zu sein, das wurde er nun in der Metaphysik. Mit einemmal tat er, woran in diesen Zeiten ablaßfinanzierter Klosterkultur am wenigsten Mangel war, er übte sich in der Psalmenauslegung, las und verfaßte erbauliche Schriften. Paracelsus sah sich in einem mystischen Nu zum Amtmann Gottes befördert, der, berufener als all die Pastoren und Theologen, das heilige Wort unmittelbar zu deuten weiß — was er auch ausgiebig tat. Ob es nun die Vision einer apostolischen Urgemeinde war, die ihn umtrieb, oder nur die Hoffnung auf einen klösterlichen Lebensabend, seine messianische Friedensstiftung hatte keinen Erfolg. Es herrschte Krieg, unter den Fürsten wie unter den Gläubigen, an häretischen Mittlern bestand kein Bedarf.

Enttäuscht wandte sich Paracelsus von der Religion ab. Die Kirchendenker wußten vom Jenseits zu reden, von den Wundern des Diesseits wußten sie nichts. Ihre Erkenntnisweise war nicht die seine, ihr Gott ein anderer als sein in der Natur geschauter. Der Blick der Frommen ging gen Himmel, Paracelsus dagegen hatte auf Erden Staunenswertes genug geschaut. »Darum so wisset, wie in der Erde solche Materia liegt, so ist auch im Leib der Mikrokosmos magisch zu verstehen und zu erkennen, denn ohne Magia versteht und erkennt der Arzt sein subjektum nit, und weiß nit, was er in der Hand hat, weiß auch nit, womit er umgeht.« Paracelsus suchte Beistand in den hermetischen Wissenschaften, all jenen Geheimlehren von Mensch und Welt also, deren geheimnisvollster Zauber der war, daß sie im verborgenen getrieben werden mußten, weil sie in vielem dem widersprachen, was die Theologie als Wahrheit verordnet hatte. Als Hort antiker Weisheiten, die es gegen den christlichen Okkultismus zu bewahren galt, hatten sie eine durchaus aufklärerische Funktion besessen, als aber die Naturwissenschaften zunehmend selbstsicherer auftreten konnten, geriet das magische Erbe wieder in Vergessenheit, bis es durch das zivilisationsmüde Unbehagen an der Allmacht des Rationalismus wieder Auftrieb erhielt und all den intuitiv die Wunder des Seins erkundenden Naturphilosophen des 19. und 20. Jahrhunderts erneut als Meditationshilfe zu dienen hatte.

Paracelsus war bereits als Knabe durch seinen Vater in die Geheimnisse der *Occulta philosophia* eingeweiht worden, aber die Alchimie war für ihn während seiner ersten Studien- und Wanderjahre zunächst und vor allem eine pharmakologische Grundlagenwissenschaft gewesen. Je aussichtsloser allerdings die Hoffnung auf eine naturwissenschaftliche Lösung der Welträtsel wurde, desto stärker suchte er Zuflucht in den spekulativen Gewißheiten des magischen Denkens. Alchimisten gab es viele in diesen Tagen, unter den Okkultisten wie unter den Gebildeten, denn es ging der Alchimie stets um mehr als nur darum, billige Metalle in Gold umzuschmelzen. Die gesamte Natur, so ihr philosophischer Grundgedanke, ist der Läuterung fähig — sofern sich nur ein Meister findet, ihr zu assistieren. Dieses alte gnostische Ideengut wurde von den Eingeweihten in geheimen Zirkeln weihevoll zelebriert, chemisch erprobt und in symbolisch verrätselten Schriften weitergereicht, die Schutz und esoterische Exklusivität zugleich boten. Zupackender formulierenden Schriftstellern wie Fischart war die arrogant verunklarende Sprechweise alchimistischer Autoren dagegen ein Graus: »Entweder schreib, daß man versteh / Oder des Schreibens müßig geh: / Willst schreiben, daß man nicht soll wissen / So last das Papir wohl unbeschissen.«

Das eigentliche Zaubermittel der *Occulta philosophia* allerdings war nicht unter ihren zahllosen Arkana und Essenzen zu finden, die selten das hielten, was sich ihre phantasiehörigen Erfinder von ihnen erhofften, das wahre Zaubermittel war ihr Glaubensgebot, daß alles in dieser Welt, das Höchste und das Niedrigste, das Würdigste und das Gemeinste verbunden ist. Zuoberst der naturphilosophischen Hierarchie residiert der Archetypus, so die verschämte Umschreibung für Gottvater, der die Welt der Intelligenzen, der Gestirne und die Erde selbst, mitsamt allen Elementen und Metallen, Pflanzen und Tieren regiert. Alles ist durch seine Kraft verbunden, jedes Ding kann »in eine Beziehung zu den Gestirnen, von diesen aus zu ihren Intelligenzen und sodann zum Archetypus gesetzt werden, von welcher Ordnung die ganze Magie und alle geheime Philosophie abhängt«. Ziel der magischen Kunst ist es, diese dem gewöhnlichen Auge verborgenen Korrespondenzen zu sehen und zu nutzen. Um des Wissens, und mehr noch um der Macht willen. Aber so verführerisch die naturphilosophischen Gedankenspiele im Allgemeinen, so blamabel die Ergebnisse des Analogiezaubers, der praktischen magischen Arbeit im Konkreten.

»Obgleich«, klagte stolz ein Schüler des Paracelsus, »nach vielgehabter Mühe, stinckenden und ungesunden empfangenden Dämpffen, Verlust nit geringen Unkostens, Ich endlich mühe und Arbeit verlohren befande, So hat gleichwol dieses alles mein Gemüht von solcher Kunst dennoch nicht Abwendig machen können.« Die Idee einer Universalharmonie, einer *Analogia entis*, schlug in ihren Bann, ließ sich aber weder physikalisch noch pharmazeutisch verwerten. Die der Natur unterstellte Ordnung war eine willkürliche, von der Philosophie aufgezwungene. Das Netz von Methapern, die Analogieketten, mit denen die Welt umwunden wurde, hielten nicht, was sie versprachen. Der Wortzauber verflog im Reagenzglas, und doch ließen die wenigsten ab von der Jagd nach dem

Elixir der Elixire, der *Tinctura physica,* dem »Universal, welches verzehrt alle Krankheiten«. Denn wer die *Quinta essentia,* den geheimnisvollen Mittelstoff zwischen der Seele und der Materie zu destillieren vermochte, der würde auch die Natur selbst, den Weltgeist beherrschen — und natürlich jedes unwerte Metall in Gold verwandeln können.

Paracelsus war von Kindesbeinen an abergläubisch gewesen, und seine Reiseerfahrungen gaben ihm allen Grund, an diesem Glauben festzuhalten. Die Welt war bevölkert von guten und bösen Dämonen, das offenbarte jede Nacht aufs neue; in den Wäldern hatte er Wasserfrauen und Baumgeister gesehen, er hatte Augenzeugenberichte genug von Werwölfen, Riesen, Sylphen und Hexen. Und je länger Paracelsus über diese und andere Wunder nachgrübelte, je größer seine Enttäuschung über die eigene Kunst, desto wunderlicher wurde seine Einbildungskraft, desto anmaßender sein Denken. Ein letztes großes Werk wollte er den Zweiflern hinterlassen, ein Werk, das alle anderen, die theologischen wie die philosophischen überflüssig machen würde: *Astronomia magna oder die ganze Philosophia sagax der großen und kleinen Welt.* Aber die Lösung des Welträtsels blieb auch ihm versagt. Paracelsus hatte sich übernommen. Seine Naturphilosophie unterschied sich in ihren spekulativen Partien kaum von den philosophischen Litaneien anderer Mystiker. Selbst Freunde und Gönner sahen nun manches an ihm mit zunehmend skeptischerem Blick: »Es hat Theophrastus [. . .] viele Bücher von solchen Dingen, [. . .] die er zum Teil selbst nicht verstand, hinterlassen. Denn der Lehrer, von welchem er seine Kunst hatte, hat ihn in vielem betrogen, [. . .] so daß er sich in der Zeit, so er bei mir war, oft in der Lage befand, daß er etliches, was er geschrieben, selbst nicht recht verstand, und dies ist die Ursache, daß seine hinterlassenen Bücher wenigen Nutzen und Hilfe bringen werden.«

68

Dessenungeachtet »gab er vor, viel Wunderbares prophezeien zu können, und sonderbare Arcana und Mysterien zu kennen [...]«. Tatsächlich versuchte er sich — wenn auch vergeblich — als Seher, er deutete Kometen und Erdbeben, sagte viel Not und Unheil voraus — was in diesen kriegerischen Zeiten wenig prophetisches Talent voraussetzte. Zunehmend illusionsbedürftiger, glaubte er sich im Besitz all der Geheimmittel, an denen Generationen von Alchimisten vergeblich geköchelt hatten: der *Prima materia,* die den Leib erneuert, des *Lapis philosophorum,* der ihn reinigt, des *Mercurius vitae,* der verjüngt, und der *Tinctura,* die Metalle wie Körper veredelt und läutert. Tatsächlich besaß er zeitlebens keine dieser Wunderarzneien, über die in den hermetischen Handschriften so viel geraunt und gerätselt wurde, aber hätte er sich nicht auf die Suche gemacht, manch nützliche Arznei wäre unentdeckt geblieben. Wenn die Pharmazie, welcher Art auch immer, nicht weiterhalf, rezeptierte Paracelsus zunehmend häufiger Magisches: »Geäder-Wunden heilt man auch mit Segen [...]. Sprich dreimal über die Wunde oder hauch dreimal darüber, wie es manche auch machen, das ist nämlich gleich, bind sie darnach mit gemeinem Öl zu und tu sonst nichts dazu, so genest sie [...].« In jungen Jahren hatte er sich nur auf seine Erfahrung verlassen wollen, nun ließ ihn sein unbedingter Erfahrungswille immer häufiger Dinge glauben, die nicht weniger gefährlich waren als die Rezepte seiner gescholtenen Konkurrenten. Die Gier zu wissen korrumpierte zunehmend die Unbestechlichkeit seiner Neugier.

Natürlich war es ihm nach eigenem Dafürhalten ein leichtes, Gold zu machen — tatsächlich erlag er jener chemischen Täuschung, die Generationen von Alchimisten vor und nach ihm trog, denn auch sein Edelmetall war kein aus echter Verwandlung gewonnenes, sondern Surrogat oder gar nur eingeschmolzenes und wieder wundersam verhärtetes, aber keineswegs im Gewicht vermehrtes Münzgold. Dieser Mißerfolg allerdings würde ihn am wenigsten geschmerzt haben — hätte er ihn sich je eingestanden, denn so wie er seine Kollegen und all die anderen Philister im Bürger- und Mönchsgewand haßte, so verachtete er des »Mammons Laster und Beschiß«. Paracelsus' Traum war ein anderer: »Die Zeit der Geometrie ist zum End gangen, die Zeit der Philosophei ist zum End gangen, der Schnee meines Elends ist zum End gangen. Was im Wachsen ist, ist fertig. Die Zeit des Sommers ist hier. Von wannen er kommt, das weiß ich nit; wohin er komm, das weiß ich nit: Er ist da! [...] Alsdann ist da die güldene Welt, das ist, alsdann wird der Mensch in seinen rechten Verstand kommen und menschlich leben, nicht viehisch, nicht säuisch, nicht in der Spelunken.« Aber das Hoffen auf die eine, die erlösende Wahrheit war vergeblich, die Suche nach den »firmamentischen Kräften«, die die Welt im Innersten und Äußersten zusammenhalten, ohne Erfolg. Paracelsus wußte, daß er gescheitert war. Und er wandte sich von seinem Leben ab mit einem Fluch: »Ist das fromm und gerecht und ein billiges Vorgehen, so sei die Stund' verflucht, darinnen ich geboren bin zu einem Menschen und nit zu einem Hunde, der doch glücklicher daran ist!«

1531 hielt sich Paracelsus ein Jahr in St. Gallen auf, er mühte sich, heimisch zu werden, neue Freunde zu gewinnen, aber die Zeit war nicht danach. Im Oktober fiel Zwingli in der Schlacht von Kappel, die Gegenreformation triumphierte. Paracelsus floh. Auf seinen einsamen Wanderungen durch die Schweiz blieb ihm genug Muße, über einen Glauben jenseits allen Parteienhaders nachzusinnen: »Die dem Papst beistehen, die halten ihn für einen lebendigen Heiligen; [...] die dem Zwingli beistehen, den für einen gerechten Menschen, die dem Luther beistehen, den für einen rechten Propheten. Also werden die Leute beschissen mit euch. —« Im Grunde sind es nämlich nur verschiedene »Hosen eines Tuchs«.

70

Paracelsus wirkte immer schäbiger, sein Habitus war alles andere als der eines reisenden Gelehrten. Gebeugten Rückens mußte er sich von Herr zu Herr dienern, ohne großen Lohn erwarten zu können. Die Priester beiderlei Konfessionen verhöhnten ihn als religiösen Wirrkopf, die reichen Bürger verachteten ihn als Vagabunden. Aber das Glück wechselte von Tag zu Tag. Kaum gelang eine wundersame Heilung, liefen ihm die Patienten in Scharen zu, und er teilte das Verdiente wieder mit vollen Händen aus. »Er gab viel Geld durch, so viel, daß er manchmal weder Heller noch Pfennig behielt [...], und tags drauf zeigte er mir wiederum seinen Geldbeutel voll Geld, so daß ich mich nicht selten wunderte, wodurch er wieder so viel bekommen hätte. Fast jeden Monat ließ er sich einen neuen Rock machen, und den anderen Rock, den er anhatte, verschenkte er dem Ersten, der ihm begegnete; er war aber so befleckt, das ich nie mehr einen von ihm begehrte, und wenn er ihn mir auch gleich geschenkt hätte, ich hätte ihn nicht tragen wollen.«

In Meran brachte er es so binnen weniger Wochen zu Ruhm und Reichtum. Er durchstreifte das Veltlin, rühmte — wohlwollend gestimmt — das gute Klima, die gesunden Bewohner. Aber es hielt ihn nicht in glücklichen Gegenden, er wanderte zurück nach Deutschland, ins Allgäu und weiter nach Schwaben, wo er wieder in Schwierigkeiten geriet. Patienten verweigerten die Honorare, er selbst beschimpfte Priester — es kam zum Prozeß. Eilends entzog er sich den Querelen. 1537 praktizierte Paracelsus kurze Zeit in Wien, aber wie Jahre zuvor in Basel brachte er binnen kurzem Rat und Ärzteschaft gegen sich auf. Er kehrte heim nach Villach, um den Nachlaß seines vier Jahre zuvor gestorbenen Vaters zu ordnen, aber allzuviel Arbeit erforderten die wenigen Habseligkeiten nicht. Verwandte oder Freunde, die ihn zum Dableiben hätten bewegen können, gab es längst nicht mehr, und so war er bald wieder auf Reisen. Unstet hetzte er in den letzten Jahren seines Lebens von Ort zu Ort.

Am 21. September 1541 ließ Paracelsus sein Testament aufsetzen. Als Erben setzte er ein die »arme, elende dürftige Leut, die da kein Pfründ noch andere Fürsehung haben«. Er selbst war des Lebens längst überdrüssig geworden: »Kehr dich wieder, kehr wieder in die Kindheit von dem, das du gelernt hast von den Menschen, und laß ihre Unruhe liegen und ihre Sorgen und Ängste, die sie mit ihrer Weisheit gebrauchen. Und gehe du in die Ruhe deiner Kindheit, deiner Einfalt. Was ist Ruhe hier auf Erden? Nix, keine!« Am 24. September 1541 fand er sie auf dem Armenfriedhof der Stadt.

III

Der Seher
von Salon
Michel
Nostradamus
14. 12. 1503 bis 2. 7. 1566

Das Prophetenamt ist eines der einträglichsten. Ob als
Wahrsager, Astrologe oder Eingeweideleser, ob Vogel-
schau, Orakeldienst oder poetische Divination, das Seher-
gewerbe hatte zu allen Zeiten Konjunktur, seine Betreiber
konnten sich stets eines sorglosen Broterwerbs sicher
sein — zumindest in all jenen Kulturen, in denen sie der
Respekt vor der Aura des Numinosen davor bewahrte, für
ihre Irrtümer zur Rechenschaft gezogen zu werden.

Seit babylonischen Urzeiten hält man sich an Herr-
scherhöfen Mantiker und Sterndeuter, vagabundieren
Hellseher auf eigene Rechnung über die Dörfer, weissagen
alte Frauen zum Wohl ihrer Enkelkinder. Keine noch so
primitive Kultur, in der sich nicht Schamanen gefunden
hätten, die gegen ein geringes Entgelt und lebenslängliche
Freistellung vom Kriegsdienst alles zu prophezeien bereit
waren, was Nutzen brachte; keine noch so aufgeklärte
Gesellschaft, in der sich nicht Obskuranten zuhauf andie-
nen, dem Aberglauben aller zu hofieren. Zumal sich die
Zahl der verlangten Dienstleistungen ohnehin in voraus-
sehbaren Grenzen hielt und hält: Es gilt vergessene Gegenstände wiederzuentdecken, den Ausgang von Liebeshän-
deln zu prognostizieren, Geschäftliches, Kriegerisches,

Krankheit, Tod. Angesichts der dabei zu erwartenden und stets einkalkulierten Fehlerquote achtete man zu allen Zeiten auf eine publikumswirksame Präsentation des divinatorischen Aktes. Folkloristische Ausgelassenheit hatte für die Vagheit der Weissagung zu entschädigen. Man kostümierte sich, trug Masken des Wahns oder der Gelehrsamkeit, versetzte sich durch Musik, Zaubertränke oder gymnastische Exzesse vor aller Augen in Ekstase, um im Rausch der Sinne die Geister selbst sprechen zu lassen. Man inszenierte gefällige Befragungsriten, feierliche Götteranhörungen, mirakulöse Zeremonien. Und da die Menschen zu allen Zeiten eine Unterbrechung ihres monotonen Daseins dankbar honorierten, war gegenüber dem prophetischen Fazit solch orgiastischer Seancen immer schon eine gewisse wohlwollende Gleichgültigkeit vorauszusetzen — sofern das Spektakel als solches entschädigte.

Von praktischem Nutzen für das alltägliche Leben waren die wahrsagenden Künste ohnehin nie gewesen, im Gegenteil, die Zahl derer, die sich zu ihrem eigenen Schaden auf die prophetische Kompetenz ihrer astrologischen Berater verlassen haben, ist Legion. Keiner der Usurpatoren, die eines unnatürlichen Todes starben, wurde je rechtzeitig gewarnt — was nicht zuletzt daran lag, daß die mahnenden Omina, aus welchen Gründen auch immer, meist dann erst als solche wahrgenommen wurden, wenn die Tat bereits geschehen war. Sterndeuter und Biographen einigten sich jedoch im Interesse ihrer sensationslüsternen Klientel, dergleichen verspätete Menetekel stillschweigend vorzudatieren, um ihnen so Würde und Wert tatsächlicher Mahnzeichen zu verleihen. Diese literarischen Weissagungen *ex eventu,* die sich zu einer eigenen, arabesken Kunstform innerhalb der Geschichtsschreibung entwickelten, bestechen vielfach durch poetische Erfindungsgabe und spekulativen Wagemut, prophetische Beweiskraft hingegen wird ihnen allenfalls der zubilligen, der von Berufs wegen darauf angewiesen ist.

Erstmals aktenkundig wurde die professionalisierte Form der Zukunftsdeutung unter dem sternenklaren Himmel Babyloniens, hier ersann man jene astrologischen Metaphern, die sich vielfach in den Mythologien anderer Völker widerspiegeln: Schamasch, die Sonne, das augenscheinlich majestätischste aller Gestirne; Sin, der Mond, der sich auf rätselhafte Weise selbst verzehrt und wiedergebiert; Ischtar, später Venus, die als Morgen- und Abendstern die unergründliche Zwitterhaftigkeit der Frau, ihre Doppelrolle als Gebärerin und Geliebte, als Mutter und Megäre versinnbildlicht. Der mächtige Marduk, Jupiter, verkörperte den heimischen Schöpfergott, der schmächtige Nabu, Merkur, seinen himmlischen Schreiber. Dem blutroten Nergal blieb wenig anderes zu symbolisieren als Krieg und Verderben. Saturn wiederum, die Sonne der Nacht, die so langsam dahinzieht, schien ein alter, müde gewordener Stern zu sein, dem nicht allzuviel, und schon gar nichts Gutes zuzutrauen war. Neben dieser überschaubaren Gruppe namhafter Planetengötter bevölkerte eine unzählbare Schar zweit- und drittrangiger Dämonen das Himmelszelt, unter denen wiederum die vielfältigsten stellaren Korrespondenzen und Konstellationen beobachtet werden konnten, die auszudeuten mehr als ein Priesterleben vonnöten war.

Bald nach Beginn der systematischen Himmelsschau legte man auf unzähligen Tontäfelchen Omensammlungen an, die jahrhundertelang fortgeführt wurden, um anhand der zyklischen Wiederkehr einander ähnlicher Vorzeichen der Zukunft Herr werden zu können. Die Gleichung war einfach genug: Kehrte eine bestimmte Sternenkonstellation wieder, mußte auf Erden ein ähnliches Ereignis stattfinden. »Steht die Sonne am Standort des Mondes, so wird der König des Landes fest auf seinem Thron bleiben.« »Steht Jupiter vor dem Mond, so wird ein großer König sterben.« Derlei prophetische Mutproben wurden den Hofastrologen nur deshalb nicht zum Ver-

hängnis, weil es sich bei diesen schicksalhaften Konstellationen um bloße Vorwarnungen handelte, die durch
großzügige Opfergaben jederzeit ins Gute zu wenden
waren — was wiederum den pessimistischen Sinn der
Wahrsager und Tempeloberen in nicht unprofitabler
Weise beflügelte.

Die babylonische Kunst der Sterndeutung wurde in
China wie in Indien, in Ägypten wie in Griechenland und
Rom heimisch. Allerorten findet sich in wechselnder
Kostümierung der gleiche Grundgedanke einer Zusam-
mengehörigkeit himmlischer und irdischer Erscheinun-
gen, die sich prophetisch und physiologisch ausdeuten
läßt: »In uns sind: Mond, Mars, Jupiter, Venus, Saturn,
Merkur und die Sonne; darum ward unser Teil, aus dem
Aether in uns zu saugen Weinen, Lachen und Zorn, Sinn,
Leben, Schlaf und Begierde. Es gibt Träume Saturn,
Leben Jupiter, Einsicht Merkur uns, Zorn sendet Mars,
Selene den Schlaf und Venus Begierde, doch von der
Sonne kommt Lachen, es lachet ihm füglich entgegen
jegliches menschliche Denken und auch das unendliche
Weltall.« Die Eingeweideschau, wie sie von den Etruskern
erprobt und den Römern übernommen wurde, trug dem
in vivisektorischer Gewissenlosigkeit Rechnung: In den
Innereien, bevorzugt in der dank ihrer Größe leicht zu
lesenden Leber des Opfertieres, fanden sich die horosko-
pisch bedeutsamen Himmelsregionen in mikrokosmischer
Übersichtlichkeit, was gerade auf Feldzügen, bei denen
man auf schnell verfügbare Orakel angewiesen war, die
prophetische Arbeit ungemein erleichterte.

Ehrwürdiger, aber in ihrer lyrischen Vagheit weit weniger alltagstauglich als die mobilen Medien der Auguren
und Haruspizes, waren die auf dem Capitol aufbewahrten
sibyllinischen Bücher. Die Ahnherrin der Sibyllen hatte
einst dem legendären König und Kloakenerbauer Tarquinius Priscus neun in Hexametern gereimte Orakel-
bücher angeboten, zu einem Preis allerdings, der den

pragmatisch gesonnenen Stadtvater augenblicklich ab-
winken ließ. Die prophetische Jungfrau verbrannte daraufhin drei der Bücher und forderte für die restlichen
wiederum den gleichen Preis. Der König, wiewohl stutzig
geworden, lehnte erneut ab. Wieder wurden drei Bücher
verbrannt, wieder die restlichen für den gleichen Preis
angeboten. Eingeschüchtert durch so viel beharrlichen
Starrsinn, bat Tarquinius Priscus daraufhin seine Auguren
um Rat, die mit solidarischer Eile den Handel befürwor-
teten. Die drei Bücher wurden erworben, von eigens
angestellten Priestern sorgsam gehütet und in regelmäßigen Abständen konsultiert, bis sie durch den Brand des
Capitols zerstört wurden. Der Senat, der die interpre-
tationsfähige Vagheit der Orakelsprüche schätzen gelernt
hatte, befahl eine Neuausgabe, und so machten sich Schreiber daran, die Verssammlung nach eigenem lyrischen
Empfinden wiederherzustellen.

Während die Auskünfte der sibyllinischen Bücher —
wohl nicht zuletzt aufgrund ihrer philologischen Unzuverlässigkeit — im Volk zunehmend weniger Resonanz
fanden, wuchs die Zahl der in Rom praktizierenden aus-
wärtigen Sterndeuter ins Unüberschaubare, so daß der
Magistrat im Interesse der öffentlichen Sicherheit hin und
wieder gezwungen war, sie — ohne rechten Nachdruck —
des Landes zu verweisen.

Man tolerierte die Chaldäer, wie die Astrologen nach
ihrem Ursprungsland sammelsurisch genannt wurden,
augenzwinkernderweise, weil man sich in aufgeklärteren
Kreisen der Unglaubwürdigkeit ihrer Vorhersagen vollkommen bewußt war. Schon Äsop hatte überall die Wahrsager gespottet, die fremde Angelegenheiten zu durchschauen vorgeben, während sie nicht einmal ihre eigenen
zu lösen verstünden. Ihm nachfolgende Skeptiker verwiesen lakonisch darauf, daß die Astrologen — ganz zu
schweigen von ihrer mathematischen Unbildung — nicht
einmal in der Lage wären, aus einem beliebigen Horoskop

zu ersehen, »ob es für einen Königssohn oder für einen Lastesel« gelte. Die Mehrheit des Volkes jedoch ließ sich durch diese sophistischen Kritteleien nicht in ihrem Aberglauben irremachen. Der Pöbel der Straße wie der Paläste war sich einig im sternengläubigen Fatalismus, wiewohl bis zur Kalenderreform Cäsars die Horoskope so unpräzise waren, daß die astrologische Unschärfe dem freien Willen Spielraum genug ließ.

Je unsicherer das Leben in Rom wurde, je absolutistischer sich die Herrscher in der Kaiserzeit gebärdeten, desto größer wurde die Macht der Sterndeuter. Auch in besseren Kreisen hatte man sich an die Unfreiheit gewöhnt. Mit stoischer Indolenz fügte sich der Geburts- und Geldadel in das von den Sternen verhängte Schicksal, sofern es nicht allzu viele Unbequemlichkeiten mit sich brachte. So hörig gerade auch die Cäsaren selbst ihren Astrologen waren, so ungern nahmen sie allerdings öffentliche Spekulationen über ihre Lebens- und Amtsdauer zur Kenntnis. Augustus untersagte dergleichen kategorisch, und seine Nachfolger erneuerten dieses Gebot in regelmäßigen Abständen. Die Arbeit der Hofastrologen wurde dadurch nicht behindert, ihre vordringlichste Pflicht blieb es nach wie vor, all jene potentiellen Konkurrenten ausfindig zu machen, die eine »kaiserliche Nativität« aufwiesen — um sie dann dem Henker zu melden.

Während in der babylonischen wie später auch in der griechisch-römischen Wahrsagerzunft der Orakeldienst mit einer stupenden handwerklichen Professionalität versehen wurde, regredierten die christlichen Propheten des Mittelalters zu jenen alttestamentarischen Formen intuitiver Cholerik, die stets mehr universalistische Drohgebärde denn präzise Prognostik war. Der prophetische Dreisatz: die Welt ist schlecht, das Ende nah, die Erlösung möglich — zumindest für jene, die willens sind zu hören, wiederholte sich in einprägsamer Monotonie. Monoton war die Wahl der Strafen, die über Bekehrungsunwillige verhängt wurden: Seuchen, Hunger, Krieg; monoton war die eschatologische Annoncierung des Jüngsten Gerichts, das nie so fern war, wie von den Sündern erhofft: »Wann kommt das wunderbare Ende? [...] Nach einer Zeit, zwei Zeiten und einer halben Zeit; und wenn die Macht des Zerstörers des heiligen Volkes ein Ende hat, wird sich dies alles erfüllen. Ich hörte es zwar, aber ich verstand es nicht, und ich sprach: O Herr, was ist das Ende von diesen Dingen? Er antwortete: Geh, Daniel, denn die Worte bleiben verschlossen und versiegelt bis zur Endzeit. Viele werden gesichtet und gereinigt und geläutert werden, aber die Gottlosen werden gottlos handeln; kein Gottloser wird es verstehen, aber die Weisen werden es verstehen.« An diese Auskunft hat man sich in Prophetenkreisen stets dankbar erinnert, wenn es galt, sich über das Unverständnis der Zeitgenossen zu trösten. Daniel selbst veranschlagte die Wartezeit auf die Ankunft des Messias und den damit verbundenen Anbruch des Heils im übrigen auf 1335 Tage, eine Fehlkalkulation, die seinem Ruhm keinen Abbruch tat — schon in biblischer Zeit lastete man solche Verspätungen nie den Propheten selbst an.

Die christlichen Wahrsager des Mittelalters litten nicht wenig an dem sich stets aufs neue verzögernden Erscheinen des Herrn, insbesondere da offensichtlich war, daß die Menschheit von Tag zu Tag dringender des Jüngsten Gerichts bedurfte. Aber auch wenn man sich gewissenhaft bei jedem nur irgend tauglichen Anlaß vor dem nahenden Weltende entsetzte — die Apokalypse blieb aus. Was einzig zunahm, war die Zahl der Sektierer, die auf eigene Rechnung die Welt wenn schon nicht erlösen, so doch in mystischer Entrückung zu überwinden gedachten. Durch ihre Kraft autogener Selbstversenkung war es ein leichtes, visionäre Sinnestäuschungen immer dann bewußt hervorzurufen, wenn es der prophetische Anlaß erforderte. Diese chiliastisch erhitzten Heiligen der letzten Tage waren stets außer sich, keinem ist es je gelungen, im ruhigen

Zustand verläßliche Auskunft über die Zukunft zu geben. Natürlich waren viele von ihrer Berufung tatsächlich so überzeugt, daß ihnen ideologische wie kommerzielle Profiterwägungen völlig gleichgültig blieben, aber eins war den unentgeltlich Ergriffenen wie den professionellen Hochstaplern gemein: ihre geringe Erfolgsquote. Es war — in prophetischen Belangen — stets aussichtsreicher, auf den Zufall zu spekulieren als auf eine göttliche Erleuchtung.

Mit dem Niedergang des Heiligen Römischen Reiches Deutscher Nation verloren auch die Zukunftsdeuter ihren eigentlichen geistigen Wirkungsraum. Die Propheten, ehemals in Diensten der Kirche, begannen nun, im Zuge der bürgerlichen Emanzipationsbewegung, freiberuflich zu wirken, was ihre Zahl immens vergrößerte, ohne allerdings den Wissensstand nachhaltig zu mehren. Zwar besann man sich auch in Astrologenkreisen auf antike Traditionen, um mit neu erwachtem philologischen Eifer die alten Texte zu studieren, aber hinzuzulernen gab es im Grunde wenig. Man zehrte noch immer von der eigenen Intuition und dem überkommenen magischen Fundus, der allenfalls dann behutsam aktualisiert wurde, wenn die Naturwissenschaften — wie im Fall neuer Planetenentdeckungen — auf Dauer Korrekturen erzwangen. Nach wie vor war die Astrologie — trotz all ihres wissenschaftlichen Aufputzes — eine Sache des Glaubens, eines Glaubens, der sich weniger an die Lehre selbst als vielmehr an die Hoffnung hielt, daß einst der eine, der wahre Prophet erscheinen und alle Rätsel der Zukunft mit einem gordischen Federstrich lösen würde.

Michel Nostradamus wurde am 14.12.1503 in St-Remy-de-Provence geboren. Sein Horoskop war, nach Auslegung neuzeitlicher Astrologen, exakt so, wie es sein späteres Leben erwarten ließ: Uranus, Jupiter und Saturn standen günstig und ließen eine große Zukunft ahnen, der Mond im 8. Feld des Todes verhieß jahrhundertewährenden Nachruhm, die schlechte Opposition zu Neptun indizierte den Spott der Ungläubigen, Sonne und Merkur verhießen mathematisches Talent und einen prophetischen Geist.

Die Sehergabe lag in der Familie: Beide Großväter hatten als Ärzte und Astrologen im Dienste des Herzogs von Kalabrien bzw. des Grafen der Provence geweissagt, beide übernahmen die Erziehung und unterrichteten ihren Enkel in Astronomie, Astrologie und Medizin sowie in Griechisch, Latein und Hebräisch. Der Knabe war gelehrig, und sein Vater, ein angesehener Notar, hatte die Mittel und den Ehrgeiz, ihn zu fördern. Jacques Nostradamus war Jude, seine väterlichen Vorfahren, die sich bis auf den der Weissagung kundigen Stamm Isaschar zurückführten, waren einst vor den Greueln der spanischen Inquisition nach Frankreich geflohen. Ihre Einbürgerung war vollendet, als sich Jacques in einer »Kirche unserer Lieben Frau« taufen ließ und — de Nôtre Dame — den Namen Nostradamus annahm. Der Sohn sollte den Ruhm der Familie weiter mehren und wurde zu diesem Zweck auf eine der renommiertesten Hochschulen der Zeit, die Universität von Montpellier, geschickt, um Medizin zu studieren. Kaum da er seine Examen bestanden hatte, brach die Pest aus. All seinem Talent zum Trotz wußte auch Nostradamus die Krankheit nicht zu heilen, aber im Unterschied zu vielen seiner Standesgenossen war er mutig genug, die Leiden lindern zu helfen — und er hatte das Glück zu überleben. Vier Jahre lang zog er umher, lernend, praktizierend. 1529 kehrte er nach Montpellier zurück, aber bereits zwei Jahre später begab er sich wieder auf Reisen. In Agen wurde er schließlich seßhaft, eröffnete eine Praxis und heiratete. Das Geschäft florierte, seine Frau gebar ihm zwei Kinder, Nostradamus gewann die Freundschaft des hochberühmten Humanisten Scaliger, er war beliebt und angesehen. Da brach erneut die Pest aus. Frau und Kinder starben. Nostradamus ging auf Wanderschaft.

1544 bekämpfte er die Pest in Marseille, 1546 in Aix-en-Provence, 1547 in Salon. Allerorten herrschte das Grauen. Die Städte waren verödet, die Kirchen leer, in den Straßen verwesten die Leichen. »Der schwarze Tod war so heftig gegen die Bewohner [...] verbittert, daß sich selbst die Eltern nicht mehr um ihre Kinder kümmerten. Wenn sie die Anzeichen der Krankheit spürten und sahen, verließen die Väter Weib und Kind. In ihrem Wahnsinn stürzten viele in die Brunnen, etliche von den Fenstern hinab auf die Erde. Schwangere brachten ihre Kinder zu früh in die Welt. Die Kinder aber starben noch viel schneller, und ich sah, wie ihr ganzer Leib mit Pestflecken bedeckt war. Die Menschen waren schrecklich von der Pest vergiftet, so daß einer, der mit der Seuche noch nicht behaftet war, die Kranken bloß anzuschauen brauchte, schon hatte er sich angesteckt. Ob jemand auch Gold und Silber besaß, er mußte trotzdem sterben, niemand war da, der ihm einen Trunk Wasser reichte [...].«

Nostradamus blieb in Salon. Er heiratete erneut, praktizierte als Arzt, verfaßte Bücher über Kosmetika, edierte Konfitürerezepte und wurde reich — dank seiner Wahrsagerei, zu der er nun erst die rechte Muße fand. Er stellte Horoskope, weissagte privat wie öffentlich und verfertigte jährlich erscheinende Prognostica. Sein Name wurde zum Begriff, was nicht zuletzt darauf zurückzuführen ist, daß sein eifrigster Anhänger und späterer Biograph, Jean de Chavigny, im gleichen Haus wohnte und sich der Öffentlichkeitsarbeit annahm.

1554 wurde der Sohn Caesar geboren, auf den Nostradamus, wie die Namensgebung bezeugt, so große Hoffnungen setzte, daß sie notwendig enttäuscht werden mußten. Caesar wurde ein Stubengelehrter, dessen größte Hinterlassenschaft eine Geschichte der Provence war. Der zweite Sohn, wie der Vater Michel geheißen, wurde gleichfalls Astrologe. Allerdings konnte er sich mit der Unzuverlässigkeit seiner Verheißungen weit weniger abfinden als sein Vater. 1574 sagte er den Brand der im Hugenotten-krieg belagerten Stadt Le Pourzin voraus. Als das Feuer ausblieb, zündelte er selbst und wurde hingerichtet.

Nostradamus veröffentlichte den ersten, seinem Sohn Caesar gewidmeten Band seiner Prophezeiungen 1555. Er nannte sie *Centuries*, da sie 100 vierzeilige Verse um-faßten. Ihr Inhalt war unklar, ihre Reihenfolge ebenso willkürlich wie ihre Entstehung. Eigener Auskunft zu-folge handelte es sich um »[. . .] nächtliche prophetische Berechnungen [. . .], die mehr nach natürlichem Instinkt, begleitet von poetischer Begeisterung, als nach den Regeln der Poesie entworfen sind, und zwar größtenteils entwor-fen nach dem astrologischen Kalcul, entsprechend den Jahren, Monaten und Wochen der Regionen, Länder und der meisten größeren Städte ganz Europas mit Inbegriff Afrikas und eines Teils von Asien [. . .]; wiewohl einer, dem es besser anstünde zu schweigen, einwenden könnte, die Zahl sei so leicht, als die Einsicht des Verstandes schwer. Und darum [. . .] sind die meisten meiner pro-phetischen Strophen dermaßen holperig, daß man weder einen Weg darin finden noch sie interpretieren kann, wie-wohl ich noch schriftlich zu hinterlassen hoffe, die Jahre, Städte, Ortschaften und Regionen, in welchen der größere Teil sich ereignen wird [. . .], beginnend mit dem gegen-wärtigen Datum, welches ist der 15. März 1547, und weiter gehend, tief in die Ferne, bis zu dem Ereignis, welches nachher eintreten wird im Anfange des siebenten Tau-sends [. . .], wo die Gegner Jesu Christi und seiner Kirche sich stärker zu vermehren anfangen werden [. . .].« Leider hat Nostradamus diesen geographischen Schlüssel nicht hinterlassen. Vorgeblich der Inquisition wegen: »[. . .] die Unbild der Zeit, durchlauchtigster König, erfordert, daß solche verborgenen Ereignisse nur in rätselhafter Sprache geoffenbart werden, nicht bloß einen Sinn zulassend und ein Verständnis, ohne Beimischung irgend einer mehrdeutigen Berechnung, sondern vielmehr in Dunkelheit gehüllt, vermöge natürlicher Anregung sich nähernd der Sprache eines jener tausendundzwei Propheten, die es seit Erschaffung der Welt gegeben hat [...].« Aber die kalkulierte Vagheit diente keineswegs nur der Irreführung inquisitorischer Neugierde, sie war vielmehr wesentliches Ingrediens der Prophezeiungen selbst. Je unpräziser die Voraussage, desto unwahrscheinlicher ihre Widerlegung, je rätselhafter ihre Form, desto enthusiastischer die Deuter. Orakel sind stets unklar, und je eindrucksvoller sie die Unwägbarkeiten der Zukunft spiegeln, desto höher ihr Wahrheitswert, so zumindest souffliert es der gesunde Menschenverstand.

Nostradamus spekulierte auf die okkultistische Neugierde seiner Leser, er köderte sie mit Kryptischem, wechselte willkürlich zwischen Latein und Französisch, verballhornte, schrieb in Kürzeln und Anagrammen, kurz, er tat alles, um jene verkaufsförderliche Unklarheit entstehen zu lassen, die von einem Orakelbuch erwartet wurde. Was die Inhalte der Weissagungen anbelangte, so verließ er sich keineswegs nur auf sein eigenes astrologisches Talent; er borgte, wo immer es zu borgen gab, er kompilierte, was irgend zur prophetischen Poetisierung taugte: Biblisches wie Kabbalistisches, Kalenderweisheiten wie Gelehrtensentenzen. Auch seine berühmteste Weissagung, die seinen Ruhm zu Lebzeiten begründete und von seinen Anhängern stets als Beglaubigung seiner Unfehlbarkeit angeführt wurde, war Zitat. Der renommierte italienische Astrologe Lucas Gauricus hatte diagnostiziert, daß König Heinrich II. an einer Augenverletzung sterben würde. Gauricus prophezeite gern und gut, aber häufig zu pessimistisch — das wurde ihm zum Verhängnis. Als er einem der italienischen Duodeztyrannen die Verbannung weissagte, ließ dieser ihn zur Strafe für seinen horoskopischen Defätismus so lange foltern, bis eine Genesung ausgeschlossen war.

Katharina von Medici war schön von Gestalt, häßlich von Angesicht und zutiefst abergläubisch. Ihre Begeisterung für die Künste der Astrologen war ins Unermeßliche gestiegen, als sie von dieser Voraussage des Gauricus hörte. Zur Bestätigung des Gerüchts ließ sie Nostradamus kommen, der sie auf Vers I/35 seiner *Centurien* verwies: »Auf dem Kampfplatz junger Leu den alten / Im Duell besiegt, der Augen Licht / Wird im gold'nen Käfig er ihm spalten, / Zwei Spieg'l einer, 's Aug im Tod dann bricht.« Katharina war zufrieden. 1559, anläßlich der Doppelhochzeit seiner Töchter, nahm Heinrich II. uneingedenk aller astrologischen Warnungen am Festtagsturnier teil und wurde — nicht unerwartet — von einem jungen Edelmann besiegt. Ein Lanzenstumpf drang ihm dabei so unglücklich ins Auge, daß er 10 Tage später starb. Katharina trauerte und regierte das Land fortan allein.

Einer anderen Legende zufolge soll auch die Herzogin von Savoyen den »Seher von Salon« um Rat, genauer um Auskunft über Geschlecht und Schicksal ihres künftigen Kindes gebeten haben. Nostradamus versprach einen kräftigen Knaben und großen Feldherrn, der späterhin eine schwere Beinverletzung erleiden und erst dann sterben würde, wenn eine Neun vor eine Sieben käme. Karl von Savoyen wurde ein großer Feldherr, aber nichtsdestoweniger spottete er über alle Wahrsagerei. Bei einer solchen Gelegenheit fiel ihm ein schwerer Eichenschrank auf den Fuß, und er starb — nicht wie erhofft im 97., sondern ein Jahr vor dem 70., im 69. Lebensjahr also, so daß tatsächlich eine 9 vor der 7 zu stehen kam.

In der Regel blieben die Auskünfte des »Sehers von Salon« jedoch weit weniger präzis, zudem waren ihrer politischen Nutzanwendung schon dadurch enge Grenzen gesetzt, daß sich der Großteil auf die französische Geschichte beschränkte: Nostradamus hat — nach Überzeugung seiner Deuter — die Französische Revolution prophezeit, wobei er sich allerdings mehr auf Anekdotisches beschränkte, er sah den Aufstieg und Fall Napoleons voraus, und natürlich den Ersten und Zweiten Weltkrieg.

Was die globalen Probleme der Zukunft anbelangte, so warnte er eindringlich vor der Aufhebung des Zölibats und der daraus entstehenden Bedrohung durch die »Armen im Geiste, die, durch den geistlichen Hochmut verrückt, in Schwelgerei und Wollust zu Ehebrechern werden«. Er warnte vor den unheilvollen Folgen der Vermassung: »Das niedere Volk wird sich erheben und die Anhänger der Gesetzgeber verjagen, und es wird scheinen, als ob in den vom Orient geschwächten Reichen Gott der Schöpfer den Satan aus den Kerkern der Hölle losgelassen hätte [. . .].« Und er warnte vor Aids: »[. . .] es wird eine so große Pest entstehen, daß von drei Teilen der Welt mehr als zwei verschwinden werden; so daß man nicht mehr erkennen wird, wem die Felder und Häuser gehören, und daß man in den Straßen der Städte bis über die Knie im Grase waten wird.«

Nostradamus visionierte eine schreckensvolle Zukunft, aber er verhieß auch, voll europäischem Enthusiasmus, den Franzosen an der Seite ihres ungeliebten Nachbarn die Weltherrschaft. Zunächst allerdings werden die Chinesen gemeinsam mit den Arabern Europa überrennen und besetzen — mit Ausnahme Albaniens, das die Gefahr frühzeitig erkennen und gemeinsame Sache mit den Eroberern machen wird. Der Zeitpunkt dieser Invasion war von vielen älteren Nostradamusexperten für die Jahre 1972 bzw. 1982 festgesetzt worden, die neuere Forschung jedoch hat ihn einvernehmlich zur Jahrtausendwende vorgerückt. Frankreich wird bis dahin in vielen Provinzen islamisiert sein, England endgültig im Kampf gegen die Vereinigte Arabische Republik unterliegen, der Vatikan von russischen (oder arabischen) Partisanen dem Erdboden gleichgemacht. Kaum weniger verhängnisvoll könnte sich die Verschiebung der Erdachse mitsamt der sich anschließenden Dislokation der Pole auswirken: »Die Erde wird

86

sich im Westen Amerikas auftun. Der größte Teil der japanischen Inseln wird im Ozean versinken. [. . .] Ein neues Land wird vor der Ostküste Amerikas auftauchen.« Hoffnungsfroher stimmt die Tatsache, daß der Erlöser seit dem 21. Januar 1981 bereits unter uns weilt: Heinrich der Glückliche, so sein zukünftiger Herrschername, aus dem erloschen geglaubten Geschlecht der Bourbonen. Am 11. August 1999 wird er die Königsherrschaft in Frankreich wiederherstellen, zuvor jedoch die Araber aus Spanien vertreiben, England befreien, die Chinesen in einem Blitzkrieg aus Italien drängen und den Papst in den Vatikan heimführen. Zwischen 2025 und 2030 wehrt er in einer letzten Entscheidungsschlacht die afrikanisch-asiatische Invasion ab, erobert Konstantinopel, fürderhin Heinrichstadt, zurück und läßt sich in Rom zum Präsidenten der Vereinigten Staaten Europas wählen. Nicht zuletzt dank des massiven Einsatzes deutscher Truppen wird er den Suezkanal freikämpfen, den babylonischen König entmachten und sich fortan schlicht »Der Sieger« nennen dürfen. Unter seiner Weltherrschaft kehrt endlich die so lang ersehnte Waffenruhe ein: »57 friedliche Jahre«, in denen Heinrich der Glückliche von Avignon aus das neue Goldene Zeitalter in seinem militärischen Gewahrsam hält.

Nostradamus' Ruhm wuchs dank dieser vaterländischen Zuversicht ins Unermeßliche, seine Gesundheit hingegen schwand. Er litt an Gicht und an Wassersucht, das Leben wurde ihm zur Last, erste Ahnungen des nahen Todes stellten sich ein: »Zurückgekehrt von seiner Mission, des Königs Gabe nun an seinem Platz, wird er ruhen, zu Gott gegangen sein; von nahen Anverwandten, Freunden, Blutsbrüdern wird er neben Bett und Bank gefunden werden.« Und so geschah es. Michel Nostradamus starb, wie vorgesehen, am 2. Juli 1566 an Herzasthma.

Die Prophetien des »Sehers von Salon« lassen sich, das gestehen auch seine treuesten Anhänger ein, stets nur im nachhinein entschlüsseln — das mindert ihren praktischen Nutzen, nicht aber ihre Anziehungskraft für die unübersehbar gewordene Schar der Deuter, die ihren Lebensunterhalt mit den rätselhaften Versen des Meisters bestritten und noch immer bestreiten. Kein Unglück ist aufgrund ihrer Auslegung der *Centurien* je verhindert, keine Katastrophe abgewendet worden. Im Gegenteil, die Folgeschäden wurden noch vergrößert durch die sprunghafte Vermehrung all derer, die — dank seiner Verse — alles immer schon vorausgesehen hatten. Die von Skeptikern gelegentlich aufgeworfene Frage, warum ausgerechnet Nostradamus und seinen Schülern die Zukunft offenbart wurde, ist angesichts der Fortschritte in der Centurienforschung längst nicht mehr diskussionswürdig — glaubt man dem unter seinesgleichen hochgeschätzten N. Alexander Centurio. Er hat die »großen Weissagungen des Nostradamus« bis zum Jahr 2050 entschlüsselt, im festen Wissen darum, daß »der Seher in unmittelbarem Kontakt mit dem Weltgeist« stand und steht. »Dieser von Gott eingesetzte große Regent und Regisseur der Weltgeschichte ließ Nostradamus in sein Konzept blicken und Neuland der Zukunft entdecken; so wie Kolumbus aus geografischen und nautischen Erwägungen einen neuen Erdteil entdeckte und damit den Horizont der Menschen des 16. Jahrhunderts erweiterte.« Und das auf denkbar einfachste Weise. »Nostradamus hält nach den ersten beiden Versen der *Centurien* einen ›Zweig‹, gleichsam als Antenne in der Hand. Durch diesen empfängt er den Kraftstrom aus der Ewigkeit, der sein ganzes Individuum, Seele, Körper und Geist durchdringt und überflutet; er ist die Brücke, durch die ein höheres Wissen einströmen kann.« Eintrittsstelle war vermutlich die Hypophyse, jene erbsengroße Hirnanhangdrüse, die entsprechend begabten Personen die Schau alles Zukünftigen ermöglicht.

Die Zahl dieser medial begabten Menschen hat in den letzten Jahrhunderten inflationär zugenommen. Das Wahrsagen ist leichter geworden, nicht nur weil Falschaussagen weniger streng geahndet werden, sondern vor allem, weil die sprunghaft größer werdende Zahl berichteter Ereignisse die Erfolgsquoten prophetischer Kalkulationen in die Höhe schnellen ließ. »Wer sich mit Untersuchungen und Forschungen jenseits des Wahrnehmbaren befaßt«, räsoniert ein auflagenstarker Verfasser prophetischer Ratgeber, »weiß schon seit mehreren Jahren von Ereignissen, die in der nahen oder der fernen Zukunft der Menschheit eintreten werden.« Zweifellos. Es läßt sich diese Auskunft sogar dahingehend dramatisieren, daß sehr viele Ereignisse in Zukunft stattfinden werden, unzählig viele, präzise gesagt.

Heutzutage genügt es, ein beliebiges Jahr als das entscheidende für die Zukunft der Menschheit zu benennen, und die Skeptiker hätten Mühe zu widersprechen. Niemand, der Kriege und Hungersnöte voraussagt, muß je fürchten, von der Zukunft eines Besseren belehrt zu werden. Mit Sicherheit wird in absehbarer Zeit eine bedeutende Persönlichkeit des öffentlichen Lebens sterben, deren Verlust heute noch kaum abzuschätzen ist. Ein Erdbeben wird die Welt erschüttern, vermutlich sogar ein Vulkanausbruch viele Menschenleben kosten. Es wird Stürme geben, Überschwemmungen, Mord und Folter, aber auch viel Freude unter den Menschen. Die Preise werden steigen, die Winter wärmer, die Röcke kaum kürzer werden.

Nostradamus hat unzählige Nachfolger gefunden — aber oftmals ist die Tatsache, daß ihre Vorhersagen überhaupt Glauben fanden, weit erstaunlicher als der Inhalt des Prophezeiten. Justina Dargel, der als Kind bereits die Gottesmutter erschienen war, sah im 30. Lebensjahr den baldigen Untergang Ostpreußens voraus — 50 Jahre zu früh, was unter all denen, die Haus und Hof verlassen hatten, um gemeinsam mit ihr nach Triest zu fliehen, nachhaltigen

Unmut auslöste. Johannes Alphons Deglin wiederum, Junggeselle und Wunderdoktor, weissagte 1915, daß der Krieg erst enden könne, wenn eine Seuche unter den Frauen ausbräche, »denn sie seien schuld an allem« — dem hatte auch die Oberste Heeresleitung nicht viel hinzuzufügen.

Überhaupt wird das »20. Jahrhundert«, so prophezeite ein namenloser Klosterweiser und Zeitgenosse Luthers in einer kürzlich aufgefundenen Handschrift, »eine Epoche des Schreckens und des Elends sein. In diesem Jahrhundert wird alles Böse und alles Unangenehme, das wir uns vorstellen können, Wirklichkeit werden. In vielen Ländern werden sich die Prinzen gegen ihre Väter, die Bürger gegen die Obrigkeit, die Kinder gegen ihre Eltern, die Heiden gegen Gott und ganze Völker gegen die festgesetzte Ordnung erheben. Ein Bürgerkrieg wird ausbrechen, in dem Bomben vom Himmel fallen werden. Und dann wird ein zweiter Krieg ausbrechen, in dessen Verlauf fast das ganze Universum erschüttert werden wird. Finanzielle Katastrophen und der Ruin von Besitztümern werden viele Tränen fließen lassen. Die Menschen werden seelenlos sein und kein Mitleid kennen. Vergiftete Wolken und Strahlen, die stärker brennen als die Äquatorsonne, eherne marschierende Mächte, fliegende Schiffe voll schrecklicher Bomben und Pfeile, tödliche Sternschnuppen und Schwefelfeuer werden die großen Städte zerstören. Es wird das verderbteste Jahrhundert von allen sein, denn die Menschen werden einander in den Himmel heben und einander vernichten«.

Die große Seherin Anna Katharina Emmerich prognostizierte den Weltuntergang bereits für das Jahr 2000, wenn nicht, verschiebt sich der Zyklus um weitere 1000 Jahre. Ohnehin ist für das 3. Jahrtausend, das Zeitalter des Wassermanns, einige Unruhe zu erwarten: Alte Kontinente werden untergehen, neue aus dem Meer tauchen. Ein großer Teil der gegenwärtigen Menschheit wird ver-

90

schwunden sein, neue Menschen werden an ihre Stelle treten. Das Fanal des kosmischen Umsturzes sollte — zufolge einer 1959 erschienenen Weissagung — der große Brand von Paris im Jahr 1970 sein. Dem würde sich der Sturz Elisabeths II. und die mongolische Invasion anschließen; ersteres scheint nicht mehr ganz so unwahrscheinlich, letzteres wiederum ist ein Ereignis, dessen Europa so oder so stets gewärtig war und sein wird. Die wichtigsten der für Mitte der 70er und 80er Jahre vorhergesagten Katastrophen allerdings sind ausgeblieben — die erwartete Kometenkollision ließ ebenso auf sich warten wie der Untergang Roms und die Russifizierung des Vatikans.

Einige hoffnungsfrohere Weissagungen dagegen sind schon erfüllt bzw. scheinen sich zu erfüllen: In der Wissenschaft wurden und werden viele Entdeckungen gemacht, die der Gesundheit zugute kommen. Schreckliche Krankheiten entstehen und werden entstehen, aber durch neue Impfstoffe besiegt, die Ozeane wird man als Nahrungsreservoir nützen können und dank der allzeit verfügbaren magnetischen Kräfte könnte es bald ein leichtes sein, von Planet zu Planet zu fliegen. Vermutlich wird das Zölibat fallen und Christus wiederkehren, wenn auch nicht für immer. Die Landung feindlicher interstellarer Truppen ist vor Ablauf des nächsten Jahrtausends ebenso wahrscheinlich wie die meditative Evakuierung all derer, die sich auf einer höheren Bewußtseinsebene eingefunden haben.

Je skrupelloser die Herausgeber, desto exakter die Voraussagen all der namenlosen Nonnen und Mönche, Heiligen und Propheten, die sich meist unmittelbar nach Katastrophen zu Wort meldeten. Und Gehör fanden. Denn gerade die christlichen Gläubigen haben ein unstillbares Bedürfnis nach apokalyptischen Novitäten. Die gespannte Erwartung der Ankunft Christi läßt sie für jede noch so vage prophetische Andeutung des kommenden Weltenendes empfänglich sein. Eine Empfänglichkeit, die sich im

Laufe der letzten Jahrhunderte allen aufklärerischen Anstrengungen zum Trotz keineswegs verringert hat.

Nur wenige Generationen nach dem Tode des Nostradamus schien der Niedergang der Astrologie unabwendbar. Der Siegeszug der Naturwissenschaften, insbesondere der Astronomie, ließ Lehrsatz für Lehrsatz hinfällig werden. Die Horoskopie hatte sich überlebt, die Wahrsagerei wurde verboten, entsprechende Schriften aus den Bibliotheken ausgemustert. Voltaire, der guten Grund hatte, persönlich erbost zu sein — schließlich war ihm ein früher Tod vorhergesagt worden —, spottete ebenso über die Sternnarren wie Friedrich II., Diderot oder Kant. Aber auch wenn der magische Glanz astrologischer Zukunftsdeutung in der Neuzeit zu verblassen schien, gänzlich vergessen war sie nie. Der alltägliche Aberglauben scherte sich ohnehin wenig um die Skrupel der Gelehrten, und die Astrologen selbst hatten es längst aufgegeben, im Wettstreit der Wissenschaften mithalten zu wollen. Wenn man überhaupt zur Kenntnis nahm, daß die naturkundlichen Grundlagen der eigenen Lehre überholt waren, so fand sich doch stets eine für Eingeweihte plausible Erklärung. Die Entdeckung neuer Planeten irritierte ebensowenig wie der Umstand, daß sich die Sonne nicht länger um die Erde drehte. Zunehmend selbstsicherer verwies man auf den Augenschein, der anderes belegt, und auf die psychologische, nicht naturwissenschaftliche Relevanz der eigenen Arbeit. Die Astrologen hatten frühzeitig die neuerwachte Lust an der Unvernunft erkannt und spekulierten mit Erfolg auf die okkultistische Bedürftigkeit der Massen wie der Mächtigen.

Wilhelm I. ließ sich 1849 die Zukunft weissagen, darunter auch die verhängnisvollen Ereignisse des Kriegsjahres 1913 — ohne abzudanken. Die Rechenoperation, mittels deren ihm die Schicksalsdaten seiner Zukunft wie der des deutschen Reiches geweissagt wurden, war denkbar einfach: 1871 Reichsgründung + Quersumme = 1888:

Todesjahr Wilhelms I. + Quersumme = 1913: Kriegsausbruch + Quersumme = 1927: Einweihung des Nationaldenkmals Tannenberg + Quersumme = 1946: Konrad Adenauer Vorsitzender der CDU + Quersumme = 1966: Otto von Habsburg erhält österreichischen Reisepaß + Quersumme = 1988: Toni Mang erklärt seinen Rücktritt.

Auch Wilhelm II. wurde eine wenig glückliche Zukunft auf dem Schlachtfelde vorausgesagt, auch er ignorierte alle Warnungen. Unter Wahrsagern und Zukunftsdeutern war es lange vor Ausbruch des 1. Weltkrieges kein Geheimnis mehr, daß 1913 wie schon 1813 ein Blutjahr werden würde. Die Ereignisse verzögerten sich etwas, dafür dauerte der Krieg selbst um so länger. So gutgläubig die Soldaten zunächst in den Kampf zogen, so hoffnungsfroh waren die vaterländisch gesinnten Propheten. In Alt-Ötting fand sich im Herbst 1914 eine auf 1841 datierte Handschrift, in der zu lesen stand, daß bereits zu Weihnachten mit einem Sieg-Frieden zu rechnen sei: Belgien würde ausgelöscht, Frankreich, England und Rußland auf ihr gehöriges Maß gestutzt und Deutsch zur Weltsprache erhoben. Nach der Marne-Schlacht wurden die Prognosen mehrheitlich realistischer, trotzdem vermochte keiner das Kriegsende, geschweige denn die endgültige Zahl der Opfer vorauszusehen.

Die Ernüchterung über die zerstobenen Weltmachtsträume währte nicht allzu lange. Bald schon nahm man dankbar jede Gelegenheit wahr, sich eine bessere, eine einträglichere und wiederum kriegerische Zukunft visionieren zu lassen.

Die Kontakte zwischen der astrologischen und der nationalsozialistischen Bewegung waren alt — und enger als gemeinhin vermutet: Adam Alfred Rudolf Glauer alias Rudolf Freiherr von Sebottendorff, Astrologe, Esoteriker, Abenteurer mit türkischer Staatsbürgerschaft, geboren in Hoyerswerda, Mitglied im rechtsradikalen Deutschen

Orden, Gründer der antisemitischen und hakenkreuzbewehrten Thule-Gesellschaft, übernahm 1918 den *Münchener Beobachter,* um ihn zum Hausorgan der bald darauf gegründeten Deutschen Arbeiterpartei (DAP) zu machen. Sebottendorff mußte Bayern seiner nationalrevolutionären Umtriebe wegen im Juli 1919 verlassen, im August avancierte der *Münchener* zum *Völkischen Beobachter,* im September trat Adolf Hitler der Deutschen Arbeiterpartei bei.

Hitlers Horoskop hat früh die Aufmerksamkeit der Astrologen erregt. Sein Geburtsdatum, der 20. April 1889, 18 Uhr 30, ließ nach Ansicht der »deutschen Sibylle« Elsbeth Ebertin in Zukunft einiges erwarten. Ihre Vorhersage vom Juli 1923, daß sich Hitler durch eine überstürzte Aktion in Gefahr bringen würde, ansonsten aber sehr ernst zu nehmen sei und bald eine »Führerrolle« in Deutschland spielen könnte, war nach dem gescheiterten Novemberputsch in vieler Munde und garantierte ihr politischen Zulauf von links wie rechts. Des Führers Horoskop sorgte in der Folge noch häufiger für Aufregung, nicht zuletzt weil mit schwindendem Kriegsglück die Vorhersage seines Scheiterns immer leichter wurde. Und die Astrologen hatten bald guten Grund, ihm ein Scheitern seiner Politik zu wünschen. So mythosgläubig Hitler sich auch gab, so wenig Interesse brachte er für die Sternenkundler auf. Er wußte aus eigener Erfahrung nur allzugut, wie wenig den Vorgaben des Schicksals zu trauen war. Bereits ein Jahr nach der Machtergreifung wurden die Verleger angewiesen, keine astrologischen Schriften mehr aufzulegen. In Berlin verbot der Polizeipräsident auf höhere Weisung alle professionellen Formen der Wahrsagerei, im Reichsgebiet konfiszierte die Gestapo wahllos okkultistische Literatur. Die Veröffentlichungen versiegten, die astrologischen Kongresse fanden in zusehends kleinerem Rahmen statt. Obwohl die deutschen Sterndeuter alles taten, ihre nunmehr als »urarisches Sternweistum« getarnte Lehre über die Zeit zu retten, obwohl viele von ihnen der Partei beitraten und selbst den seiner orientalischen Herkunft wegen verdächtigen Tierkreis in einen nordischen »Tyrkreis« umtauften, wurde ihr Treiben zunehmend mißtrauischer verfolgt. Der Grund war nicht, daß die Zahl der Regimegegner unter den Astrologen größer gewesen wäre als in anderen Berufsgruppen, im Gegenteil, der Grund war die eigene, uneingestandene Gewißheit, daß die Zukunft nichts Gutes bringen wird.

In den besseren Parteikreisen hatte die Astrologie wenige Fürsprecher, aber mächtige Gegner: Röhm korrespondierte mit dem Astrologen Heimsoth, weil dieser 1928 eine psychologische Studie über die Horoskope Homosexueller vorgelegt hatte — in Fragen der Zukunftsdeutung allerdings war er weniger kompetent, wie beider unerwartet früher Tod zeigte. Hans Frank, abergläubisch besorgt um sein Schicksal, suchte Beruhigung in geschönter Horoskopie, der noch weitaus verunsichertere Rudolf Heß umgab sich gar hilfesuchend mit einer Schar von astrologischen Beratern, der Zukunft des Reiches wegen und mehr noch, um sich seiner politischen Bedeutung zu versichern. Hitler selbst hingegen spottete über den Sternenglauben, Rosenberg hielt die Astrologie für eine jüdische Erfindung, Goebbels traute ihr allenfalls aus propagandistischen Erwägungen. Eben zu diesem Zweck ließ er eigens den Schweizer Astrologen Krafft nach Berlin kommen, um die Prophezeiungen des Nostradamus in wehrkraftfördernder Weise zu aktualisieren.

Ernst Krafft wurde am 10.5.1900 in Basel geboren. Sein Vater war Kaufmann, er selbst mehr mathematisch als praktisch begabt, und so entschloß er sich — gegen den Willen der Eltern — zum Universitätsstudium. Eine Woche nach der Immatrikulation starb seine Schwester, was er, so seine folgenschwere Erinnerungstäuschung, im Traum vorausgesehen hatte. Krafft begann sich mit

Okkultismus zu beschäftigen, er entdeckte seine telepathischen Talente, übte sich in Yoga und Sterndeutung.

Krafft war klein, sein Gesicht blaß, der Blick stechend. Er wirkte verbissen und humorlos. Fleiß und Ehrgeiz waren weit größer als sein Talent, aber er hatte den unbedingten Willen, Großes zu schaffen. In herostratischer Besessenheit verfiel er auf den Plan, die Glaubwürdigkeit der Astrologie statistisch zu beweisen, indem er eine größtmögliche Zahl von Horoskopen darauf untersuchte, ob sich eine gemeinsame Begabung in einer jeweils ähnlichen Sternenkonstellation nachweisen ließ. Krafft sammelte die Geburtsdaten von 2800 Musikern, wertete sie anhand selbstentwickelter statistischer Methoden aus und kam auf diese Weise zu der erwarteten Erkenntnis, daß die Sterne tatsächlich einen nachweislichen Einfluß auf Temperament und Talent der Probanden ausübten. Um auch den physiologischen Einfluß interstellarer Konstellationen auf das allgemeine Wohlbefinden nachzuprüfen, wertete er Hunderte von Todesdaten aus — mit dem gleichen Resultat. Eine neue Wissenschaft war geboren: die Kosmobiologie. Kraffts Vater war ebensowenig bereit, diese Pioniertat zu honorieren wie die Universität. Nach einem erfolglosen Versuch, in London zu promovieren, kehrte Krafft ins Elternhaus zurück, wertete Horoskope aus, ging in Psychotherapie und arbeitete gelegentlich in einem esoterischen Buchladen. Das wissenschaftliche Material türmte sich. Dem Vater blieb wenig mehr, als die Hoffnungen seines Sohnes zu teilen und auf Auszug zu drängen. Im Frühjahr 1926 brachte er ihn bei einem Geschäftsfreund unter, einem Verleger. Und wider Erwarten hatte Krafft Erfolg. Nach kurzer Lehrzeit avancierte er zum psychologischen Berater, der für die Einstellung, Weiterbildung und Leistungssteigerung der Mitarbeiter zuständig war — was ihm wenig Freunde gewann. Nebenbei verdiente er sich bei anderen Firmen Geld mit graphologischen Gutachten, Einstellungs- und Konjunkturhoroskopen. Krafft nannte sich fortan Charakterologe und entwarf sein eigenes metaphysisches System, die Typokosmie, die den astrologischen Schlüssel zu allen Erscheinungen dieser Welt bot. Mit Ausnahme der Börsenkurse. Binnen kürzester Zeit verspekulierte Krafft zunächst sein Erspartes, dann das Erbe seines Vaters. Immerhin erbrachte sein persönliches Interesse am Zusammenhang kosmischer Zyklen und ökonomischer Krisen den erwartet reichen wissenschaftlichen Ertrag: Sowohl die Weizenpreise im Deutschen Reich als auch die amerikanischen Eisenbahnaktien waren zwischen 1800 und 1930 bzw. 1831 und 1932 jeweils planetarisch gelenkt worden. Ein Umstand, den die Fachwelt nie den Mut hatte, zur Kenntnis zu nehmen. Ungeachtet dieser Teilnahmslosigkeit zimmerte Krafft verbissen an seiner Karriere: Er publizierte rasch und viel — zwischen 1927 und 1941 erschienen mehr als 100 Artikel in den einschlägigen Fachzeitschriften —, er räsonierte ausdauernd und tief, insbesondere über das »Walten des Sprachgeistes«, der sich, wie er dem nicht wenig erstaunten C. G. Jung vortrug, bevorzugt in semantischer Archetypenbildung äußere, und er beschäftigte sich mit Werk und Wirken des einzigen ihm ebenbürtigen Astrologen: mit Nostradamus. Die nüchternen Schweizer hatten für diese Forschungen — seinem eigenen Empfinden nach — weit weniger Verständnis als die gefühlstieferen, orphischen Offenbarungen viel aufgeschlosseneren Deutschen.

Von 1935 an hielt Krafft regelmäßig Vorträge in Mannheim, Stuttgart und München. Er schrieb Broschüren aller Art und verschickte seine astrologischen Wirtschaftsberichte an alle zahlungswilligen Anhänger, darunter Eduard Hofweber, seinerseits ein enger Freund von Rudolf Heß. Im Oktober 1937 siedelte Krafft ganz nach Deutschland über und ließ sich, nicht zuletzt der raunenden Namen wegen, auf dem Hellhof in Urberg, nahe St. Blasien nieder.

1921 waren die Weissagungen des Nostradamus, einge-
deutscht und erläutert von dem Postbeamten C. Loog, erschienen. Die Erläuterungen selbst hätten nicht weiter Aufsehen erregt, wenn nicht bei Gelegenheit der Centurie III,
57 eine blutige Regierungskrise in England wie in Polen in
Aussicht gestellt worden wäre. Auch darüber hätte sich
niemand sonderlich erstaunt, wäre diese Deutung nicht
von dem Modeautor H. H. Kritzinger in seinem Buch
Mysterien von Sonne und Seele zitiert worden, ein Buch,
das wiederum Frau Goebbels in den ereignisreichen Monaten des Sommers 1939 die nötige Bettruhe verschaffen
sollte.

Wenige Monate nach dem Überfall auf Polen wurde
Dr. Kritzinger ins Propagandaministerium einbestellt.
Goebbels hatte dank der Schlaflosigkeit seiner Frau erkannt, daß sich die vagen Orakelreime des europaweit
bekannten Nostradamus hervorragend zur psychologischen
Kriegsführung eigneten und bat um einen entsprechend
deutungswilligen Sachverständigen. Kritzinger empfahl
Loog, der jedoch aufgrund seiner postalischen Verpflich-
tungen ablehnte. Daraufhin riet er zu Krafft, der sofort
einwilligte. Im Januar 1940 kam er gemeinsam mit seiner
Frau nach Berlin und begann umgehend an einer Neu-
edition der Prophetien des Nostradamus zu arbeiten. Wiewohl keiner seiner Vorgesetzten im Reichssicherheitshauptamt bzw. im Ministerium für Volksaufklärung seine
Talente ernster nahm, als es der propagandistische Zweck
erforderte, wurde Krafft eidesstattlich verpflichtet, nichts
von dem zu verraten, was er bei seiner Arbeit herausfinden
würde.

Die Aufgabenstellung war eindeutig: Goebbels wollte
eine nationalsozialistische Aufbereitung der Centurien-
verse. Krafft wiederum sah sich in Nostradamus' Nachfolge als ebenbürtigen Ratgeber, nicht als weisungsgebun-
denen Handlanger, zudem war sein Respekt vor dem
»Seher von Salon« viel zu groß, als daß er ihn in allzu

skrupelloser Weise für parteipolitische Zwecke hätte entstellen können. Um beiden Seiten gerecht zu werden, suchte er deshalb systematisch solche Verse, deren Vagheit jede Deutung zuließ. Und je länger Krafft für Goebbels' Propagandaabteilung arbeitete, desto einsichtiger wurde ihm die treudeutsche Gesinnung des Nostradamus, desto einfacher wurde es, bislang umstrittene Stellen zu entziffern:

> »Translatera en la Grande Germanie,
> Brabant & Flandres, Gand, Bruges & Bologne:
> La traisue sainte, le grand duc d'Armenie,
> Assaillira Vienne & la Coloigne.«

Zweifelsfrei war Hitlers Großdeutschland gemeint, das Belgien und Frankreich besetzt hielt — aber wer war der »grand duc d'Armenie«? Kraffts Sekretär vermutete Stalin, aber die Schlußfolgerung, daß die Rote Armee über kurz oder lang Wien und Köln belagern würde, war allzu defätistisch, so daß Krafft schloß, es müsse sich hier um Arminius handeln bzw., bildlich gesprochen, um seinen nationalsozialistischen Enkel, der ja — und hier fügte sich wieder alles stimmig zusammen — 1936 das Rheinland besetzt und 1938 Österreich zum Anschluß ermuntert hatte. Nutzlos sind beide Lesarten, denn Hitlers Verwandtschaft mit Arminius ist selbst im metaphorischen Sinne eine sehr zweifelhafte, und Stalin wiederum hat nie Köln erobert — es sei denn man folgt der Deutung N. Alexander Centurios, der vorschlägt, Köln als Neukölln zu lesen, als Stadtteil Berlins also, der von der Roten Armee einverleibt zu werden drohte — und droht, denn die »Prophezeiung«, so die düstere Warnung Centurios, »ist heute noch aktuell«.

Im Dezember 1940 erschien die Neuausgabe der Prophetien als Faksimile der Ausgabe von 1568 mitsamt einem 32-seitigen, streng zensurierten Kommentar Kraffts. Die

Druckkosten der 299 Exemplare bezahlte Himmlers Reichssicherheitshauptamt. Allerdings kam das Buch nie in den Handel. Himmler wie Goebbels ging es nicht um Bibliophiles, ihnen ging es um die propagandistische Auswertung einiger weniger Strophen — die Buchausgabe diente nur dazu, Krafft bei Laune zu halten.

Im Mai 1940 fielen die deutschen Truppen in Belgien ein. Über Frankreich wurden Flugblätter abgeworfen, in denen Nostradamus weissagte, daß der Südosten des Landes von Kampfhandlungen verschont würde. Viele folgten dem Rat und machten sich auf den Weg nach Süden, so daß die Straßen nach Paris bzw. den Kanalhäfen weitgehend frei von Flüchtlingen waren, die den Vormarsch der deutschen Truppen hätten behindern können. Ob Krafft die Verse selbst formulierte, ist fraglich; vermutlich hat er, wie im Fall der Nostradamusbroschüre *Der Seher von Salon,* nur das Material zusammengestellt. Die auf diskrete Weise den Endsieg verheißende Schrift wurde in 83 000 Exemplaren verschiedener europäischer Sprachen gedruckt und geheimdienstlich verteilt, um die Moral des Gegners zu unterminieren. Der allerdings hatte längst selbst Nostradamus' propagandistischen Nutzen erkannt. Die Vichyregierung verbot in vorauseilendem Gehorsam Druck und Verbreitung patriotischer Centurien, um nicht den Zorn der Besatzungsmacht auf sich zu ziehen. Der englische Geheimdienst wiederum engagierte, kaum hatte er die Möglichkeiten astrologischer Kriegsführung erkannt, eigens einen Sachverständigen, der sich schon geraume Zeit als Gegenspieler Kraffts angedient hatte. Louis de Wohls Aufgabe war es zunächst, den Amerikanern durch Vorträge und Artikel in einschlägigen Astrologiezeitschriften zu versichern, daß die Sterne ungünstig für Deutschland stünden. De Wohl schrieb zudem die Beiträge für den *Zenit,* die *Monatszeitschrift für das denkende Deutschland,* in der zwischen 1942 und 1943 in kleiner Auflage Führer und Reich besorgniserregende Prognosen gestellt wurden. De Wohl war es vermutlich auch, der 100 Nostradamus-Vierzeiler nachdichtete und, mitsamt Kommentar, ins Deutsche übersetzte: »Hitler, der in seinem kriegerischen Kampf mehr Siege (Preise) davongetragen hat, als für ihn gut war; sechse werden ihn in der Nacht ermorden. Nackt, ohne Harnisch überrascht, unterliegt er.« Die Schriften wurden über grenznahem Gebiet abgeworfen, um die Zivilbevölkerung zu verunsichern. Zum gleichen Zweck hatte Krafft bereits im Februar 1941 in Brüssel eine kleine Schrift *Wie Nostradamus die Zukunft Europas vorausgesehen hat* herausgegeben, in der er dank ausgewählter Quatrains und interpretatorischem Wagemut die Niederlage Englands vorherzusagen vermochte.

Am 10. Mai 1941 flog Rudolf Heß, Reichsminister h. c. und Stellvertreter des Führers, nach Schottland, um eilends Frieden mit Großbritannien zu schließen, da Hitlers Horoskop für das Frühjahr 1941 Übles verhieß — zu Recht, wie der Flug zeigte. Churchill staunte, Hitler wütete — und ließ Schuldige suchen. Man fand sie in den astrologischen Beratern, die den — so die offiziöse Version — offenkundig Geistesverwirrten zu dieser Unsinnstat getrieben hatten. In der von der Gestapo daraufhin eingeleiteten »Aktion Heß« wurden Hunderte von politisch Verdächtigen verhaftet, allen voran Hellseher und Astrologen. Viele von ihnen wurden nach einigen Tagen Beugehaft wieder freigelassen, einige wenige kamen ins KZ.

Neben seiner Arbeit für das Propagandaministerium hatte Krafft zunehmend häufiger private Vorträge über Nostradamus gehalten, was — trotz der handverlesenen Zuhörerschaft — gegen das Stillhalteabkommen mit dem Propagandaministerium verstieß und das Mißtrauen der Gestapo weckte. Krafft wurde strenger überwacht, man suchte Zeugen, die Auskunft über seine Beziehung zu Heß geben konnten, man verhörte inhaftierte Astrologen über sein Buch *Sprachgeist,* hinter dessen linguistischen Verwirrtheiten man ein ausgeklügeltes Dekodierungssystem vermutete. Am 12. Juni 1941 wurde Krafft von der Gestapo verhaftet. Seiner Frau teilte man mit, er würde noch am selben Abend zurückkommen. Vierzehn Tage später durfte sie ihn das erstemal im Gefängnis besuchen.

Die Gestapo hatte keine konkreten Beweise, aber der Umstand, daß sich ein Schweizer Bürger freiwillig zu Propagandazwecken angedient hatte, war verdächtig genug, um seine Freilassung hinauszuzögern. Die eidgenössische Botschaft wiederum zeigte sich auf Konfliktlosigkeit bedacht, zumal Krafft ihr nicht weniger suspekt war als der Gestapo.

Nach einem Jahr im Polizeigefängnis wurde Krafft dem Propagandaministerium überstellt — man wollte seine Arbeitskraft nicht ungenutzt lassen. Unter strenger Überwachung hatte er alliierten Staatsmännern und Generälen Horoskope zu stellen, so zu stellen, daß die unweigerliche Niederlage der Anti-Hitler-Koalition daraus hervorgehen würde. Goebbels glaubte die angloamerikanische Öffentlichkeit besonders anfällig für Okkultismus und gedachte in zunehmender Ermangelung anderer Werbemittel die psychologische Kriegsführung auf diesem Feld zu verstärken. Aber was auch immer man genau von Krafft erwartete, er enttäuschte. Krafft war viel zu überzeugt von seiner Berufung, als daß er für systematischen Betrug getaugt hätte. Noch immer hoffte er darauf, Hitler selbst als Ratgeber dienen zu dürfen. Als man ihm auf seine anmaßenden Nörgeleien hin mit zynischer Beiläufigkeit zu verstehen gab, daß seine Arbeit ohnehin nur zu Propagandazwecken diene, erlitt er einen Nervenzusammenbruch. Rachsüchtig prophezeite er die baldige Bombardierung des Propagandaministeriums durch britische Flugzeuge. Eine Drohung, die man verübelte, aber nicht ernst nahm — unvorsichtigerweise.

Krafft verfing sich zusehends in seinem Größenwahn: Er schrieb Klagebriefe an die Schweizer Botschaft, an den

Bildhauer Breker, der für ihn bei Hans Frank, dem Gene-ralgouverneur Polens, intervenieren sollte, und an all die anderen, denen er auf Empfängen und Soireen begegnet war — seine Frau jedoch gab die Briefe wohlweislich erst gar nicht zur Post.

Im Februar 1943 inhaftierte man den mittlerweile ar-beitsunfähigen Krafft erneut. Er erkrankte an Typhus. Kaum genesen, wurde er ins Konzentrationslager Oranien-burg überstellt. Alle Bemühungen seiner Frau um eine Freilassung scheiterten. Am 8. Januar 1945 starb Ernst Krafft während des Transports in das KZ Buchenwald.

IV

Der Lehrmeister Gottes *Athanasius Kircher*

2. 5. 1602 bis 27. 11. 1680

Als Athanasius Kircher, der Meister der 100 Künste, wie ihn bewundernde Zeitgenossen ehrfürchtig getauft hatten, nach kurzer Krankheit in Rom starb, trauerte nahezu die gesamte zivilisierte Welt. Papst Innozenz XI., seiner sparsamen Frömmigkeit wegen seliggesprochen, und Leopold I., Kaiser des Heiligen Römischen Reiches Deutscher Nation, Führer der Heiligen Liga und Schrecken der ungarischen Protestanten, beklagten bekümmert das Hinscheiden des bedeutendsten Repräsentanten katholischer Gelehrsamkeit. Ihr Schmerz, wie der seiner jesuitischen Ordensbrüder und aller kirchentreuen Naturforscher, wurde allenfalls gelindert durch die Gewißheit, daß ihm unsterblicher Ruhm sicher sein würde. Kircher hinterließ über 30 wissenschaftliche Werke, viele davon mehrbändig und in schwergewichtigem Folioformat, die zusammen weit mehr als 14 000 Druckseiten zählten. Sein Briefwechsel umfaßte 114 Bände und 763 Adressaten, darunter Päpste, Kaiser, Könige und viele der bedeutendsten Wissenschaftler der Zeit. Das »Museo Kirchereano«, eines der ersten öffentlichen Museen überhaupt, das die von ihm

erfundenen Apparaturen und Werkzeuge, die aus allen
Weltgegenden ihm zugesandten Kuriosa und Naturalien
beherbergte, war eine Wunderkammer des Wissens, die
Besucher aus aller Herren Länder anzog. Es sollte
ebensowenig Bestand haben wie der Ruhm seines Schöp-
fers.

Athanasius' Vater, Johann Kircher, hatte in Mainz Theologie und Philosophie studiert und war dann in den Dienst
des Fürstabtes von Fulda getreten. Nach dessen Vertrei-
bung durch die Protestanten zog er sich in das nahegelegene Geisa zurück, privatisierte und unterrichtete seine
Kinder im wahren Glauben. Vier Söhne wurden Ordensbrüder, zwei starben; zwei Töchter heirateten einen Recht-
gläubigen, die dritte einen Calvinisten.

Am 2. Mai 1602, 3 Uhr morgens, wurde der jüngste Sohn
geboren. Der Einfachheit halber und des religiösen An-
sporns wegen erhielt er den Namen des Tagesheiligen:
Athanasius von Alexandria, der Unsterbliche, war seinerzeit ein bedeutender Kirchenlehrer gewesen, der sich
ruhmreich im Kampf gegen die Ketzer hervorgetan hatte.
Die Erwartungen an den Letztgeborenen waren entsprechend hoch, der Vater unbeschäftigt, und so erhielt der
Sohn, neben dem Unterricht in der örtlichen Jesuiten-
schule und den zusätzlichen Stunden in Hebräisch, theologische Unterweisungen zuhauf. Noch allerdings war
Athanasius kein sonderlich begabter Schüler, wie er in
seiner Autobiographie freimütig eingesteht. Seine lebhafte
Natur fügte sich nur schwer der väterlichen Disziplin, sein
kindlicher Forscherdrang verführte ihn immer wieder, die
aufgezwungenen Studien zu vernachlässigen. Daß er sich
trotzdem schon früh seiner Auserwähltheit sicher sein
durfte, lag weniger an den spärlichen Gunstbezeugungen
seiner Eltern und Lehrer als vielmehr an dem wundersamen Beistand, der ihn eine Reihe von Unglücksfällen
wider alle Erwartung lebendig überstehen ließ.

Als Knabe badete er einst zusammen mit Kameraden in einem Mühlenkanal, geriet seines Vorwitzes wegen in die Strömung und fiel auf das wirbelnde Rad. Geistesgegenwärtig flehte er um Gottes Beistand. Vor den ungläubigen Augen seiner schreckensstarren Kameraden entstieg er wenig später triumphierend dem ruhigen Gewässer; das Mühlrad hatte ihn wohlbehalten nach unten getragen. Nicht weniger erstaunlich war seine wundersame Errettung bei einem der alljährlichen Pfingstpferderennen. Voll Neugierde drängte sich Athanasius zwischen den Beinen der Zuschauer hindurch. Unversehens fand er sich — sei es durch einen erbosten Stoß oder blinden Eifer — auf der Rennbahn wieder. Ihm blieb kaum Zeit, sich zusammenzukauern und zur heiligen Mutter Gottes zu beten, da stürmte die Reiterschar auch schon über ihn hinweg. Zur Verwunderung der Zuschauer blieb er unverletzt.

Im Gegensatz zu Athanasius verstanden seine Eltern diese Geschehnisse nicht als Zeichen seiner göttlichen Berufung, sondern als Ausdruck seines widerspenstigen Charakters. Um sie ihrer Kleingläubigkeit zu überführen, scheute er fortan vor keiner noch so lebensbedrohlichen Situation zurück — Athanasius ließ die Wunder nicht einfach geschehen, er zwang sie herbei. So machte er sich eines schönen Wochenendes ohne Erlaubnis der Eltern mit einigen seiner Mitschüler auf den Weg nach Aschaffenburg, um das Schaupiel einer Wandertruppe anzusehen. Während seine Freunde, von den Attraktionen des Stadtlebens verführt, den Aufenthalt verlängerten, entschied Athanasius — keusch, aber eigensinnig —, allein zurückzugehen. Ein selbstmörderischer Entschluß, denn er hatte auf seinem Heimweg einen Teil des Spessarts zu durchqueren, dessen Wege und Wirtshäuser der umherstreunenden Wölfe und Räuber wegen berüchtigt waren. Kaum hatte er den Wald betreten, verirrte er sich. Vor der einbrechenden Dunkelheit flüchtete Athanasius auf einen Baum und verbrachte die Nacht mit Beten. Am nächsten Morgen war er frohen Mutes, aber nach wenigen Stunden angestrengten Wanderns gänzlich ohne Orientierung. Erschöpft empfahl sich Athanasius der Mutter Gottes. Gestärkt durch ihren Zuspruch und allerlei Gelöbnisse, überließ er es dem Schicksal, ihm den richtigen Weg zu weisen. Wenig später traf er auf Bauern, die ihn gegen das Versprechen einer großzügigen Entlohnung zu seinen Eltern zurückbrachten.

Voll Dankbarkeit schwor Athanasius, fortan allen weltlichen Vergnügungen zu entsagen und in die Gesellschaft Jesu einzutreten. Er wurde abgewiesen. Allem religiösen Eifer zum Trotz hatten sich seine schulischen Leistungen nicht gebessert, noch immer schien er träge und von schwacher Auffassungsgabe. Der Rektor des Mainzer Jesuitenkollegs verkannte keineswegs seinen frommen Sinn, aber das allein genügte ihm nicht. »Jetzt hieß es für unseren Athanasius«, so sein mitfühlender Biograph, »dem Himmel gleichsam Gewalt anzuthun, um durch dessen Vermittlung das leidige Hinderniß zu beseitigen. In inbrünstigem Gebet warf er sich in der Kapelle vor dem Bild der allerseligsten Jungfrau nieder und weihte sich ihrem besonderen Dienste. Das heiße Gebet fand Erhörung.« Seine Schulleistungen besserten sich, und dank väterlicher Einflußnahme wurde er als Kandidat für das Noviziat zugelassen.

Eines der wenigen Vergnügen, das sich der Ordensaspirant noch gönnte, war das Schlittschuhlaufen, zu dem ihm der strenge Winter des Jahres 1617 reichlich Gelegenheit bot. Wie immer wenn es galt, sich durch Wagemut hervorzutun, war Athanasius übereifrig. Sein Hochmut kam so schnell vor dem Fall, daß ihm nicht einmal mehr die Gelegenheit zum rettenden Gebet blieb. Ein Leistenbruch war die Folge; dazu kam, sei es infolge ruhelosen nächtlichen Studierens, wie Kircher vermutete, oder, was naheliegender scheint, als Folge entzündeter Frostbeulen, ein bösartiger Hautausschlag an den Beinen. Der angehende Novize verheimlichte beides, um seine Aufnahme nicht zu gefährden. Schwer krank machte er sich auf den Weg nach Paderborn, um in der dortigen Jesuitenakademie seine Lehrzeit anzutreten. Der Empfang war alles andere als herzlich. Seine Mitbrüder erkannten sofort, wie es um ihn stand. Der hinzugezogene Wundarzt taxierte ihn als hoffnungslosen Fall. Märtyrer des Glaubens aber gab es in diesen Zeiten zuhauf, und so entschied der Ordensobere, daß der Novize nach Hause zurückzutransportieren sei, sofern nicht binnen eines Monats eine entscheidende Besserung eintreten würde. Verzweifelt betete Athanasius bis spät in die Nacht zur Jungfrau Maria. Erst als er sich der erlangten Erhörung innerlich bewußt geworden war, ging er beruhigt zu Bett und erwachte am nächsten Morgen ledig des Leistenbruchs, des Hautausschlages und aller trüben Gedanken.

Kircher nahm dieses erneute Wunder eher schon gelassen hin, seine Mitbrüder dagegen waren nicht wenig erstaunt über die unerwartete Heilung, um so mehr, als sie in der Folge feststellen mußten, daß Athanasius dieses Mysteriums keineswegs wert schien. Zwar studierte er in den nächsten Jahren mit eifrigem Bemühen die scholastische Philosophie, und insgeheim war er sich seiner herausragenden Fähigkeiten auch durchaus bewußt, aber seine bis zur Selbstverleugnung gesteigerte Bescheidenheit verwehrte es ihm, sich seinen Mitbrüdern zu offenbaren. Diese Schauspielerei demütiger Einfalt gelang so beeindruckend, daß ihm niemand einen erfolgreichen Abschluß seiner Studien zutraute. Ein Verdacht, der ihn keineswegs kränkte, sondern nur zu immer neuen Anstrengungen der Selbstverleugnung anhielt.

Kircher drohte zum Opfer seiner eigenen Demut zu werden — da kam der Krieg nach Paderborn. Neujahr 1622 hatte sich Christian von Braunschweig, »Gottes Freund, der Pfaffen Feind«, wie er sich selbst nannte, »der Tolle«, wie ihn die Katholiken getauft hatten, mitsamt seinem Heer auf den Weg gemacht, um Paderborn zu erobern. Aber der Fürstbischof Ferdinand von Bayern, zugleich Erzbischof und Kurfürst von Köln, hatte wohlweislich seine Gegenmaßnahmen getroffen: »Er legte eine Besatzung in die bedrohte Stadt und forderte den Ordensklerus zu eifrigem Gebete auf.« Aber je näher der Feind kam, je hämischer die mehrheitlich protestantisch gesinnten Bürger die ungeliebten Jesuiten musterten, desto leiser wurden die Gebete. Kurz vor Ankunft der marodierenden Scharen löste sich das Kolleg auf, seine 80 Mitglieder zerstreuten sich in alle Himmelsrichtungen. Ohne ausreichenden Proviant, ständig bedroht von umherziehenden feindlichen Soldaten und der bitteren Kälte des ungewöhnlich strengen Winters, gelang es Kircher, sich mit einigen seiner Brüder nach Münster durchzuschlagen. Nach einer kurzen Ruhepause zog man weiter nach Köln, um dort im Jesuitenkolleg Zuflucht zu suchen.

Nahe Düsseldorf mußte die kleine Reisegruppe den Rhein überqueren. Einheimische versicherten eifrig die Ungefährlichkeit — man war froh, Freiwillige gefunden zu haben, die ohne den sonst üblichen Angstlohn die Eisstärke prüften. Kircher, der sich wie immer an die Spitze gedrängt hatte, schritt voll Gottvertrauen voran — da brach das Eis. Die Gefährten konnten sich an Land flüchten, er selbst schiffte auf einer Scholle stetig rheinabwärts. Seine Lage schien hoffnungslos, und so begann er zur Mutter Gottes zu beten. Eilends trieb ihn die Strömung wieder in Ufernähe. Ein kühner Sprung — und Kircher fiel ins eiskalte Wasser. Seine Schwimmkunst rettete ihn. Kältestarr konnte er sich in das nahegelegene Neusser Jesuitenstift schleppen, wo seine Reisegefährten die Wiederkehr des Totgeglaubten ehrfürchtig bestaunten.

In Köln angekommen, fand Kircher nur noch die verkohlten Reste des Ordenskollegs vor, aber der Schulbetrieb hatte inmitten der Ruinen bereits wieder begonnen, und Athanasius, dank des kalten Bades und der glücklich überstandenen Abenteuer aller falschen Bescheidenheit ledig, machte bald seine Lehrer auf sich und seine zahlreichen Talente aufmerksam. Als Belobigung und zum Abschluß seiner Studien wurde er nach Koblenz geschickt, wo er die unteren Klassen in griechischer Sprache und Literatur zu unterrichten hatte. Als wollte er sich für die langen Jahre erzwungener Demut entschädigen, wich die ehemals so übereifrig zur Schau gestellte Bescheidenheit einer nicht minder auftrumpfenden Selbstsicherheit, die wenig Anklang bei seinen Mitbrüdern fand. Auch wenn die Ordensoberen seine entgegenkommende Art außerordentlich schätzten, der Neid unter den Kollegen war binnen kurzem so gewaltig gewachsen, daß man ihn zu seiner eigenen Sicherheit als Lateinlehrer in das ebenso ehrwürdige wie unbedeutende Heiligenstadt versetzte.

Entgegen allen wohlmeinenden Ratschlägen entschloß sich Kircher, in seiner Ordenstracht zu reisen, was in diesen Kriegszeiten dem Entschluß zum Märtyrertod gleichkam. Sein Wunsch wäre beinahe erfüllt worden: Vor Eisenach griffen ihn protestantische Reiter auf, raubten ihn aus uns schleiften ihn zum nächsten Baum. Kircher blieb keine Zeit zum Gebet, und so beließ er es dabei, dem Allmächtigen für die Gnade dieses Opfertodes zu danken und seine Seele der Mutter Gottes zu empfehlen. Was anderen allenfalls verfeinerte Folterungen eingetragen hätte, bei Athanasius bewirkte es — seiner unbezeugten Darstellung zufolge — ein Wunder. Einen der Reiter überkam Mitleid, reumütig gab er ihm seine Habseligkeiten zurück und entschuldigte sich für die erlittenen Unannehmlichkeiten.

Wohlbehalten erreichte Kircher Heiligenstadt. Keineswegs ausgelastet mit seinem Unterricht, nutzte er die verbleibende Zeit für allerlei naturwissenschaftliche Forschungen und mechanische Basteleien. Er verzierte den Turm der Pfarrkirche mit einer Sonnenuhr, werkelte an physikalischen Apparaturen, deren Funktion ihm selbst meist nicht weniger rätselhaft blieb als seinen Mitbrüdern, und richtete ein chemisches Laboratorium ein, in dem er vorwiegend Sprengstoffe für seine pyrotechnischen Studien herstellte. Kaum hatte es sich Kircher solchermaßen in der Verbannung bequem gemacht, da kam eine Gesandtschaft des Kurfürsten von Mainz, um religiöse Streitfragen zu erörtern. Athanasius' Amt war es, die Gäste durch eine Lobrede und einige seiner spektakuläreren Experimente zu begrüßen. Letzteres gelang ihm so eindrucksvoll, daß neidische Mitbrüder die Hilfe des Teufels hinter dem Feuerwerkszauber und den optischen Spielereien vermuteten. Die Gesandten dagegen, von Kircher über die Wirkungsweise seiner künstlichen Wunder aufgeklärt, waren tief beeindruckt und erstatteten einen enthusiastischen Bericht an ihren Dienstherren. Kurfürst Johann, wie alle Fürsten der Zeit angekränkelt von der Melancholie der Macht und dankbar für jede Zerstreuung, ließ Kircher an seine Residenz nach Aschaffenburg kommen, wo er den Hof mit seinen mechanischen Kunststücken zu unterhalten hatte. Der unerwartet frühe Tod seines Gönners führte ihn wieder nach Mainz. Neben den regulären Lehrpflichten erhielt er — seiner Stimme wie seines Eifers wegen — die Leitung des Gesangs- und Musikchores, was seine Neugierde für akkustische Phänomene weckte; er vervollkommnete seine Kenntnisse in den naturwissenschaftlichen Fächern, ohne darüber seine Studien der orientalischen Sprachen zu vernachlässigen, und verschaffte sich so durch seinen Fleiß und durch das Wohlwollen der Vorgesetzten früh den Ruf eines Universalgelehrten. Hier in Mainz hatte Kircher auch mehrmals Gelegenheit, durch eines der seltenen Teleskope die Sonne zu betrachten und jene Flecken zu bestaunen, die Galilei wenige Jahre zuvor mit einem von ihm selbst entwickelten Fernrohr beobachtet hatte. Gebannt von dem geheimnisvollen Zauber dieser himmlischen Erscheinungen, begann er seine Nachtstunden dem Studium der Astronomie zu widmen, um die Geheimnisse des Kosmos zu ergründen.

1628 empfing Kircher die Priesterweihe. Man sandte ihn nach Speyer, wo er dem Ordensbrauch entsprechend das vor Antritt des Seelsorgerdienstes obligatorische Jahr vorbereitender spiritueller Selbstbesinnung abzudienen hatte. Nach den Anstrengungen der meditativen Übungen suchte er hin und wieder Zerstreuung in der Bibliothek. Göttliche Fügung im Verein mit zielstrebiger Neugierde ließen ihm einen Kodex in die Hände geraten, der die ägyptischen Obelisken zeigte, die Papst Sixtus V. zu seiner Verherrlichung hatte wiederaufrichten lassen. Kircher war fasziniert von den geheimnisvollen Inschriften der Monumente und mehr noch von dem Hinweis, daß bislang kein Gelehrter vermocht hatte, sie zu entziffern. Mit der ihm eigenen Zuversicht beschloß er, das Rätsel der Hieroglyphen zu lösen.

Nach Ablauf seines meditativen Prüfungsjahres berief man Kircher nach Würzburg. Aber kaum war er angekommen, wurden die katholischen Streitkräfte unter Tilly vernichtend geschlagen, und die Schweden rückten heran. Der Fürstbischof und die Ordensoberen beschlossen den sofortigen Auszug, um die Zahl der zu erwartenden Opfer nicht unnötig zu vermehren. Kircher, der in der Eile der Flucht seine gesammelten Schriften zurücklassen mußte, gelangte wohlbehalten nach Mainz. Aber auch hier konnten die Jesuiten ihres Lebens nicht mehr sicher sein, selbst in Speyer drohte Gefahr, und so befahl man ihm, nach Lyon zu emigrieren. Kircher kam rechtzeitig nach Ende der Pest, die Lyon drei Jahre lang heimgesucht und vielen in der Nächstenliebe übereifrigen Mitbrüdern das Leben gekostet hatte. Die entvölkerte Kleinstadt bot einem Gelehrten außer der Krankenpflege nur wenige Betätigungsmöglichkeiten, und so war er hocherfreut über die baldige Versetzung nach Avignon, wo er neben dem Sprach- und Mathematikunterricht ungestört seine naturwissenschaftlichen und philologischen Studien fortsetzen konnte. Die Fürsorge der Vorsehung vermittelte ihm die Bekanntschaft des Parlamentsrates, Sammlers und Privatgelehrten Nicolas Peiresc, der hin und wieder selbst über die Lösung des Hieroglyphenrätsels nachgegrübelt hatte und nun dem Begabteren uneigennützig seine wertvollen Handschriften zur Verfügung stellte, darunter auch einen 2000 Jahre alten Papyrus, den ein ihm befreundeter Missionar bei seiner Bekehrungsreise in Ägypten für die heimische Christenheit in Verwahrung genommen hatte. Kircher konnte diese Manuskripte zwar nicht entziffern, aber er äußerte so eindrucksvolle Vermutungen über ihren Inhalt, daß der begeisterte Peiresc ihm alle nur mögliche Unterstützung für seine Forschungen zusagte.

Der Ruhm Kirchers wuchs indessen kraft seines Talents zur Selbstdarstellung und der legendenbildenden Macht des Hörensagens derart ins Unermeßliche, daß Kaiser Ferdinand II., weltliches Oberhaupt der katholischen Christenheit, ihn nach Wien berief, wo er als Nachfolger Keplers das Amt des Hofmathematikers übernehmen sollte. Peiresc, der befürchtete, daß Kircher durch diesen Ehrendienst von der Lösung der Hieroglyphenfrage abgelenkt werden würde, wandte sich in aller Heimlichkeit an Papst Urban VIII., um diese Abwerbung zu verhindern.

Kircher hatte sich unterdessen nach Marseille eingeschifft, um von dort über Oberitalien nach Wien weiterzureisen — der direkte Landweg durch Deutschland schien selbst ihm zu gefährlich. Aber alle Vorsicht war vergebens. Wie immer wenn er auf Reisen ging, mußten seine Gefährten um ihr Leben fürchten. Kaum an Bord, wurden sie seekrank. Der Kapitän ließ an einer Flußinsel halten, setzte alle Passagiere an Land — und segelte mit ihren Habseligkeiten davon. Fischer erbarmten sich der Ausgesetzten und brachten sie nach Marseille, wo sich Kircher mit Geld versorgen und auf ein vertrauenswürdiges Schiff nach Genua führen ließ. Kaum war man auf hoher See, kam Sturm auf. Der eigensinnige Kapitän entschied weiterzusegeln. Baumhohe Wellen schlugen über dem Schiff zusammen, die Passagiere beteten und schöpften wechselweise Wasser, aber erst nachdem Kircher obendrein eine Pilgerreise zum Marienschrein nach Loretto gelobt hatte, gelang es, in einer kleinen Bucht vor Anker zu gehen. Nach einer sturmdurchtosten Nacht machte sich die Besatzung an die Reparatur des stark beschädigten Schiffes, die der Seefahrt überdrüssigen Passagiere dagegen beschlossen, auf dem Landweg weiterzureisen. Mit dem Mut der Verzweiflung erklomm man die steilen Klippen und gelangte schließlich nach einem anstrengenden Tagesmarsch in eine kleine Hafenstadt, wo der Kapitän die erschöpften Wanderer am darauffolgenden Tag wieder an Bord nahm.

In Genua erholte sich Kircher zunächst von den Strapazen der Reise, bevor er sich nach Loretto einschiffte, um sein Gelübde zu erfüllen. Und wieder kam ein Sturm auf, kaum da man auf hoher See war. Nach einem unfreiwilligen Zwischenaufenthalt auf Korsika ankerte das Schiff schließlich in Civitavecchia, dem Haupthafen Roms. Kircher, dankbar für die erneute Lebensrettung und das glückliche Ende der Seereise, beschloß, diese Schicksalsfügung zum Besuch der heiligen Stadt zu nutzen. Ermattet traf er in Rom ein, wo man ihn bereits erwartete. Dank der Intervention Peirescs hatten die Ordensoberen beschlossen, ihn als Professor an das Römische Collegium zu berufen. Neben einigen wenigen Lehrveranstaltungen als Mathematikprofessor hatte er nur die Pflicht, seine Forschungen über die Hieroglyphen erfolgreich weiterzuführen.

Auch wenn Rom längst allen cäsarischen Glanz verloren hatte, auch wenn das Klima schlecht, die Sümpfe übelriechend, die Straßen schmutzig und das Leben in der 120000 Einwohner zählenden Ruinenstadt alles andere als besinnlich war, Kircher mußte es nach den Jahren erzwungener Wanderschaft im kriegszerissenen Heiligen Römischen Reich Deutscher Nation wie die Heimstätte des himmlischen Friedens vorkommen.

Rom war der Zentralsitz der jesuitischen Ordensverwaltung, hier liefen die Missionsberichte aus aller Welt zusammen, hier trafen die Trophäen und Kuriosa aus allen christianisierten oder zur Christianisierung vorgesehenen Ländern ein, in keiner anderen Stadt der Welt war auf engstem Raum so viel reiches Anschauungsmaterial für ethnographische und historische Studien versammelt. Die vatikanischen Bibliotheken und Sammlungen standen Kircher zur freien Verfügung; Arbeitsräume, Laboratorien, Forschungsgelder und Mitarbeiter — es mangelte ihm an nichts.

Zwar war die Kirche, wie Galilei gerade in diesen Jahren erfahren mußte, gegenüber den immer selbstbewußter auftretenden Naturforschern und Gelehrten alles andere als aufgeschlossen, aber für ein Mitglied der Gesellschaft Jesu, das wohlweislich darauf achtete, nicht über die Grenzen des theologisch Vertretbaren hinauszuforschen, war dieses Verstummen unliebsamer Konkurrenten nichts weniger als bedrückend. Athanasius hatte ein durchaus parteiisches Verhältnis zur Wahrheit, was weniger das Ergebnis willentlicher Selbsttäuschung als vielmehr Folge seiner unerschütterlichen Gutgläubigkeit war, die ihn lebenslänglich sicher sein ließ, daß nie etwas hätte wahr sein können, was seinen, d.h. den Interessen der Christenheit zuwiderlief. Es war diese Kunst frommer Selbstbescheidung, die ihn die wissenschaftlichen Revolutionen seiner Zeit so unbeschadet überstehen ließ — die Ergebnisse neuerer Forschungen nahm er nur dann zur Kenntnis, wenn sie ihn nicht in seinem Glauben beirrten. Kircher sah sich als Wissenschaftler im Dienste der Theologie — ein Widerspruch, der ihm zeitlebens nie zum Problem wurde, obwohl sich das Selbstverständnis der Forschung längst zu wandeln begonnen hatte.

In den Jahrhunderten zuvor hatte es genügt, Kleriker zu sein, um als Gelehrter bewundert zu werden. Und viele hatten nur allzu bereitwillig das fromme Staunen der Einfalt als tatsächlichen Beweis ihrer Auserwähltheit anerkannt. Diese Zeiten waren vorbei. Die Welt war noch immer voller Rätsel, aber man nahm sie nicht länger nur zum Anlaß andächtiger Kontemplation. Das Mikroskop erschloß die nahen Welten, das Fernrohr die fernen. Der Magnetismus wurde entdeckt, Licht und Schall vermessen, der menschliche Körper erforscht. Es war das Jahrhundert Bacons, Galileis, Descartes' und Spinozas, und der namenlos gewordenen Schar all derer, die sich gegen sie stellten. Wenn nicht mit wissenschaftlichen Argumenten, dann mit den Mitteln der Macht. Die wenigsten derer, die für die Ignoranz ihrer Zeitgenossen mit dem billigen Ruhm der Unsterblichkeit entschädigt wurden, konnten ein so sorgloses Leben führen wie ihre längst vergessenen Bedränger.

Giordano Bruno wurde an die Inquisition verraten, sieben Jahre gefangengehalten und schließlich öffentlich verbrannt; Spinoza lebenslänglich drangsaliert, Thomas Campanella 27 Jahre im Gefängnis gehalten, Galileo Galilei unter Androhung der Folter zum Widerruf gezwungen und eingekerkert. Athanasius Kircher dagegen lebte dank weiser Zurückhaltung in behaglicher Sorglosigkeit. Aber auch wenn er wenig Sympathie für die umstürzlerischen Forschungen mancher Kollegen aufbrachte, so war er doch gegenüber vielen Neuerungen seiner Zeit durchaus aufgeschlossen: Er schätzte die unterhaltsame Wirkung des Experiments, das an die Stelle des gelehrten Zitats getreten war — sofern es die Ergebnisse bestätigte, die er erwartete; er hantierte mit Mikroskop und Fernrohr, stellte allerlei chemische und physikalische Versuche an — ohne allerdings je einen Schritt über jene Grenzen hinauszudenken, die ihm von der Amtskirche gezogen worden waren. Angesichts eines so rücksichtsvollen Wissenschaftsverständnisses fiel es Kircher nicht schwer, das päpstliche Vertrauen zu erwerben. Die Nachfolger Petri, denen in der Ewigen Stadt selten eine lange Lebenszeit beschieden war, so daß Kircher allein während der Dauer seines Wirkens in Rom fünf von ihnen überlebte, erhofften sich von ihm in Konkurrenz zur immer übermächtiger werdenden profanen Forschung eine christliche Wissenschaft und natürlich etwas gelehrte Ablenkung von den Staatsgeschäften des Alltags.

Gerade dieses Talents wegen, Unterhaltsamkeit und bildungsreiche Frömmigkeit gefällig zu vermitteln, schien Athanasius auch der richtige Mann für eine ebenso heikle wie ehrenvolle Mission. Der Landgraf Friedrich von Hessen-Darmstadt hatte, sei es in jugendlichem Aufruhr gegen die heimischen Autoritäten oder in aufrichtiger Bewunderung der römischen Sakralkunst, den Entschluß gefaßt, zum katholischen Glauben überzutreten, was ihm den Haß der Lutheraner und die besondere Aufmerksamkeit des Papstes sicherte, der hoffte durch sorgsames Hofieren des neu Bekehrten weitere Überläufer werben zu können. Aus der Hand Urbans VIII. selbst empfing er die Erstkommunion und — nur wenige Tage später — das Großkreuz des Malteserordens. Der frisch rekrutierte Ordensritter beschloß, umgehend den Großmeister in Malta aufzusuchen und um seinen Segen zu bitten. Athanasius Kircher hatte ihn als Beichtvater und Reiseunterhalter zu begleiten.

Im Mai 1637 schiffte sich die kleine Reisegesellschaft ein — und gelangte wohlbehalten in Malta an. Kaum hatte sich der junge Landgraf des großmeisterlichen Wohlwollens versichert, da traf er auch schon in ritterlicher Eile alle Vorbereitungen, um standesgemäß am Heiligen Krieg gegen die Türken teilnehmen zu können. Während Friedrich in stiller Vorfreude seine Zeit mit allerlei Kampfspielen und Kleiderproben verbrachte, erkundete Kircher neugierig die Insel. Er besichtigte Bergwerke und Salzstätten, sammelte Pflanzen und Tiere, geologische und archäologische Kuriosa, und sandte sehnsüchtige Blicke hin zur nahen nordafrikanischen Küste, wo die Wunder Ägyptens lockten.

Anfang des neuen Jahres segelten beide mit der Ordensflotte nach Sizilien, Landgraf Friedrich, um sich dem Heer der Türkenkämpfer anzuschließen, Kircher, um nach Rom zurückzukehren. Während der Landgraf in der euphorischen Aufgeregtheit eines, der sich des glücklichen Ausgangs seines frommen Tuns sicher ist, den Beginn seiner Laufbahn als Ordenskämpfer herbeisehnte — er sollte 21 Kriegszüge gegen die Ungläubigen überleben, zum Großprior, Flottenführer, Kardinal und Fürstbischof von Breslau ernannt werden —, nutzte Kircher die Frühjahrsmonate, um seinen Gelehrtenruhm zu mehren. Mit der Selbstsicherheit des kenntnisreicheren Nachgeborenen wandelte er in den Spuren des Archimedes. Voll Skepsis gegenüber den legendären Kriegstaten des antiken Kollegen führte er eigene Experimente durch, die unerhoffterweise bestätigten, daß es Archimedes tatsächlich gelungen sein könnte, die römischen Galeeren mittels Brennspiegeln in Brand zu setzen. Er untersuchte die Meerenge von Messina, wo sich ein sonderbar musikalischer Fisch tummelte, der einem bestimmten Ton hörig war, was den Fischern ihr Handwerk ebenso leicht wie vergnüglich werden ließ; er besichtigte Elephantenskelette, die Hannibal einst zurückgelassen hatte, und bestieg Ätna und Stromboli, um sich Klarheit über den Inhalt der Erdkugel zu verschaffen.

An einem der letzten Märztage segelte Kircher von Messina ab. Man war auf Höhe der Liparischen Inseln, als sich ungeheure Rauchwolken auftürmten. »Das Meer fing bei sonst wolkenlosem Himmel an, sich zu bäumen. Kircher sagte den Schiffsleuten ein furchtbares Erdbeben voraus und warnte sie vor dem drohenden Einsturz der überhängenden Felsen an der neapolitanischen Küste.

Dieser erfolgte auch nach etwa 2 Stunden und riß die nahen Wohnungen mit ins Verderben. Zu Land und zu Wasser sah er sich überall von Todesschrecken umgeben. Denn nachdem sie ans Land gestiegen waren, gerieth der Boden förmlich in tanzende Bewegung, so daß sie an Gesträuchen sich aufrecht halten mußten. Kaum hatten sie die Nachtherberge verlassen, so stürzte dieselbe zusammen. Am Golf von St. Euphemia erwartete sie jedoch das gräßlichste Schauspiel. Der etwa 60 Meilen entfernte Stromboli tobte und raste ärger denn je; er schien vollständig in Feuer gehüllt zu sein und ganze Flammenberge auszuspeien. [. . .] Zur selben Stunde erfolgte die erschütternde Katastrophe in der ansehnlichen Stadt St. Euphemia, welche unter der Botmäßigkeit des Großmeisters der Johanniter stand. Ein dichter Nebel entzog den Schauplatz des Unglücks ihren Blicken. Nachmittags 3 Uhr — es war am Palmsonntag — als der Himmel sich aufheiterte, suchten sie die Stadt, fanden aber an deren Stelle blos einen schmutzigen See. Die Seeleute warfen bestürzt die Ruder bei Seite, schlugen an ihre Brust und flehten Gottes Barmherzigkeit an, als stünde das Jüngste Gericht bevor. Durch das hl. Sacrament der Buße gestärkt, gelangten sie unter göttlichem Beistande an das entgegengesetzte Ufer. Auch da fanden sie keinen Menschen, außer einem Knaben, der von Schmerz fast erdrückt am Ufer saß. Es war kein Wort aus ihm hervorzubringen und auch die angebotene Speise wies er zurück; blos mit der Hand wies er auf die Stelle des versunkenen St. Euphemia und stürzte dann wie wahnsinnig in den nahen Wald. [. . .] Nach unsäglichen Gefahren und Leiden gelangten sie endlich nach Neapel. — Sofort traten die Anforderungen des Naturforschers wieder in ihre Rechte ein.« Um seinem heidnischen Vulkanologenkollegen Empedokles in nichts nachzustehen, ließ sich Kircher von einem Wegkundigen zum Krater des Vesuv führen. Die Lava brodelte, Schwefel- und Pechgeruch nahmen den Atem, aber Kircher, voll frommer Kaltblütigkeit im Angesicht des Tors zur Hölle, vermaß Tiefe und Durchmesser des Kraters und pries, nach getaner Arbeit, Gottes Allmacht, der es zu danken war, daß diese dämonischen Gewalten für immer gezähmt wurden — von gelegentlichen Zornesausbrüchen abgesehen, die als Bußmahnung für das beständig sündenbereite Landvolk gedacht waren.

Wohlbehalten nach Rom zurückgekehrt, wollte Kircher in gewohnter Eile das literarische Fazit seiner Reise ziehen. Noch auf Sizilien hatte er als kleine spirituelle Aufmunterung für die Ordenskämpfer eine primitive Rechenmaschine aus Metallscheiben konstruiert, die in einer dem Bildungsstand der christlichen Ritter angemessenen Schlichtheit Hilfestellung bei der Lösung kriegswichtiger physikalischer und mathematischer Probleme gab. Die Summe seiner zivilen Forschungsergebnisse konnte er dagegen der drängenden Hieroglyphenfrage wegen erst Jahre später in dem Monumentalwerk *Mundus subterraneus* zusammenfassen. In der ihm eigenen Ausführlichkeit beschreibt er dort auf annähernd 1000 Seiten die Topographie des Erdinneren und die Eigentümlichkeit ihrer Flora und Fauna; er erläutert Zweck und Nutzen der als Sicherheitsventile des feurigflüssigen Erdinhalts dienenden Vulkane, erklärt, wie Flüsse aus unterirdischen Zisternen gespeist werden, wie Meerwasser zu Wolken verkocht wird und Minerale entstehen, wo Überreste von Riesen, Drachen und Meerjungfrauen zu finden sind, warum subterrane Ungeheuer das Sonnenlicht scheuen und vieles mehr, was zu wissen bis dahin niemand für möglich gehalten hatte. Er entzauberte das Geheimnis von Ebbe und Flut, die er als Folge einer Versalzung des Sonnenlichts zu begreifen empfahl, und entwickelte auf der Grundlage seiner Gezeitentabelle ein Instrument, das die Positionsbestimmung auf hoher See ermöglichen sollte — glücklicherweise hat es nie Anwender gefunden. Als künstlerische Zugabe ließ er eine Mond- und eine Sonnenkarte sowie unzählige Erdkarten stechen, auf denen er Atlantis und — mit Hilfe von Reiseberichten ortsunkundiger Missionare — die Quellen des Nils lokalisierte. Ein kurzer Abriß der Mineralogie und der Metallkunde beschließt das monumentale Werk. Sein Erfolg war ungeheuer, nicht zuletzt, weil es den Leser allein durch die Pracht seiner Ausstattung zu fesseln vermochte.

Die Reise nach Malta und Sizilien war die letzte große Exkursion Kirchers; die nächsten Jahre wurde er ganz von jener Aufgabe in Anspruch genommen, deretwegen man ihn eigentlich nach Rom berufen hatte: der Entzifferung der Hieroglyphen.

Dank des enthusiastischen Interesses der Renaissance an allem vorchristlich Altertümlichen war auch Ägypten Mode geworden, im Kunsthandwerk wie in der Philosophie. Jahrhundertelang waren die Baudenkmäler der einstmals reichsten Provinz des Reiches in Rom verfallen, nun wurde alles, was transportabel war, zum Souvenir, in Italien wie in Ägypten selbst. Missionare und wagemutige Reisende, von begeisterten Sammlern nachdrücklich zum Kunstraub animiert, schürten die Nachfrage durch ihre spektakulären Berichte von den geheimnisvollen Pyramiden, der sagenumwobenen Sphinx. Aber auch wenn einige wenige von ihnen bis zu den Ruinenstädten von Memphis gelangten, so stammte noch immer nahezu alles, was man an wissenschaftlichen Kenntnissen über das Zauberreich am Nil besaß, von den antiken Autoren.

Als Glanzstück dieser altertümlichen Ägyptenliteratur galt jene bruchstückhafte Sammlung geheimnisvoller griechischer, lateinischer und arabischer Schriften, die vorgeblich von dem ägyptischen Gott Hermes Trismegistos selbst stammte und ein wirres Sammelsurium an religiösen, alchimistischen und naturphilosophischen Spekulationen enthielt. Die mystische Rätselhaftigkeit dieser Schriften ließ viele glauben, daß die Ägypter einst im Besitz all jener Weisheiten gewesen waren, die zu erfor-

schen die neuzeitlichen Wissenschaftler sich so angestrengt mühten. Die Hieroglyphenschrift, so die Hoffnung
selbst verständiger Gelehrter, war der Schlüssel zu all
diesen Reichtümern; wer sie entzifferte, dem würde der
Zugang zu allen Geheimnissen dieser Welt eröffnet.

Kircher konnte sich aufgrund aller bisherigen Vorzeichen sicher sein, daß Gott keinen anderen als ihn dazu
auserwählt hatte. So verdankte er es einer dieser richtungs-
weisenden Schicksalsfügungen, daß der reisende Patrizier
Pietro de Valle von seiner Forschungsfahrt nach Ägypten
eine koptische Sprachlehre mitgebracht hatte, die er Kircher zur Veröffentlichung anbot. 1636 erschien dieses
Werk mit einem ausführlichen Anhang, der erste Über-
setzungsversuche enthielt. Kircher vermutete zu Recht,
daß die koptische Sprache, die Schriftsprache der ägyptischen Christen, dem Altägyptischen eng verwandt war —
eine Hypothese, die ihm die unverdiente Ehre einbrachte,
von ordensfreundlichen Historikern zum Vater der Ägyp-
tologie ernannt zu werden. So richtig Kirchers Ansatz
war, so wenig war er willens, den zeitraubenden Weg
sprachwissenschaftlicher Grundlagenforschung auch zu
Ende zu gehen. Obwohl das Koptische eine ganze andere
Vermutung nahelegte, beschloß er, daß es sich bei der
Hieroglyphenschrift um keine Laut-, sondern um eine
Symbolsprache handeln müsse, die folglich keiner wörtli-
chen Übersetzung, sondern einer spirituellen Auslegung
bedurfte. Wie immer, wenn die Wirklichkeit sich wider-
spenstiger zeigte, als es ihr einem Ordensmann gegenüber
zustand, gab Kircher kurzerhand die Tatsachen vor: Die
Hieroglyphen waren von Hermes Trismegistos erfunden
worden, um die von ihm erforschten Naturgeheimnisse
einer kundigeren Nachwelt zu überliefern, und zwar der-
gestalt, daß aus Platzgründen eine Hieroglyphe jeweils
eine Vielzahl von Kenntnissen darstellte. Diese These
kam Kirchers hermeneutischer Hilflosigkeit insofern weit
entgegen, als sie es ihm erlaubte, in jedes einzelne dieser

rätselhaften Zeichen alles nur Denkbare hineinzulesen, ohne daß andere in der Lage gewesen wären, ihm zu widersprechen.

Kircher übersetzte nicht, er erfand Bedeutungen, und er tat es mit wachsender poetischer Begeisterung. So las er in die 13 Hieroglyphenzeichen für den Namen »Domitian«: »Die wohltätige Zeugungskraft, die über das Obere und Untere herrscht, vermehrt das Zuströmen der heiligen Feuchtigkeit, die von oben herabkommt. Saturn, der die flüchtige Zeit ordnet, der wohltätige Gott, fördert die Fruchtbarkeit der Aecker und hat Macht über die feuchte Natur.« Die Hieroglyphen für den römischen Herrschertitel »Autocrata« übersetzte er nicht weniger einfallsreich: »Der Urheber aller Feuchtigkeit und aller Vegetation ist Osiris, dessen schöpferische Kraft einst vom heiligen Mophtha in dieses Königreich gebracht wurde.« Über die Identität des heiligen Mophtha rätselten Generationen von Ägyptologen vergebens.

Kirchers Ruf wuchs angesichts dieser fingierten Entschlüsselungserfolge ins Unermeßliche, und da sich seine Skrupel in dem Maße verringerten, wie sein Ruhm zunahm, scheute er fortan vor keiner Übersetzung mehr zurück.

Es war die Zeit, in der Bischöfe und Päpste gewohnt waren, weniger durch Frömmigkeit als durch spektakuläre Kulturleistungen auf sich aufmerksam zu machen, wozu sich insbesondere die Wiederherstellung monumentaler ägyptischer Baudenkmäler eignete. In Rom lagerten zahllose aus Kriegszügen, Dienstreisen und touristischen Exkursionen heimgeschleppte Kunstschätze aus der ehemaligen Nilprovinz, darunter auch 12 Obelisken, deren Bruchstücke jahrhundertelang unbeachtet verwittert waren. Bereits unter Sixtus V. hatte man begonnen, einige von ihnen zu restaurieren. 1650 ließ Innozenz X. einen Obelisken vor dem Palazzo seiner Familie aufrichten, wobei Kircher die Aufgabe zukam, die Renovierungsarbeiten zu überwachen und die Inschriften zu übersetzen. Eine unlösbare Aufgabe, aber Kircher, fest gewillt, die in ihn gesetzten Erwartungen nicht zu enttäuschen, wurde ihr in gewohnter Souveränität gerecht: Unleserliche Zeichen verbesserte er nach Gutdünken, fehlende erfand er nach Maßgabe ihres dekorativen Nutzens. Als sich dann einige der von Sammlern und Souvenirjägern beiseite geschafften Bruchstücke auf päpstliches Verlangen wieder einfanden, bewahrheiteten sich seine philologischen Prophetien aufs vollkommenste — zumindest in seiner Autobiographie. Vertrauenswürdigere Forscher dagegen bestätigten, woran skeptische Zeitgenossen ohnehin nie gezweifelt hatten: Kircher war ein Hochstapler. Der Berliner Orientalist Andreas Müller schickte seinem berühmten Kollegen einen Zettel mit unsinnigen Zeichen und ließ anfragen, ob es sich dabei um Hieroglyphen handele. Kircher bejahte enthusiastisch und übersetzte.

1666, als Athanasius' Ruhm schon unantastbar geworden war, bat ihn Alexander VII., der in getreuer Nachfolge seiner Vorgänger ebenfalls zu seiner und seines Gottes Ehre einen Obelisken ausgraben ließ, um eine Übersetzung. Diesmal war der Triumph ein noch gewaltigerer. Zunächst waren nur drei Seiten des Monuments zugänglich, aber Kircher, im sicheren Bewußtsein göttlicher Beihilfe, prognostizierte den Inhalt der verborgenen vierten. Als der Obelisk wiederaufgerichtet worden war, mußten — will man seinem hagiographischen Lebensbericht Glauben schenken — selbst die hartnäckigsten Kritiker zugeben, daß Athanasius der Wirklichkeit erneut zuvorgekommen war.

Nach 20 Jahren Arbeit, nach dem Studium von mehr als 300 antiken Autoren und zahllosen Schriftdenkmälern entschloß sich Kircher, die Summe seines Wissens zusammenzufassen. Zwischen 1652 und 1654 erschienen die vier Bände des *Oedipus Aegyptiacus*, dessen Titel in aller Deutlichkeit zu verstehen gab, daß der Verfasser sich sicher war, das Rätsel der Sphinx, das Geheimnis der Hieroglyphen, endgültig gelöst zu haben. Auf annähernd 2000 Seiten präsentiert Athanasius eine umfassende Geschichte ägyptischer Schrift und Kultur, die zumindest in ihrem Erfindungsreichtum von niemandem übertroffen werden sollte. Ein Denkmal der Buchdruckkunst mehr als der Forschung, ein Monumentalwerk, dessen Kosten manchem Gelehrten ein sorgloses Leben hätten sichern können. Kaiser Ferdinand III. ließ die Bände auf seine Rechnung drucken, Kircher revanchierte sich durch eine hymnische Widmung. An Gönnern für dergleichen bibliophile Unternehmungen hat es ihm dank seines literarischen Akquisitionsgeschicks nie gefehlt. Kein katholischer Potentat, dem er eine einträgliche Huldigung verweigert, kein offiziöser Anlaß, den er nicht zur Selbstdarstellung im Dienste des Ordens genutzt hätte. So begrüßte er im Auftrag der Gesellschaft Jesu die ob ihrer wenig erfolgreichen Regierungstätigkeit zum Katholizismus konvertierte Christine von Schweden in nicht weniger als 34 Sprachen, was diese wiederum so ungemein beeindruckte, daß sie Kircher wiederholt zum gelehrten Zeitvertreib einbestellte.

Das Museum, das Kircher 1651 im Collegio Romano einrichtete und zur prächtigsten unter all den vielen Wunderkammern der Renaissance und des Barock ausgestaltete, diente nicht zuletzt dem Zweck, solchen vermögenden Gönnern unterhaltsamen Anschauungsunterricht in jesuitischer Naturkunde zu erteilen, um je nach Bedarf Proselyten oder Spender zu werben. In dem hohen, annähernd 100 Meter langen Ausstellungsraum und den drei Nebengalerien, deren gewölbte Decken phantasiereiche Gemälde über die Wunder des Kosmos zierten, war alles aufgestapelt, was die damalige Welt an Kuriosem zu bieten hatte. Missionare aus aller Herren Länder sandten Kircher ethnologische Beutestücke zu, er selbst hielt ständig und allerorten Ausschau nach originellen Kunstgegenständen und Naturalien. Neben der reichhaltigen Zahl an Aegyptiaca, die zumeist aus Rom selbst stammten, darunter viele aus den antiken Fälscherwerkstätten, die zur Zeit der cäsarischen Ägyptenmoden Altertümer zuhauf hergestellt hatten, fanden sich seltene Waffen, prachtvolle Gewänder, Bilder von Götzen, Heiligen, Bauern und ein ganzes Bestiarium an exotischen Trophäen: ob Paradiesvogel, Python, Seelöwe oder Chamäleon, ob Bärenfell oder Rhinozeroshorn, es fehlte an nichts. Ein menschliches Skelett schreckte nahe dem Eingang, von der Decke hing träge ein Krokodil, neben Einhörnern und ausgestopften Meerjungfrauen lagerten Mineralien, Blasensteine, Münzen, mechanische Modelle, Musikinstrumente, Fernrohre, Mikroskope, alchimistische Apparaturen, kurz alles, was des Bestaunens wert war. Die Sammlung blieb nicht erhalten. Nach dem Tod Kirchers verfiel sein Museum zur Rumpelkammer, neugierige Besucher plünderten sie auf der Suche nach ausgefallenen Andenken, die halbherzigen Versuche einer Bestandsaufnahme scheiterten. 1913 wurden die verbliebenen Reste dieses einst bedeutendsten Kunst- und Naturalienkabinetts der Welt unter den interessierten Museen Italiens aufgeteilt.

Die Neugier trieb Kircher Scharen hochgestellter Bildungsreisender zu, die vor allem dadurch lästig fielen, daß sie mit der ihrem Stand eigenen Selbstverständlichkeit Erinnerungsstücke forderten oder gar, wie Kaiser Ferdinand, regelmäßig die Zusendung antiquarischer Kuriosa aus Rom erwarteten. Kircher wußte, was er seinen vermögenden Gönnern schuldig war, und seine Liebedienerei zahlte sich aus. Das Wohlwollen all seiner so kunstfertig umschmeichelten Mäzene blieb ihm zeitlebens erhalten. Von Geldsorgen befreit, von lästigen Lehrpflichten weitgehend entbunden, konnte er sich in aller Muße der Produktion von Folianten widmen. Der von der Seitenzahl des Publizierten her unglaubliche Umfang seiner Kenntnisse erklärt sich durch Kirchers ausgeklügeltes System der Paraphrase — seine einzige Errungenschaft, die Schule gemacht hat. In der Regel rekapituliert er zunächst die Forschungsgeschichte im allgemeinen, und das mit einer so begeisterten Ausgiebigkeit, daß der Leser nicht umhin kann, auch ihn an der Dankbarkeit für all das Geleistete teilhaben zu lassen. Anschließend unterzieht er das Referierte einer ausführlichen Kritik, plaudert über allerlei Wissenswertes, was ihm auf seinen Reisen und im täglichen Leben begegnete, sinniert über Gott, die Welt und all die anderen Rätselhaftigkeiten des Lebens, läßt alles mit kalligraphisch bewundernswert sorgfältig gearbeiteten Tabellen, Skizzen und Zeichnungen anreichern, so daß der Leser nach Ende der Lektüre wie geblendet zurückbleibt, weil angesichts der prächtigen Kostümierung die Dürftigkeit des Mitgeteilten kaum mehr auffällt.

Eine bedeutende Entdeckung ist Athanasius Kircher nie gelungen, und das, obwohl es kaum etwas auf der Welt gab, was seine Neugierde unberührt gelassen hat. Zu Ehren König Karls II. recherchierte er aufs penibelste, wie es in den Tagen der großen Flut zugegangen war, die er dank seines quellenkritischen Geschicks exakt auf das Jahr 2396 vor Christus zu datieren vermochte. Die nach seinen überaus präzisen Angaben gefertigten Kupferstiche illustrieren Bau und Raumaufteilung der Arche sowie die Artenvielfalt der geretteten Tiere: darunter ein Einhornpärchen, ein Greif und eine wasserscheue Meerjungfrau, die Kircher schon deswegen nicht verdächtig schien, weil er selbst einst das Skelett einer frühverstorbenen Nereide für sein Museum angekauft hatte. Die Existenz der Greife, jener mysteriösen Hybriden aus Löwe und Adler, beurteilte er zunächst skeptischer, aber da ihm Mitbrüder aus China ihr Vorkommen nachdrücklich beglaubigt hatten, ließ er sie ebenfalls passieren. Gleichsam nebenbei löste er die alte Streitfrage, ob das Paradies durch die Sintflut in die Antarktis weggeschwemmt wurde — es blieb an seinem alten Ort, wie eine seiner Illustrationen beweist.

In einer anderen Veröffentlichung begründete Kircher, warum der Turm zu Babel niemals den Mond hätte erreichen können und wie sich die unheilvolle Folge dieser architektonischen Anmaßung, die babylonische Sprachverwirrung, linguistisch endlich beheben ließe. Eine Sprachverwirrung, die ihm selbst dank seines polyglotten Talents erspart blieb, denn Athanasius beherrschte, wie er andernorts nicht ohne Stolz aufzählt, nahezu alle Kultursprachen: selbstverständlich das Lateinische und Griechische, dazu Hebräisch, Chaldäisch, Syrisch, Samaritanisch, Arabisch, Armenisch, Koptisch, Persisch, Äthiopisch, Italienisch, Deutsch, Spanisch, Französisch und Portugiesisch. Um dieser nur ihm selbst erträglichen Vielfalt ein Ende zu machen und den Missionaren die Bekehrungen zu erleichtern, erfand Athanasius in einer seiner Mußestunden die Grundzüge einer allgemeinen Schrift, eine Art katholisches Esperanto, das zu erlernen selbst Heiden möglich sein sollte.

Seine Forschungen in der Medizin waren nicht minder praxisnah: er rühmte die heilende Wirkung des Tanzes bei Tarantelstichen — weniger aus psychosomatischen als vielmehr aus gymnastischen Gründen: Je »hitziger und stärcker« die Tarantelkranken »zu einem solchen Dantz aufgemuntert werden / je geschwinder werden sie mit einem starcken Schweiß überfallen / und auf solche Weise von dem schädlichen Gifft erledigt werden.«

Seine Therapievorschläge gegen die Pest, die im 17. Jahrhundert mit steter Regelmäßigkeit Angst und Schrecken verbreitete, waren wenig hilfreicher. Die letzte große Epidemie hatte Italien 1656 heimgesucht; allein in Neapel starben nach Kirchers Angaben 300000 Menschen, mehr als die Stadt Einwohner zählte. Auch in Rom fuhren die Leichenwagen Nacht für Nacht die Toten hinaus, siechten Tausende ohne Hoffnung auf Heilung dahin. Kircher forschte vor Ort, in den Hospitälern und Notlagern, wo seine Mitbrüder selbstlos als Krankenpfleger arbeiteten, mit keinem anderen Schutz als wohlriechenden Kräutern, die notdürftig den Gestank der lebendig Verwesenden milderten. Sein Glück ließ ihn auch diese wissenschaftliche Mutprobe unbeschadet überstehen. Seine Dankesgabe war ein Buch über die Pest, das in gewohnter Weise den Wissensstand der damaligen Zeit zusammenfaßte. Ganz im Sinne der gängigen katholischen Ätiologie sah Kircher die Pest als eine gottgesandte Strafe für alle unbußfertigen Sünder — eine Erklärung, die ihm um so wahrscheinlicher schien, als er selbst von allen Epidemien verschont wurde. Nüchterner Wissenschaftler, der er war, konzedierte er allerdings durchaus auch natürliche Ursachen als Auslöser: giftige Ausatmungen der Erde, widrige Ausstrahlungen der Planeten, insbesondere des Mars und des Saturn; Aussätzige, Bettler, Juden, kurz, alle Arten von Verbrechern konnten als Werkzeuge des göttlichen Strafgerichts dienen. Sumpfiges Klima, Erdbeben, Überschwemmungen, alles, was die Luft verunreinigte, war infektionsauslösend, selbst strenger Körpergeruch und übler Atem galten ihm als mögliche Gefahrenquellen. In Ermangelung handfesterer Ergebnisse suchte Kircher den Erreger auch unter dem Mikroskop — und er wurde fündig. Kugelrunde Kleinstlebewesen, die er als atomgroße Würmer klassifizierte, wimmelten in ungeheurer Zahl im Blut der Kranken umher, um Schaden zu stiften. Was Kircher tatsächlich sah, waren Blutkörperchen. Wie so oft hatte ihm auch hier seine Neugierde den richtigen Weg gewiesen, aber wo ihn sonst seine religiöse Befangenheit irren ließ, hinderte ihn nun die Primitivität seiner Instrumente.

Auch wenn Athanasius den Krankheitserreger nicht zu identifizieren vermochte, so gab er doch einige nützliche Therapievorschläge. Traditionellerweise verordnete man Purgationen und Aderlässe, was zumindest die Leidenszeit der Patienten verkürzte; Kircher empfahl darüber hinaus fettarme Speisen und den Duft wohlriechender Kräuter — immerhin eine appetitlichere Medikation als das gleichfalls zur Vorbeugung verordnete Elixier ausgepreßter Kröten, von denen er wie viele Pharmazeuten seiner Zeit annahm, daß sie schon ihrer Ähnlichkeit mit den beulenverunzierten Pestkranken wegen eine wirksame Medizin abgeben müßten. Auch wenn Kircher mit bemühtem Optimismus einige spektakuläre Heilungserfolge kolportiert, so ist sein Fazit dem Kenntnisstand der Zeit entsprechend eher düster: Am aussichtsreichsten schien ihm eine rasche Flucht vor der Ansteckung und ein inniges Gebet.

Zweifellos der Höhepunkt in Kirchers wissenschaftlicher Laufbahn und zugleich eines der eindrucksvollsten Dokumente des von ihm so meisterlich praktizierten Zusammenspiels von angewandter Wissenschaft und poetischer Erfindungskraft war eine Jenseitsreise, die Kircher mitsamt einem himmlischen Begleiter unternahm: »Eines Nachts kam es ihm vor, als führte ihn sein Schutzengel durch den Himmel und zu seiner hohen Befriedigung fand er Alles so, wie er es bisher angenommen hatte. Jetzt war das Eis gebrochen. Er sprach zu sich selbst: ›Ich will mich aufmachen und die Quartiere und Straßen der himmlischen Stadt durchwandern; ich will suchen, den meine Seele liebt, auf daß ich den in seinen Werken Gefundenen umfange und nicht mehr loslasse.‹ Damit er jedoch von der Größe seiner Aufgabe nicht erdrückt werde, fleht er zu Gott um himmlische Erleuchtung; es möge ihm wenigstens vergönnt sein, durch eine kleine Ritze die unsichtbaren Güter zu schauen, die Gott denen bereitet hat, die ihn lieben, und alsdann die erlangte Erkenntnis zur Verherrlichung des göttlichen Namens der Welt mitzutheilen. Als einzigen Zweck seines Unternehmens bezeichnet er ausdrücklich: die Größe Gottes zu verkünden und die Gemüther der Menschen, die bereits zu sehr in's Zeitliche versunken seien, wieder auf das Himmlische zu richten, auf daß sie dereinst auf ewig glückselige Bürger des wahren Himmels werden.«

Ob Kircher diese Himmelsreise in meditativer Ekstase unternahm oder sie nur zum Besten seiner Leser erfand, was auch immer sein Beweggrund war, die erträumte Himmelstopographie mochte in Übereinstimmung mit der Heiligen Schrift und den Werken der Kirchenväter stehen, mit den astronomischen Erkenntnissen seiner Zeit hatte sie wenig zu tun. Kircher ignorierte stillschweigend die Einsichten des Kopernikus, um keine unnötige Aufregung bei den Inquisitoren hervorzurufen, statt dessen ersann er zum Lobpreis der prästabilierten Weltenharmonie allerlei Erbauliches: Von den Mondbergen aus bestaunte er die Pracht des am Kaspischen Meer gelegenen Paradieses und die menschenleere Öde der lunaren Ebenen; die Venus dagegen bevölkerte er eingedenk der amourösen Unersättlichkeit ihrer Namensgeberin mit unzähligen himmlischen Jünglingen, »deren Schönheit und Majestät jeder Beschreibung spottet. In einer Hand tragen sie musikalische Instrumente, in der andern köstliche Blumenvasen.« Jeder Himmelskörper erhielt darüber hinaus einen eigenen Schutzengel zugeteilt, womit Kircher elegant die physikalischen Probleme der Planetenbewegung zu umgehen vermochte und zugleich die jahrhundertelang ignorierte Unterbeschäftigung der himmlischen Heerscharen einer für alle befriedigenden Lösung zuführte.

Über solchen spekulativen Höhenflügen vergaß Kircher keineswegs seine praktisch-musischen Talente. Er baute eine wasserkraftgetriebene Orgelwalze, eine Komponier-maschine, mit der selbst Leibniz zu musizieren verstand, und ein elephantengroßes muschelförmiges Abhörrohr, das seinen adligen Freunden das Intrigieren erleichtern sollte. Er entwickelte eine Vielzahl von Musikinstrumenten, darunter auch den Vorläufer des Alphorns, und er fand — zum Erstaunen der Musikwissenschaftler — die Noten zu Pindars erster Pythischer Ode wieder, die zu

Recht für verloren galten. Einmal in Übung, komponierte er noch einige andere exotische Volksweisen, die er ebenfalls als authentisch ausgab.

Auch wenn Kircher seines ehrwürdigen Alters wegen nicht mehr auf Reisen ging, so erkundete er doch mit pfadfinderischem Elan die nähere Umgebung Roms und las mit Eifer die eingehenden Missionarsberichte, um sie literarisch zu verwerten. Seine topographischen Beschreibungen Latiums, Etruriens und Chinas wurden berühmt, insbesondere letztere stürzte manchen Reisenden in lebensbedrohliche Verwirrung.

Athanasius Kircher war ein Universalgenie — im Urteil seiner Zeitgenossen. Ruhmredner, gern und häufig von ihm selbst zitiert, fanden sich zuhauf: »das römische Orakel«, »der wiederbelebte Pythagoras«, der »unsterbliche Enzyklopädist«, die »Leuchte des Jahrhunderts«, der »Meister der 100 Künste« — Kircher wurde gepriesen wie selten ein Gelehrter vor oder nach ihm. Ihm fiel überreichlich all das zu, was redlicheren Forschern lebenslang versagt blieb: Ruhm, Geld und die Selbstzufriedenheit des Erfolgs.

Es ist, gerade von Ordensbrüdern, viel geschrieben worden, um Kirchers Scharlatanerie als Makel seiner Zeit zu entschuldigen, aber es war nicht sein methodischer Dilettantismus oder die barocke Lust an der Vielwisserei, die ihn mit so steter Beharrlichkeit in die Irre führte, es war seine religiöse Ignoranz. Kircher sah das, was ihm als Ordensbruder zu sehen erlaubt war, was Anerkennung und Erfolg versprach, mehr nicht. Diese Voreingenommenheit mutet um so scheinheiliger an, als Kircher durchaus für sich in Anspruch nahm, ein nicht nur um theologische Wahrheit bemühter Wissenschaftler zu sein — was er insbesondere dann zur Schau stellte, wenn er andere der Scharlatanerie überführte. Das Kronjuwel der Alchimisten, den Stein der Weisen, entlarvte er mit aufklärerischem Furor als Phantasmagorie. Er ließ sich die Experimente umhervagabundierender Goldmacher vorführen, bewies ihnen kraft seiner eigenen Forschungen die Unseriosität ihrer chemischen Spielereien und nötigte sie so zu dem Geständnis, daß allein die Geldnot zu dergleichen Gaunereien zwang. »Mit einem Almosen beschenkt und mit heilsamen Lehren bereichert, entließ er die Gaukler alsdann in Gnaden.« Mit Unannehmlichkeiten mußte nur rechnen, wer sich erdreistete, Kirchers wissenschaftliche Unfehlbarkeit in Frage zu stellen, was zu seinen Lebzeiten selten genug geschah. Huygens, der niederländische Physiker und Mathematiker, wagte den süffisanten Einwand, daß eher Kirchers Frömmigkeit als seine Forschungen zu loben seien — ohne Erfolg. Erst nachfolgende Wissenschaftlergenerationen bestätigten mit zunehmend einhelliger Respektlosigkeit, daß die gesammelten Erkenntnisse des einstmals so Gerühmten »mehr belustigend als genau und richtig« sind.

»Wenn Athanasius Kircher eine Feder in die Hand nahm, floß ein Foliant aus derselben«, spottete der Naturwissenschaftler Lichtenberg, während der Dichter Goethe, der ähnlich vielseitig und erfolglos in den Wissenschaften dilettierte, seinen Vorgänger nicht ohne Hintergedanken in Schutz nahm: »Kircher hat in dem vielen, was er unternommen und geliefert, in der Geschichte der Wissenschaften doch einen sehr zweideutigen Ruf. Es ist hier der Ort nicht, seine Apologie zu übernehmen; aber so viel ist gewiß: die Naturwissenschaft kommt uns durch ihn fröhlicher und heiterer entgegen als bei keinem seiner Vorgänger. Sie ist aus der Studierstube, vom Katheder in ein bequemes wohlausgestattetes Kloster gebracht, unter Geistliche, die mit aller Welt in Verbindung stehen, auf alle Welt wirken, die Menschen belehren, aber auch unterhalten und ergetzen wollen. Wenn Kircher auch wenig Probleme auflöst, so bringt er sie doch zur Sprache und betastet sie auf seine Weise. Er hat eine leichte Fassungskraft, Bequemlichkeit und Heiterkeit in der Mitteilung [...].« Athanasius' technischen Späßen steht er weniger wohlwollend gegenüber, aber insgesamt ist Goethes Urteil auffallend freundlich — der Grund war eigennützig genug: Auch Kirchers Farbenlehre widersprach der Newtons.

Was immer einige wenige neidische Zeitgenossen an Mäkeleien vorbringen mochten, alle Welt bestätigte Kircher, daß er mit Zufriedenheit auf sein Lebenswerk zurücksehen konnte: Er hatte die Hieroglyphen entziffert, unzählige Naturgeheimnisse erforscht, bedeutende Anregungen zur Lösung der übrigen Welträtsel gegeben, und das alles, ohne auch nur einen katholischen Glaubenssatz in Frage zu stellen. Angesichts der Unüberbietbarkeit des Geleisteten entschied er, den Rest seines Lebens mit mildtätigen Werken hinzubringen. Er erwarb für seine Heimatstadt Geisa die Reliquien von 14 Heiligen samt Ablässen — was eindrücklich seinen Patriotismus, seine Glaubenskraft und seinen Mangel an wissenschaftlicher Skepsis bezeugt.

1661 entdeckte er auf einer seiner archäologischen Urlaubsreisen jene Stelle, wo einst dem hl. Eustachius der kreuzbewehrte Hirsch erschienen war, um ihn, den müßig umherjagenden römischen Feldherrn, zum wahren Glauben zu bekehren. Die Kirche, die zum Gedenken an diese waidmännische Vision des späteren Märtyrers von Konstantin errichtet worden war, lag in Trümmern. Kircher beschloß, sie zu seiner und der Mutter Gottes Ehre wiederherstellen zu lassen und zum Meditations- und Wallfahrtszentrum auszubauen. Er schrieb die Geschichte der Kirche sowie ihrer wundersamen Wiederentdeckung nieder und verschickte das kleine Werk mitsamt einem Spendenaufruf an seine fürstlichen Gönner. Wenige Jahre später war genug Geld vorhanden, um eine Kirche nebst jesuitischem Missionshaus zu errichten. Die Gläubigen kamen in Scharen; an einem gewöhnlichen Prozessionstag zählte Kircher über 2000 Besucher, eine Zahl, die nach seinem gewöhnlichen numerischen Verständnis weniger als exakter Wert, sondern vielmehr als Symptom des regen Zuspruchs aus den angrenzenden Gemeinden zu verstehen ist. Ein Zuspruch, der noch dazu weniger religiöser als vielmehr wissenschaftlicher Neugierde entsprang, denn Kircher hatte als Auftaktsignal der Feierlichkeiten eines seiner alphornähnlichen Megaphone blasen lassen, so daß die Bauern aus den umliegenden sabinischen Hügeln vornehmlich zusammenströmten, um die Ursache dieser dämonischen Ruhestörung in Erfahrung zu bringen.

Im Eingedenken an all die wundersamen Rettungen, die ihm einst widerfahren waren, taufte Kircher das Gotteshaus »Heiligtum der allerseligsten Jungfrau von Monterella«. Das Altarbildnis der Maria schmückte er mit einer blutgezeichneten Weiheformel, in der er sich zum Dank für all die ihm erwiesenen Gnadenbeweise für immer ihrem Dienst verpflichtete: »Alle späteren Geschlechter mögen wissen, daß ich Alles, was ich bis jetzt an Gelehrsamkeit erworben oder was ich Gutes geschrieben habe, nicht so fast durch mein Studium und meine Arbeit, sondern daß ich es vielmehr als besonderes Geschenk deiner Huld und durch Voranleuchtung der ewigen Weisheit barmherzigst erlangt habe.« Sein glückliches Geschick ersparte ihm die Erkenntnis, daß er einem Irrlicht gefolgt war.

V

Der »Groß-Cophta« *Joseph Balsamo, genannt Cagliostro*

2. 6. 1743 bis 26. 8. 1795

Das Erstaunlichste an Joseph Balsamo war sein Erfolg, nicht sein Talent. Daß ein mäßig begabter Abenteurer Fürsten, Prälaten und Hofleute narren konnte, bezeugt wenig mehr als die inzestuöse Indolenz des ohnehin im Abgang befindlichen europäischen Hochadels. Daß ein freimaurerisches Kauderwelsch parlierender Obskurant allerdings auch unzählige Vertreter jenes Standes hinters Licht zu führen wußte, der für sich die Zukunft beanspruchte, beweist, wie gering man allen Lippenbekenntnissen zum Trotz in bürgerlichen Kreisen die Tugenden der Aufklärung schätzte, wie wenig hier in Dingen der praktischen Vernunft künftig zu erhoffen war. Im Grunde taugte Joseph Balsamo zu nicht mehr als einer Lustspielgestalt; als solche hat ihn Katharina die Große der Lächerlichkeit preisgegeben, als solche hat ihn Goethe in seiner Opera buffa »Der Groß-Cophta« zu porträtieren versucht. Aber die ernsten Folgen seines hochstaplerischen Tuns verkehrten das Lachen allzuschnell in kaum mehr komisches Entsetzen.

Es war die aufgeklärteste Zeit der Menschheitsgeschichte, es war das Zeitalter Humes, Voltaires, Diderots, Kants, Lichtenbergs — und doch überwog die Lust an der Unmündigkeit die Freude am Fortschritt bei weitem. Die religiöse Einbildungskraft, konfessionell nicht länger diszipliniert, wählte sich in ungehemmter Bedürftigkeit neue Erlösergestalten, und je abenteuerlicher deren Versprechungen, desto größer ihre Anziehungskraft: »[...] obwohl unser Jahrhundert von allen Seiten das Kompliment erhält, das philosophische Jahrhundert zu heißen, und obwohl wir demselben das große Wort: Aufklärung! schon zum voraus zur Grabschrift bestellen: so werden dennoch überall eine Menge Köpfe von einem [...] anhaltenden Schwindel ergriffen. [...] Man möchte seinen eigenen Augen nicht trauen, so oft man liest, was für wunderbare Dinge um und neben uns vorgehen: Man zitiert Geister, sieht durch dicke Wände, hält Clubben mit Verstorbenen, distilliert Universaltinkturen und präserviert sich auf ewig gegen den Tod; man schmiedet Diamanten, kocht Gold, trägt den Stein der Weisen schon in der Tasche, zaubert nun ohne weitere Umstände den Mond herab, und reißt die Welt aus ihrer Achse.«

Die Aufklärung triumphierte. Aber über ihrem Triumph vergaß sie die tatsächlichen Sehnsüchte derer, die sie zum Heil zu führen gedacht. Man hatte übersehen, daß vernünftig zu sein nur den wenigen lohnend schien, die es ohnehin waren, während sich die stillschweigende Mehrheit auch weiterhin nach Geborgenheit im Halbdämmer verordneter Gewißheiten sehnte. »Der Mensch [...] will etwas haben, woran er sich fester halten kann, als am unvermeidlichen Schicksal, an ganz ungewisser Aussicht auf ein Schicksal nach dem Tode und dergleichen. Er will eine positive Religion [...].« Und all den Zauber, der sie anziehend macht. So waren es auch zum allerwenigsten Vernunftgründe, die Adel wie Bürger in geheime Gesellschaften, in Illuminatenbünde und Freimaurerorden trieb.

138

Man suchte einen neuen esoterischen Kitzel, man suchte den metaphysischen Schulterschluß mit Gleichgesinnten, um sich in gemeinsamer Hochnäsigkeit über den abgenutzten Glauben philiströser Kirchgänger mokieren zu können.

Freimaurer gab es allerorten, das schuf nützliche Kontakte und machte das Reisen angenehm. Zunftbrüder erkannten sich auf den ersten Blick: an der Art und Weise des Händedrucks, an der Haltung von Messer und Gabel, am Hüteschwenken oder einfach nur an punktgroßen Stigmata, sei es am Kinn oder an entfernteren Körperteilen. Allerdings stand diese geheimnisvolle Aura, die der Aberglaube und die logeneigene Legendenbildung um die Freimaurer schuf, in keinerlei Verhältnis zu ihrem tatsächlichen Talent. Weder verfügten Logenmitglieder je über den Stein der Weisen noch gar über das unsterblichkeitsverheißende Elixier der Elixiere. Ihre koitalen Zusammenkünfte mit Hexen aller Art waren ebenso haltlose Phantastereien wie der auch in eigenen Kreisen gern kolportierte Entstehungsmythos, der glaubte, erste Urlogen bis in die ägyptische Vorzeit zurückverfolgen zu können.

Die Freimaurerbünde waren ursprünglich nicht mehr als die Zunftgenossenschaften der Steinmetze, deren Grundlagenwissenschaft von Berufs wegen die Mathematik, insbesondere die Geometrie war, was wiederum viele Denker aus der pansophischen Bewegung anzog, die — im Geiste des Paracelsus — die Natur des Menschen wie der Welt mathematisch-mystisch zu ergründen suchten. Einige Freimaurervereine wandelten sich so im Laufe der Zeit zu philosophischen Geheimgesellschaften. Die alten Zunftrituale gaben die äußere Form, das pansophische Gedankengut die Inhalte. Man traf sich in heimlichen Zirkeln, um gemeinschaftlich erregt über Gott und die Welt zu rätseln. Die Exklusivität der Logen bot willkommene Freiräume, in denen ungehindert von kirchlicher und staatlicher Zensur debattiert werden konnte — nicht zuletzt deswegen traten so viele bedeutende Dichter und Denker dem Orden bei, um sich jedoch bald darauf wieder enttäuscht zurückzuziehen. Die Freimaurer gaben sich aufklärerisch und erlagen in dieser Verunsicherung jedem okkultistischen Spuk. Sie priesen die revolutionären Tugenden der Freiheit, Gleichheit, Brüderlichkeit und fügten sich kleinlaut der verbandsinternen Hierarchie, die ein genaues Abbild der absolutistischen Gesellschaft darstellte.

So konspirativ man sich auch immer gab, die Freimaurerei war nach dem mehrheitlichen Willen ihrer Mitglieder nie staatsgefährdend, im Gegenteil, je bedrückender die äußeren Umstände, desto reizvoller die geheimnisvollen Zusammenkünfte. Zudem konnte man sich — in den besseren Zirkeln — einer gewissen elitären Narrenfreiheit ohnehin stets sicher sein: Die Logenbrüder dort rekrutierten sich aus Männern von Rang und Ansehen, nicht selten suchten hohe Regierungsbeamte Erholung im feierabendlichen Ritus. Dank dieser einflußreichen und finanzstarken Klientel verfügte die Freimaurerei über ein weitverzweigtes soziales Netz, ohne das ein Abenteurer vom Schlage eines Cagliostro nie so selbstbewußt hätte agieren können. Wie kostbare Ausstellungsstücke reichte man ihn und seine Frau europaweit von Loge zu Loge weiter, versorgte sie mit Unterkunft, Geld und publizistischem Beistand. Cagliostro konnte sicher sein, überall ein Auskommen zu finden — sofern ein Logenbruder in der Stadt wohnte. Allerdings war es meist nur eine Frage der Zeit und des Bildungsgrads der örtlichen Zunftgenossen, bis sie die Betrügereien durchschauten. Eben deshalb hielt sich Cagliostro nie allzulange an einem Ort auf; diese kurze Verweildauer und die Eitelkeit der Genarrten garantierten seinen Erfolg.

»Ein jeder Vernünftige«, klagte Johann Wolfgang von Goethe, Freimaurer und Geheimer Rat, »mußte es mit Verdruß ansehen [. . .], daß Betrogene, Halbbetrogene und Betrüger diesen Menschen und seine Possenspiele Jahre lang verehrten, sich durch die Gemeinschaft mit ihm über

140

andre erhoben fühlten und von der Höhe ihres gläubigen Dünkels den gesunden Menschenverstand bedauerten, wo nicht geringschätzten.« Um nicht mit der Banalität des Realen konfrontiert zu werden, scheuten die Gläubigen in ihrer chronischen Unbeirrbarkeit vor keiner noch so unsinnigen Mystifikation zurück. Der Wille zur Unvernunft überwog alle Einwände der Ungläubigen wie der Ermittlungsbehörden. Als Cagliostro verhaftet wurde, »behauptete Lavater«, der nach eigenem Bekunden bedeutendste Psychologe seiner Zeit, »dies sei ein anderer Cagliostro, der Wundertäter Cagliostro sei eine heilige Person«. Nicht wenige Biographen schlossen sich diesem Wahn an.

Die jahrhundertealte Servilität der Europäer gegenüber Religionslehren der widersprüchlichsten Art, die anerzogene Bereitwilligkeit, jedes Mysterium wenn nicht für möglich, so doch für glaubwürdig zu halten, bot einen fruchtbaren Nährboden für Schwärmer und Sektierer jeglicher Couleur. Was die traditionellen Religionsgemeinschaften an Macht eingebüßt hatten, ging nicht zugunsten der Vernunft, sondern des Aberglaubens. Die kaum maskierte Heuchelei all der vagabundierenden Wundermänner und Heilsverkünder stieß so wenige ab, weil alle Welt an diese Umgangsformen des Betrugs gewöhnt war. In aristokratischen Kreisen ohnehin, aber auch in bürgerlichen. Die frömmelnde Verzeichnung des Menschen, der sich im Privat- wie im Erwerbsleben alles andere als christlich aufführte, die klassizistische Beschönigung teutonischer Ungezogenheiten, die romantische Verkennung triebgebundener Minnefolklore — Illusionen der realitätsfernsten Art trübten den Blick, und es forderte kaum mehr als taschenspielerisches Geschick, sich diesen Hang zum Selbstbetrug zunutze zu machen.

Cagliostros Geheimnis war, daß er sich auf den Egoismus seiner Zeitgenossen verließ. Mochte andere das geweissagte Glück im Stich lassen, sie waren es ohnehin nicht wert, man selbst aber durfte hoffen. Cagliostros Kunden waren für Statistik ebenso unempfindlich wie Lotterie-spieler. Die Hoffnung auf eine noch so vage persönliche Unsterblichkeit war ihnen allemal lieber als die trostlosen Allgemeinplätze der Aufklärer. Auf die Versprechungen kam es an, nicht darauf, sie zu halten. Wer die Menschen ihrer Illusionen berauben will, macht sie sich zu Feinden. Wer ihre Hoffnungen stärkt, darf auf hörige Gefolgschaft rechnen. Daran hielt sich Cagliostro: Monarchisten vertraute er an, »daß Alexander der Große noch in Ägypten lebe und eine eigene Sekte der Magiker bilde, welche über die Helden und Krieger wache, wie denn auch Friedrich, Preußens großer König, durch Alexanders dienstbare Geister geschützt und bewacht werde [. . .]«. Liberaler Gesinnten beteuerte er, »daß alle Könige und Fürsten nur eine anscheinende Macht haben und eigentlich unter Magikern, guten oder schwarzen, stehen«; ausgezehrten Lebemännern wurde unter dem Siegel der Verschwiegenheit mitgeteilt, »daß es herrliche magische Mittel gäbe, wodurch man bei dem Frauenzimmer, wenn es nicht lieben wollte, doch Liebe bewirken könne«; verblühten Hofdamen soufflierte er, »daß es physische Mittel gäbe, um sein Leben zu Jahrhunderten zu verlängern« — ohne merklich zu altern. Jeder Wunsch wurde erfüllt, jede Eitelkeit hofiert. Cagliostro erkannte die persönlichen Nöte seiner Zeitgenossen an, und er gab ihnen alles an Trostpflastern, was er zur Hand hatte. »Es ist der Mißbrauch des Echten und Wahren, ein Sprung von der Idee, vom Möglichen, zur Wirklichkeit, eine falsche Anwendung echter Gefühle, ein lügenhaftes Zusagen, wodurch unseren liebsten Hoffnungen und Wünschen geschmeichelt wird.«

Joseph Balsamo war kleinwüchsig, breitbrüstig und von gewöhnlichem Aussehen. Zeitgenössische Porträts zeigen einen rundlichen Kopf auf dickem, in wulstige Falten gelegtem Hals. Die grobe, fleischige Nase ragt über sinnlich geschürzten Lippen. Der Blick der großen, unschulds-

142

voll geweiteten Augen ist nach oben gekehrt, die hohe Stirn glänzt im Licht jenseitiger Erleuchtung: »[...] ein echtes Schwärmergesicht mit einer fetten, vollen Wange, die keine Scham mehr rot färbt — Augen, die nach dem Kophta hinzusehen scheinen und doch dabei auf die geöffneten Börsen der Umstehenden merken — eine Miene, die über den glücklich gelungenen Betrug hohnlächelt«.

So geschönt seine Bildnisse auf den skeptischen Betrachter wirken, so wenig vermögen sie Aufschluß über seine eigentliche Anziehungskraft zu geben. Es war nicht sein Aussehen, es war seine Art, sich zu geben, welche die Menschen in seinen Bann zog. Cagliostro figurierte als Spiegel der Wünsche und Sehnsüchte seines Gegenübers. Es war nicht seine Person, die anzog, nicht seine Bildung, es war die Bereitschaft, all das zu tun, was insgeheim von ihm erwartet wurde. »Was [...] einem jeden zuerst in die Augen fällt, ist seine *Effronterie,* die nicht ihres Gleichen hat, und ein gänzlicher Mangel an allem, was man Weltkenntnis und Erziehung heißt. Gründliche Wissenschaft in irgend einem Fache sucht man bei ihm umsonst. Diesen Mangel ersetzt er aber durch eine starke kreischende Stimme, durch ein vortreffliches Gedächtnis und durch handgreifliche Unwahrheiten.« Dieses draufgängerische Talent zu Frechheiten aller Art faszinierte den seiner eigenen Existenz unsicher gewordenen Adligen ebenso wie den durch die Zumutungen der Aufklärung verschreckten Bourgeois.

Cagliostro beherrschte weder Griechisch noch Latein, er redete »schlecht Italienisch, gebrochen Französisch«, Arabisch konnte er, entgegen allen eifrigen Beteuerungen, kein Wort, wie sich in der unerhofften Begegnung mit einem Kenner der Sprache herausstellte. Aber selbst das irritierte die wenigsten. Sein sprachliches wie philosophisches Kauderwelsch entschuldigte man generös als Überbildung, seine rustikalen Manieren wiederum hielt man seinem abenteuerlichen Lebenslauf zugute. Cagliostro selbst ließ

nie einen Zweifel daran, daß über seiner Herkunft ein
dunkles Geheimnis walte. Seinen Jüngern sprach er vage
»von der Liebe, welche zwischen den Kindern des Himmels und der Erde geherrscht haben soll, und gab [. . .] zu
verstehen, daß nicht nur Christus, sondern er selbst solch
einer Vereinigung sein Dasein zu verdanken habe. Die
Halbgötter, von welchen die Griechen in ihrer Götterlehre
sprechen, wären, wie er sagte, nichts als Früchte einer
ähnlichen Liebe.« Eigener Auskunft zufolge war auch sein
weiterer Lebensroman ein unerhört dramatischer: geboren
auf Malta, aufgewachsen in Medina, wo man die hoch-
geborene Waise in allen Sprachen und Künsten des Orients
unterrichtete, beheimatet dann in aller Welt. Schon als
Halbwüchsiger durchreiste er Arabien, Afrika und Asien.
Der Großmeister des Malteserordens nahm sich seiner
schließlich an und machte ihn mit den europäischen Le-
bensgewohnheiten vertraut, die er in der Folgezeit durch
ausgiebige Reisen intensiv studierte. Nach unwiderspro-
chenen Gerüchten ging er während dieser Zeit beim Teufel
selbst in die Lehre, wohlwollenderen Berichten zufolge nur
beim Grafen von Saint-Germain, dem geheimnisumwitter-
ten Magier und Wunderheiler, der allerdings, so raunte
man, bei Cagliostro wie auch Seraphina rasch »von intellektuellen Beweisen seiner Inspiration zu sinnlichen« über-
gegangen sei und beide »auf die handgreiflichste Art von
der Gegenwart der Gottheit« überzeugt habe.

1787 weilte der Weimarer Geheime Rat Johann Wolf-
gang von Goethe während seiner italienischen Reise in
Palermo. Auf eigene Anstrengung hin machte er die Be-
kanntschaft eines Notars, der im Auftrag der französischen
Regierung Aufklärung in das Dunkel der Herkunft des
Cagliostro zu bringen hatte. Goethe erbat sich von ihm
eine Abschrift sowohl des Stammbaums wie des beigefüg-
ten Memoires, aus dem eindeutig hervorging, daß der in
Palermo gebürtige Joseph Balsamo und der geheimnisvolle
Graf von Cagliostro ein und dieselbe Person waren. Da

einige der Verwandten Joseph Balsamos noch in Palermo wohnten, beschloß Goethe, ihre Bekanntschaft zu machen. Unter dem Vorwand, einen Gruß des verlorenen Sohnes übermitteln zu wollen, ließ er sich — unter falschem Namen — der in ärmlichsten Verhältnissen lebenden Familie vorstellen. Seit den Tagen seiner übereilten Abreise hatte Cagliostros Verwandtschaft keine Nachricht, geschweige denn finanzielle Hilfe von ihm erhalten. Goethe, vom Mitleid für die Mutter und mehr noch von Sympathie für die verwitwete Schwester gerührt, erklärte sich bereit, eine Unterstützung auszuwirken. Nach seiner Rückkehr erinnerte er sich dieser Begebenheit sowie seines Versprechens, und obwohl er den eigens aufgesetzten Bittbrief der Familie nicht weiterzuleiten wagte, brachte er doch bei seinen Freunden eine größere Summe Geldes zusammen, die er den Balsamos zustellen ließ. So mitleidig Goethe am Schicksal der Familie des Cagliostro Anteil nahm, so erbost war er über ihn selbst: »Cagliostro's Stammbaum und Nachrichten von seiner Familie, die ich in Palermo kennen gelernt, werde ich wohl auch jetzt herausgeben, damit über diesen Nichtswürdigen gar kein Zweifel übrig bleibe. [...] Es ist erbärmlich anzusehen, wie die Menschen nach Wundern schnappen, um nur in ihrem Unsinn und Albernheit beharren zu dürfen, und um sich gegen die Ohnmacht des Menschenverstandes und der Vernunft wehren zu können.«

Joseph Balsamo wurde am 2. Juni 1743 in Palermo geboren. Der Vater, ein erfolgloser Kaufmann, starb früh. Mit dreizehn Jahren wurde der schwererziehbare Halbwaise in den »Orden der barmherzigen Brüder« gegeben, der sich vorzugsweise der Krankenpflege widmete. Joseph war gelehrig, allerdings zeigte er mehr Talent für die Medizin als für das klösterliche Leben. Nach kurzer Zeit wurde er vielfacher und meist unnennbarer Vergehen wegen aus dem Orden gewiesen, u. a. hatte er sich — erfindungsreich extemporierend — bei der Tischlektüre nie an den vorgegebenen Text gehalten, was erst dann nachteilig auffiel, als er in den Geschichten der heiligen Märtyrer »den heiligen Namen die Namen der berüchtigtsten Huren unterschob«. Nach seiner unehrenhaften Entlassung kehrte Cagliostro nach Palermo zurück, wo er sich mit allerlei Betrügereien am Leben erhielt. Er fälschte Theaterbillets und Testamente, prügelte, stahl, belog und narrte jeden, der willens war, sich irreführen zu lassen. Die Gendarmerie konnte ihm stets nur wenig nachweisen, immer wieder vermochte er es, sich ihrem Zugriff zu entziehen; erst als die Geschädigten selbst ihm nach dem Leben zu trachten begannen, hielt er es für angeraten, die Stadt zu verlassen.

Cagliostro zog nach Rom, wo für Betrüger jeglicher Neigung und Provenienz ein ideales Betätigungsfeld war. Er handelte mit Andenken und fabrikfrischen Antiquitäten, er malte und fälschte mit großem Geschick Rembrandt und andere gängige Meister, und er machte sich, durch welche Dienste auch immer, dem Kirchenadel nützlich. Je nach Anlaß posierte er als Abbé oder als Weltmann — ohne allzugroßen Erfolg. Alles, was er gewann, war die Hand des Dienstmädchens Lorenza Feliciani. Lorenza war schön — »eine reine Stirn, eine hübsche, leicht gebogene Nase, weiße Haut, blaue Augen, helles Haar und ein eigensinniger Mund« —, Joseph Balsamo ehrgeizig. »Der erste Unterricht, den die junge Frau von ihrem Ehemann erhielt, bestund, nach ihrer Aussage, darin, den Menschen zu gefallen, und sie an sich zu locken. Im Gang, Bewegung, Blicken und Kleidungsart Buhlerei und Ärgernis zu verbreiten, waren die Grundlehren des Unterrichts, den er ihr gab.« Mit Erfolg. Mit mehr Erfolg, als ihm lieb sein konnte. Aber alle eifersüchtigen Regungen standen zurück hinter dem gemeinsamen Karriereziel.

Lorenza Feliciani war Cagliostros größtes Kapital, und er verstand es, geschickt damit zu wuchern. Seraphina, wie sie sich später romantischerweise nennen sollte, fand sich ihrerseits mit größtem Vergnügen in die Rolle, die ihr Mann ihr zugedacht hatte — nicht ohne von periodischen Gewissensskrupeln geplagt zu werden, deren sich ihre wechselnden Beichtväter mit innigster Besorgtheit annahmen. Als Tochter armer Eltern geboren, Eltern, die stets frommer waren, als es ihre Lebensweise erforderte, hatte sie die Ehe mit Joseph Balsamo als willkommene Flucht gesehen, und sie lernte mit Eifer und Geschick, sich in den besseren Kreisen zurechtzufinden. Aus der kindlichen, bis zur Einfalt naiven Krämerstochter wurde binnen weniger Jahre eine mondäne Schönheit, die sich ihrer Mittel auf koketteste Weise sicher war. Seraphina tat ihrem Namen bald alle Ehre. Sie versah die ihr zugedachte Aufgabe mit einer engelsgleichen Hingabe, die Balsamo zu immer neuen Ausbrüchen blinder Eifersucht trieb — ohne daß er sie hätte maßregeln können. Die Edelleute, die sich um ihre Gunst bewarben, waren meist nicht nur attraktiver als er selbst, sondern auch weitaus zahlungskräftiger. Balsamo liebte das Geld, Seraphina den Erfolg.

Unter falschem Namen wagte sich das frisch verheiratete Paar nach Palermo, wo Balsamo bald darauf erneut wegen Betrugs inhaftiert wurde. Diesmal gelang ihm die Flucht mit Hilfe seiner Frau, die sich dem örtlichen Marchese so entgegenkommend zeigte, daß dieser keinen Grund sah, an der offenherzigen Biederkeit ihres Gemahls zu zweifeln. Als es trotzdem zu einer erneuten Verhaftung kam, nutzte der Prinz all seine herrschaftlichen Mittel und ließ seinen Schützling wieder in Freiheit setzen.

Um all diesen sizilianischen Wirren zu entkommen, begab man sich auf Reisen. Die Kosten bestritten die länderweise wechselnden Kavaliere Seraphinas. An der französischen Riviera teilten sich mehrere Offiziere den Unterhalt, in Barcelona alimentierte ein adliger Reisender das stetig anspruchsvoller werdende Paar. Man wohnte im Gasthof nebeneinander. Jeden Morgen weckte Balsamo bei anbrechender Dämmerung gewissenhaft seine Frau »und erinnerte sie, daß es Zeit sei, ihren Schlaf in dem benachbarten Zimmer zu vollenden, welches auch wirklich geschah«. Mit zunehmender Routine prostituierte sich das Paar solchermaßen von Stadt zu Stadt, von Land zu Land. Gerade im puritanischen England, wo die Balsamos 1771 eintrafen, stieß ein derart leicht zu erwirkendes Entgegenkommen auf freudigste Resonanz. Es genügte, die frömmelnden Freier bei den Präliminarien ihrer Tat zu ertappen und für ihre unausgeführte Dreistigkeit zahlen zu lassen. Allerdings litt der Ruf des Ehepaares nach diesen und anderen Betrügereien so nachhaltig, daß nach wenigen Monaten die Rückkehr zum Kontinent angeraten schien. Fluchtartig reiste man nach Frankreich, wiederum in der finanziellen Obhut eines Edelmanns, der sich mit Seraphina in der Kutsche vergnügte, während der zunehmend mißmutiger werdende Ehemann auf dem Begleitpferd zu reiten hatte.

In Paris nahm man gemeinsam Quartier im Haus des Gönners, aber je bereitwilliger Seraphina ihren außerehelichen Pflichten nachkam, desto ungehaltener wurde Balsamo. Als gar die Trennung drohte, zeigt er seine Frau wegen Untreue an und ließ sie inhaftieren. Es war Eifersucht, die ihn zu diesem Entschluß trieb, aber mehr noch Angst vor der Zukunft, denn ohne seine Frau wäre er wieder zu jenen aussichtslosen Betrügereien gezwungen gewesen, die ihn früher oder später in den Kerker geführt hätten. Seraphina kehrte zu ihrem Mann zurück — wie anders hätte sie sich rächen können. Beide nahmen ihr gewohntes Leben wieder auf, aber die Freude daran war ihnen verlorengegangen.

Joseph Balsamo begann umzudenken. Er hatte genug von der Welt gesehen, um zu wissen, was die Menschen vom Leben erwarteten und was sie am großzügigsten zu honorieren bereit waren. Nach kurzer Einarbeitungszeit begann er sich, zögernd zunächst, alchimistischer Geheimkenntnisse zu rühmen, er stellte Schönheitstinkturen her, die alternder Haut eine backfischhafte Röte anzauberten, er vertrieb Rezepturen für den Trank des ewigen Lebens und pries sich im Besitz des Steins der Weisen.

Joseph Balsamo wurde zu Cagliostro. Und je besser er sich an seine neue Rolle gewöhnte, desto größer wurden seine Kenntnisse. Er prägte sich kabbalistische Phrasen ein, er lernte das Nötigste aus dem Wortschatz gängiger okkultistischer Geheimlehren, und er vervollkommnete sich in der Kunst, all das zu versprechen, was sein jeweiliges Gegenüber am sehnsüchtigsten begehrte. Immer seltener mußte sich Seraphina ihren Verehrern tatsächlich erkenntlich zeigen, immer häufiger genügte es, wenn sie die Neugierigen zur eigentlichen, zur okkultistischen Versuchung lockte. Bedarf bestand allerorten: Auf jedem Gutssitz fanden sich Freimaurer, in jeder Stadt gab es unter den Honoratioren Amateuralchimisten, die sich der Magie verschrieben hatten und bereit waren, dafür wenn schon nicht ihr Vermögen, so doch ihren häuslichen Frieden zu opfern.

1776 erschien Balsamo ein zweites Mal in London, nunmehr als Graf Cagliostro, Oberst in Preußischen Diensten. In den feinen und stets habgierigen Kreisen der Hautevolee machte er sich durch seine Versprechen beliebt, Brillanten zu vergrößern, Gold zu vermehren und die Ergebnisse der Zahlenlotterie voraussagen zu können. Ohne Erfolg. Einige der Geschädigten stellten ihn vor Gericht — aber Cagliostro wurde mangels Beweisen freigesprochen und von seinen unbeirrbaren freimaurerischen Anhängern an die Brudergemeinden auf dem Festland weitergereicht. Auch dort wurden Cagliostros Betrügereien meist früh als solche enttarnt, ohne daß es seinem Ruhm abträglich gewesen wäre.

1787 erschien Konstantia von der Reckes *Nachricht von des berüchtigten Cagliostro Aufenthalte in Mitau, im Jahre 1779, und von dessen dortigen magischen Operationen.* Konstantia war eine jener empfindungstiefen Naturen, die einen nicht geringen Teil der Klientel umhervagabundierender Wundermänner ausmachten. Jung, gebildet, unglücklich verheiratet, von nervöser Sinnlichkeit, stets bereit zur Flucht aus der Alltäglichkeit ihres ungeliebten Daseins. Im Frühjahr 1779 traf Cagliostro auf dem Gut der Familie ein. Er gab sich als spanischer Graf in geheimer freimaurerischer Mission aus, und jedermann im Hause war froh über diese vielversprechende Abwechslung. Die Gräfin war schön, Cagliostro charmant, sie karessierte die Herren, er schmeichelte den Damen, nicht zuletzt indem er ihnen das Gefühl gab, wichtiger zu sein, als es ihre gesellschaftliche Stellung und das Vorurteil der Väter und Ehemänner glauben machen wollten. Da er sofort die im Hause übliche Frömmelei bemerkt hatte, gab er sich selbst als »strenger Sittenprediger«. »Obzwar ihm der feine Anstand der großen Welt mangelte, so war er darin doch sehr auf seiner Hut, daß ihm, wenn er sich beim Frauenzimmer befand, nie ein unanständiger Scherz entfiel. Das Ungeschliffene in seinen Manieren, das wir wohl bemerkten, setzten wir auf Rechnung seines vorgeblichen langen Aufenthaltes in Ägypten und Medina.« In der eitlen Freude, Verkehr mit einem so berühmten Manne haben zu dürfen, sah man über alle Unstimmigkeiten hinweg. Cagliostro wiederum rechtfertigte die in ihn gesetzten Hoffnungen, indem er den Damen umgehend Zutritt zu einer eigens geschaffenen Frauenloge verschaffte und sie in die heiligsten Geheimnisse der Zunft einweihte: »Freimaurerei ist die Schule, in welcher diejenigen erzogen werden, welche zur heiligen Mystik bestimmt sind [...]. Der engere Ausschuß dieser Mitglieder wird von den drei Vorstehern unseres Erdballs gewählt. Diese Untergeordneten von Moses, Elias und Christus sind die Geheimen Obern der Freimaurer. Cagliostro ist einer der Untergeordneten des Elias. [...] Die Schüler des Elias sterben nie, [...] sondern sie werden, wenn ihre irdische Laufbahn gut vollendet ist, gleich ihrem erhabenen Lehrer lebendig gen Himmel gehoben. Doch werden sie [. . .] einige mal durch einen anscheinenden Tod geläutert, aber leben so zu sagen aus ihrer eigenen Asche immer auf; und so ist der Phönix das allegorische Bild dieser wohltätigen Magiker.

Aus der Pflanzschule der Freimaurer wird die erste geheime Klasse der Anhänger des Elias gewählt; die Anzahl dieser Jünger besteht aus Zwei und siebenzig, und diese haben eine Arzenei, welche verjüngt, und alle Kräfte der Natur in Gleichgewicht erhält, so daß diese oft Methusalems Alter erreichen.« Wer nun von seinen Schülern sich am treuesten und aufrichtigsten zeige, dem könne er berechtigte Hoffnung machen, bald zu »den Zwei und siebenzigen bei der ersten Vakanz hinaufgerückt zu werden«.

Je schwerfälliger sich Cagliostro ausdrückte, desto leichtgläubiger wurden seine Zuhörer. Metaphorische Entgleisungen galten ihnen als Zeichen mystischer Tiefe, grammatikalische Hilflosigkeit als Ausdruck göttlichen Furors. Und wenn auch manche Einzelheit irritieren mußte, so überglänzte doch die Pracht des in Aussicht Gestellten alle zweiflerischen Bedenken. Es galt nichts weniger als die Unsterblichkeit, und der Weg dorthin erwies sich — unter Cagliostros Führung — als keineswegs so beschwerlich und weit, wie eigentlich zu befürchten stand: Der Initiant hatte 40 Tage an einem abgelegenen Ort in strenger Klausur und Diät zuzubringen. Am 17. Tag hat er ein Korn des von Meisterhand eigenhändig zubereiteten »Urstoffes einzunehmen, zudem wird ihm ein weniges Blut abgenommen, mit Regenwasser aus dem Monat Mai vermischt, in einen erdgefüllten Topf gegossen, in Eis aufbewahrt und mit Salpeter getränkt. Drei Tage später fällt der Unsterblichkeitssuchende in Schüttelfrost, er verliert Haut, Haare und Zähne, alle Körperteile entleeren sich. Nach einem reinigenden Kräuterbad und einer rindfleischhaltigen Kraftbrühe, mitsamt Sellerie und Rosmarin, fühlt er sich wie neugeboren, und bereit, dieses [...] Reinigungsbad alle fünfzig Jahre bis an sein fernes Lebensende zu wiederholen.« Die Kur kam nie zur Anwendung.

Um zu beweisen, daß er dank seiner telepathischen Kräfte auch Herr über Vergangenheit und Zukunft der Anwesenden war, vollführte Cagliostro einige aufsehenerregende Experimente mit dem sechsjährigen Sohn des Hauses. Er goß »in die linke Hand und auf das Haupt des Kindes [...] das Öl der Weisheit«, um »unter dem Gebete eines Psalms den Knaben zum künftigen Seher« einzuweihen. Der Kleine geriet in Hitze und begann zu schwitzen. Cagliostro schrieb ihm daraufhin Zeichen auf Hand und Stirn und befahl ihm, unaufhörlich in seine gesalbte Hand zu sehen. Zum Erstaunen der Zuschauer sah der Knabe tatsächlich Zukünftiges, genauer, er sah seinen Bruder unerwartet nach Hause kommen. Man war skeptisch. Aber der Bruder kam. Betrug schien ausgeschlossen. Cagliostro jedoch ruhte nicht und versprach Größeres. Auf dem Landgute des Oheims, so erzählte er unter dem Siegel der Verschwiegenheit, hätte einst ein großer Magier gelebt, der dort — aus Angst vor Konkurrenten — einen Großteil seiner Reichtümer vergraben habe. Um nun nekromantischen Nebenbuhlern zuvorzukommen, sei es angeraten, den Schatz unverzüglich zu heben. Cagliostro beschrieb den Platz auf das genaueste, ohne je dort gewesen zu sein. Der Onkel war voll freudigen Staunens über diese kuriose Koinzidenz, hatte er doch Cagliostro wenige Tage zuvor anvertraut, daß der Familienlegende zufolge ein Schatz eben dort zu suchen sei, wo er häufig als Kind gespielt hatte. Gemeinsam machte man sich auf den Weg, und Cagliostro war es tatsächlich ein leichtes, mit Hilfe seiner Gastgeber den bezeichneten Ort ausfindig zu machen. Auch wenn er am gleichen Tag — wie auch an den folgenden — aufgrund ungünstiger Sternenkonstellationen nicht in der Lage war, den Schatz zu heben, so gelang es ihm doch mittels umfänglicher magischer Zauberzeremonien, alle fremden Geister von der Bergung abzuhalten.

All diese okkultistischen Taschenspielereien waren ungemein einfach — und erfolgreich. Wenn Cagliostro ein Wundermittel versprach und es nicht beizubringen vermochte, war kaum eine Entschuldigung zu fadenscheinig, als daß sie nicht nach wohlwollend kurzer Bedenkzeit akzeptiert worden wäre. Insbesondere Konstantia war in ihrem schwärmerischen Leichtsinn bereit, jeder Wahnidee Glauben zu schenken, sofern ihr nur das Versprechen baldiger Kontaktaufnahme mit dem Jenseits erneuert wurde. Vater wie Onkel, beide Freimaurer und praktizierende Alchimisten, waren Rückschritte und Mißerfolge ohnehin gewohnt, ihnen kam es nicht auf das Scheitern des ein oder anderen Experimentes an, ihnen ging es um das eine, das alles überstrahlende Wunder. »Die Begierde nach seinen Geheimnissen ließ gar nicht zu, daß man an der Wirklichkeit seiner gerühmten Künste auch nur einen Augenblick gezweifelt hätte. Man unterdrückte vielmehr mit Fleiß alle üblen Ahndungen, die aus seinen Widersprüchen und aus seinem ganzen Betragen entstehen mußten, weil man die Sache des Goldmachens, der Perlenfabrik, der Diamantenvergrößerung usw. vorher schon nicht für unmöglich hielt, wenig Kenntnis von dergleichen physikalischen Dingen besaß, überhaupt schon lange mit mystischen Grillen sich trug, keine scharfen Beobachtungen anstellte, und von Kagliostros Allwissenheit fürchtete, daß er die geheimsten Zweifel bald entdecken, zur Strafe seine Versprechungen unerfüllt lassen, und wie er oft drohte, davon reisen würde.«

Cagliostro versprach Wunder — und tröstete in der Zwischenzeit mit kleineren, aber um so sorgfältiger inszenierten Sensationen: Mitglieder des Hauses kränkelten auf seine besorgten Voraussagen hin — Voraussagen, deren Erfüllung durch die diskrete Verabreichung rasch wirkender Laxativa garantiert war. Zukünftiges wurde in den familiären Fragestunden ebenso offenbart wie Vergangenes, die großen Mysterien der Welt verloren ihre Schrekken, die Rätsel des Seins schienen sich wie von selbst zu lösen. Sonderwünsche allerdings, wie die nekromantische Zitation verstorbener Verwandter, schlug Cagliostro aus, sei es mit dem bedauernden Hinweis auf die moralischen Grenzen, die seinem Tun von den Geistern gezogen seien, oder der sanften Mahnung, daß seine magischen Fähigkeiten im Dienste der leidenden Allgemeinheit und nicht bedürftiger Einzelner stünden. Diese berufsständische Strenge vermochten auch diskret verabreichte Geldgaben nicht zu erweichen.

Freunde und Bewunderer verwöhnte Cagliostro mit väterlicher Liebe, Gegner traktierte er mit kaltem Haß. Eine benachbarte Gutsbesitzerin verbot ihm das Haus, weil sie ihn für einen Betrüger hielt. Cagliostro weissagte daraufhin »mit einer Art von begeistertem Zorne: ›Kommendes Jahr den 13. Mai wird diese Frau ihre Beleidigung gegen mich büßen. Ehe sie ihre Mittagssuppe ißt, wird sie des Todes sein.‹« Seine zutiefst erschrockenen Gastgeber baten ihn, dieses allzu strenge Urteil zurückzunehmen. »Er zog auch bald andere Saiten auf, und sagte: daß er, als der zum Wohl der Menschheit Gesandte Gottes, diese Dame, die ihn so beleidigt hätte, bloß deshalb besucht habe, um ihr wohl zu tun, und sein Zorn sei daher rege geworden, weil er durch sie in seiner guten Absicht für sie gehindert sei. Er würde vielleicht ihre Todesstunde weiter haben hinaus setzen können, nun aber sei ihr Schicksal unvermeidlich: 1780 den 13. Mai müsse sie sterben. — Cagliostro bekam diese Dame nach diesem Vorfall nicht mehr zu sehen; und noch bis auf diese Stunde lebt diese verehrungswürdige Frau, zur Freude ihrer Angehörigen und ihrer Freunde.« Ein eindrucksvoller Beweis für die philanthropische Milde des Meisters — argumentieren seine Anhänger.

154

Kaum war Cagliostro unerwartet, weil auf geheimen Befehl der Oberen aus Mitau abgereist — ohne eine seiner gewichtigeren Versprechungen eingelöst zu haben —, mehrten sich die Zweifel an seiner Glaubwürdigkeit. Mit nicht geringerem Enthusiasmus als man kurz zuvor schwärmerisch gewesen war, zeigte man sich nun mißtrauisch. Keines der annoncierten Wunder war eingetreten. Alle Lehren erwiesen sich bei ruhigem Nachsinnen als haltlos und trügerisch. Das galt für die freimaurerischen Unterweisungen wie für die magischen Experimente. Der mitwirkende Knabe wurde befragt und gestand. Cagliostro hatte sich von Beginn seines Aufenthaltes an in besonderer Weise um das Kind bemüht, er hatte sein praktisches Geschick, seine Geistesgegenwart erprobt, und durch all diese Aufmerksamkeiten das vollkommene Vertrauen des Kindes erschlichen. Versprechen wechselten mit Einschüchterungen, Belohnungen mit Drohungen, bis der Knabe vollkommen willfährig geworden war. Und je besser die sorgfältig einstudierten magischen Vorführungen gelangen, desto mehr Vergnügen fand er daran, die Erwachsenen mit seiner Schauspielerei zu narren.

Friedrich Nicolai, Schriftsteller, Buchhändler und geistiger Mentor der düpierten Familie, assistierte bei der Aufklärung des Geschehenen und gab die kriminalistische Deutung des Falles vor: Cagliostro nämlich konnte keineswegs auf eigene Faust gehandelt haben, dazu fehlte es ihm an Statur und Durchtriebenheit, vielmehr war offensichtlich, daß es sich um eines jener »in der Stille umherschleichenden Werkzeuge der Jesuiten« handle, die, sei es durch hypnotische Verzauberung oder Erpressung angehalten sind, »die Menschen durch blinden Glauben und blinden Gehorsam zu unterjochen«.

Der Obskurantismus des Entlarvten wurde übertrumpft durch den Verfolgungswahn der Entlarver, die wenn schon als Opfer, so doch als Opfer der jesuitischen Weltverschwörung zu posieren gedachten. Charlotta Elisabeth

Konstantia von der Recke, geborene Gräfin von Medem, fand nach all diesen Enttäuschungen Zuflucht im Glauben an die reine Vernunft, die wahre Frömmigkeit und die himmlische Poesie. Ein hellsichtiger Freund hatte es in seiner divinatorischen Skepsis vorausgesehen: Es würde ihr ergehen wie dem Athenienser, »der ein sehr kluger Mann gewesen war, und nur die einzige Narrheit gehabt habe, zu glauben, alle Schiffe, die in dem Hafen ankämen, gehörten ihm. Durch einen geschickten Arzt sei er von dieser Idee kuriert worden, aber er habe denselben nachher verklagt und verlangt, man sollte ihn wieder so reich machen als er gewesen sei.«

Cagliostro reiste von Mitau weiter nach Petersburg, nicht ohne zuvor enthüllt zu haben, daß er in Wahrheit kein spanischer Graf sei, sondern zu dieser Kostümierung vielmehr von seinem Ordensoberen gezwungen worden wäre, was seine Ehrlichkeit — im kurzen Moment des Abschieds — in einem um so glänzenderen Licht erscheinen ließ. In Petersburg allerdings mühte sich Cagliostro vergeblich. Katharina die Große hatte nichts im Sinn mit Schwärmern, die kleingewachsen und wenig ansehnlich waren. Cagliostro wurde zum Gespött des Hofes, nicht zuletzt dank dreier, von Katharina selbst verfaßter Lustspiele, deren komische Hauptpersonen jeweils die Züge des Groß-Cophta trugen. Die Stücke waren ein Erfolg und trugen mitsamt den Skandalgeschichten, die man in den Salons angeregt dramatisierte, wenig dazu bei, seinen Aufenthalt von langer Dauer sein zu lassen: »Eine Mutter stand in Gefahr, eine zweijährige geliebte Tochter zu verlieren. Sie versprach Cagliostro 5000 Louisdor, wenn er sie gesund machen würde. Er verlangte acht Tage Zeit dazu. Den zweiten stieg die Krankheit, er bat, ihn das Kind nach Hause nehmen zu lassen. Den fünften kündigte er eine glückliche Veränderung an, den achten versicherte er, das Kind sei genesen, und nach drei Wochen brachte er der Mutter ein Kind. Es lief aber ein gewisses Gerücht in Petersburg um, und man sprach von einem gekauften Kinde. Man dringt auf Erläuterungen. Cagliostro gesteht, daß das zurückgegebene Kind untergeschoben sei, daß das Wahre nicht mehr lebe, und daß er es für Pflicht gehalten habe, den Schmerz der Mutter auf eine Zeit lang zu täuschen. Die Justiz will wissen, was mit der Leiche von diesem geworden sei. Cagliostro bekennt, er habe sie, um einen Versuch der Palingenesie zu machen, verbrannt.«

Um weiteren Nachforschungen zu entgehen, reiste Cagliostro nach Warschau weiter. Sein Ruf eilte ihm voraus, und wie immer setzte er durch großzügige Almosen die widersprüchlichsten Gerüchte über seine Wundertaten in die Welt. Der müßiggängerische Adel war begierig, seine Bekanntschaft, und mehr noch die seiner Frau zu machen, und so logierte man bald nach der Ankunft in einem fürstlichen Palais. Während die Gräfin »ihre eigenen Reize würken ließ« und den Bittstellern durch ihre Fürsprache bei ihrem Ehemann »zu besonderen Kenntnissen und geheimen Vorteilen ausschließende Hoffnung machte, sich aber diese durch reiche Präsente, besonders an Schmuck und Diamanten, gut bezahlen ließ«, nahm sich Cagliostro, wie schon in Kurland, besonders herzlich eines Kindes an und veranstaltete mit dessen Hilfe einige magische Wahrsagungen nach bewährtem Muster. Nachdem allerdings sein Medium nicht so geschickt wie erhofft agierte, bat er um eine reine Jungfrau, die ihm auch sogleich zur Verfügung gestellt wurde. Allerdings zeigte auch sie sich allen Versprechungen zum Trotz wenig hilfreich, da Cagliostro den magischen Praktiken allerlei handgreifliche folgen lassen wollte, was wiederum die auf ihre Unschuld Bedachte so empörte, daß sie ihn tätlicher Unzucht anklagte. Niemand glaubte ihr. Cagliostro beeindruckte mit einer Reihe chemischer Experimente, die allesamt, so der Bericht eines

nüchternen Beobachters, auf altbekannten Taschenspielerkunststückchen beruhten. Sein »philosophisches Gold«,
das er in einer höchst geheimnisvollen magischen Prozedur
herstellte, hatte er zuvor selbst gekauft und eingeschmol-
zen. Der einige tausend Jahre alte ägyptische Groß-
Cophta, der auf sein Geheiß hin erschien, war niemand
anderes als er selbst in dürftiger Verkleidung. Cagliostro
verschenkte Arzneien, die günstigstenfalls wirkungslos
blieben, filtrierte und destillierte Quintessenzen von ebenso
rätselhafter wie nutzloser Art, und er versprach, als Krö-
nung seines alchimistischen Schaffens, den Stein der Weisen, aber noch ehe es zur Kristallisation kam, war er mitsamt den großzügigen Gastgeschenken abgereist. Als Erklärung vernahm man von dritter Seite, daß »er [. . .] keine
wahre Verwandlung der Metalle [hat] vornehmen wollen«,
vielmehr alles so einfädelte, »daß der Anschein wider ihn
ist, weil diese undankbaren Jünger keine bessere Begegnung verdient haben, und er sie nichts von seiner wahren
Größe hat ahnen lassen wollen«. Die Geprellten bewahr-
ten Stillschweigen, um nicht noch unter dem Spott der
Besserwisser leiden zu müssen. »Man gesteht überhaupt
nicht gerne, daß man geirrt [. . .]. Man gibt lieber dem, der
uns düpiert hat, noch einen Zehrpfennig mit auf den Weg,
damit er nur fortkomme. Seine Gegenwart ist zwar lästig,
aber, bei einer gerichtlichen Untersuchung könnten vielleicht allerhand kleine Umstände zum Vorschein kommen,
die unsern Verstand, unser Urteil, unsre Wißbegierde, oder
dergleichen kompromittieren.« Die Eigenliebe führte Cagliostro seine Anhänger zu, die Eigenliebe hinderte sie
daran, sich als Betrogene zu bekennen. Lieber entschädigte man sich für den persönlichen Leichtsinn mit der
heimlichen Vorfreude auf das unliebsame Erwachen zukünftiger Betrogener, als sich selbst der allgemeinen Lächerlichkeit preiszugeben.

Im September 1780 kam Cagliostro unter großem Aufsehen in Straßburg an. Er quartierte sich zunächst im

Gasthof, dann in einer bescheidenen Privatwohnung ein, wo er, gut sichtbar für alle Passanten, seine alchimistischen Apparaturen aufbaute. Wie gewohnt gewann er zunächst die Armen für sich, indem er großzügig Almosen und Arzneien verteilte, was ihm in Gerüchteseile den Ruf eines segensreichen und kostengünstigen Wundermannes einbrachte: »Plötzlich erfuhr man, es sei ein fremder wohltätiger Herr hier, der Kranke umsonst übernehme [. . .]. Nun kamen nach und nach noch schüchtern einzelne Arme zu ihm. Er empfing sie liebreich, gab ihnen Essenzen, Elixiere, andere Arzneien, befreite manchen vom Fieber und anderen Zufällen, besuchte selbst auch manche schwere Kranke in ihrer Behausung. Sein Ruf stieg, und bald waren nicht bloß seine Zimmer, sondern die Treppen und die Haustüre mit Hilfsbedürftigen besetzt. Er war etwas leicht und zuversichtlich im Versprechen der Heilung [. . .]. Freilich sind ihm nun bei der Menge der Kuren viele verunglückt, besonders bei Taub- und Blindheit.« Aber den Armen genügte ein Essen, den Kranken eine Lotteriechance, und die Öffentlichkeit, an ärztliches Versagen hinlänglich gewöhnt, wurde durch eine wundersame Heilung mehr in Aufregung versetzt als durch hundert mißglückte. »Die Neugierde trieb eine unzählige Menge Leute hin: Gelehrte, Offiziere, — Ärzte, Naturkündiger, Freimaurer [. . .] es wurde nach und nach Mode, zu Cagliostro zu gehen [. . .].« Insbesondere in der Damenwelt. Das weibliche Geschlecht bewies »immer vorzügliche Ergebenheit und Zutrauen zu ihm. Man sah, daß [. . .] seine aus allen Weltgegenden zusammenströmenden Patienten größtenteils schöne, reiche und vornehme Weiber waren, die gemeiniglich in demselben Hause, wo er war, wohnten, ihr Logis teuer bezahlten, sich aus eben demselben Wirtshause speisen ließen, aus dem er seine Mahlzeiten holen ließ, alle ihre Bedürfnisse von Kaufleuten nahmen, die er empfahl, und daß sie alle kein emsigeres Bestreben hatten, als nur zu ersinnen, was ihrer und des großen uneigennützigen Mannes würdig wäre, um es ihm oder seiner Gemahlin zum Andenken zu verehren.« Eben unter dieser Schar reicher, verlebter Damen verzeichnete er auch seine größten Erfolge als Arzt: »Cagliostro heilte sie mit Erfolg durch herzliche und liebevolle Unterhaltungen«, durch Schmeichelei, Koketterie und nicht selten durch therapeutische Handauflegung. Seine Medikamente wirkten dank der Komplimente, mit denen er sie verabreichte, die Schönheitswässerchen wie die verjüngenden Tinkturen belebten durch hohen Alkoholgehalt, und so war man allgemein des Lobes voll, die Frauen erfreuten sich ihrer wiedergewonnenen Jugend, die Ehemänner ihres Friedens.

Nicht zuletzt dank der Logenbrüder, die in seinem Haus ein und aus gingen, waren seine Erfolge bald in aller Munde, und so war es nur eine Frage der Zeit, bis die Honoratioren der Stadt, bis der Kardinal selbst auf Cagliostro aufmerksam wurde. Louis-René Edouard de Rohan-Guéménée war einer jener aristokratischen Zöglinge aus uraltem Hause, wie es sie viele in Europa gab, zum Schaden ihrer Erblande, zum Nutzen aller Schmeichler und Schmarotzer. Hereditär ohnehin längst verausgabt, durch servile Erzieher leichtgläubig, geltungssüchtig und eitel geworden in einem Maß, das ihn für jede Lüge empfänglich sein ließ, dilettierte er in allen Ehrenämtern, deren er habhaft werden konnte, ohne je von Nutzen zu sein. Er war Mitglied der Académie française, Direktor der Sorbonne, Bischof von Straßburg und Großalmosenier von Frankreich, was ihm viel Geld und wenig Ruhm brachte. Für Aufsehen sorgten allein seine mit skandalöser Ausdauer betriebenen Amouren während der Zeit als Botschafter in Wien, die ihn bei seinen Favoritinnen beliebt, bei den Verschmähten aber verhaßt gemacht hatten. Die in allen fremden Liebesangelegenheiten ungemein puritanische Marie Antoinette verachtete ihn seit diesen Tagen — sei es aus moralischem Ekel oder gekränkter Eitelkeit. Dieser Widerwille gegen seine Person mußte den Kardinal um so mehr kränken, als er ein treuer Monarchist und kein schlechter Mensch war, zumindest nicht schlechter als andere Vertreter seines Standes. Er war naiv und leichtgläubig, aber das auf eine geradezu anrührend beständige Weise, so daß er selbst dann noch zu Cagliostro hielt, als längst erwiesen war, daß es sich bei seinem Schützling um einen Betrüger handelte. »Wie ist die Welt so ungerecht gegen Cagliostro. Er ist der größte und weiseste Mensch, ja ein wirklicher Gott. Was vermag der Mann nicht? Er ist über 300 Jahre alt — kein Mensch kennt seine Herkunft. — Er ist allmächtig zu bestrafen und eben so allmächtig, Gutes zu tun [...].« Kardinal Rohan glaubte, schon von Berufs wegen, alles. Und er glaubte um so stärker, je erfolgversprechender es ihm schien. »Der Kardinal betete ihn im eigentlichen Verstande an. Man sah ihn mehr als einmal vor Cagliostro auf den Knien liegen — ihm die Hände küssen, ihn um Wunder und Weisheit bitten.« Weisheit wurde ihm nicht zuteil, aber eine wundersame Überraschung der unerfreulichsten Art.

Rohans dringlichster Wunsch war es, die Gunst der Königin zu erlangen, um am Hof jene Rolle spielen zu können, die ihm von seiner Abstammung her zustand. Wie Cagliostro schnell herausgefunden hatte, war es ungemein lukrativ, ihn in dieser Hoffnung zu bestärken. Und wie durch eine glückliche Fügung des Schicksals fand sich in Madame Jean de Lamotte eine vermeintliche Vertraute Marie Antoinettes, die sich nicht nur als kundige Mätresse erwies, sondern auch die heikle Mission übernahm, dem Kardinal wieder die Gunst des Hofes zu erwirken.

Die Juweliere Boehmer und Bassenge hatten in den hoffnungsfroheren Tagen Ludwigs XV. einen Halsschmuck gefertigt, der selbst für einen König unerschwinglich war — zum heimlichen Leidwesen Marie Antoinettes, die sich nur allzugern in seinem Besitz gesehen hätte. Die vermeintliche Gräfin de Lamotte überredete den Kardinal, der Königin die Kaufsumme vorläufig zu kreditieren. Die Juweliere stimmten dem zu, ein eigenhändiger Brief Marie Antoinettes schien für die Korrektheit des Handels zu bürgen, und so wurde das Halsband an die Gräfin übergeben. Als der erste Zahlungstermin verstrichen war, wandten sich die Juweliere direkt an den König. Der Betrug flog auf. Herr de Lamotte war mit den herausgebrochenen Steinen längst nach England geflohen, seine Frau blieb in Paris, leugnete und denunzierte. Kardinal Rohan wurde auf ihre Beschuldigung hin in der Bastille aufs annehmlichste inhaftiert — kurze Zeit darauf folgte ihm Cagliostro in eine weniger komfortable Zelle. Fünf Monate verbrachte er in Einzelhaft.

Der Skandal war nicht, daß ein in Ungnade gefallener Kardinal sich die Gunst seiner Königin hatte erkaufen wollen, der Skandal war, daß eine Königin, wenn auch unwillentlich, sich als Hauptdarstellerin für eine Schmierenkomödie hergab, noch dazu in so dilettantischer Weise, daß es sie den Kopf kosten sollte. Der Skandal war, daß ein absolutistischer Herrscher sich nicht in der Lage zeigte, eine solche Affäre stillschweigend zu bereinigen, sich vielmehr von seiner exaltierten Gattin zu fortgesetzter öffentlicher Bloßstellung drängen ließ. Marie Antoinette und Ludwig XVI. beraubten sich selbst ihrer Herrscherwürde und damit der Aura der Unverletzlichkeit. »In dem unsittlichen Stadt-, Hof- und Staatsabgrunde, der sich hier eröffnete«, erschienen nicht nur »einem einbildungskräftigem Gemüt« wie dem Goethes »die greulichsten Folgen« möglich. Die ohnehin nicht mehr sehr festgefügte monarchistische Weltordnung war ins Wanken geraten und das Beben in ganz Europa zu spüren. »Glaube mir«, warnte Goethe seinen cagliostrotreuen Freund Lavater, »unsere moralische und politische Welt ist mit unterirdischen Gängen, Kellern und Cloaken miniret, wie eine große Stadt zu seyn pflegt, an deren Zusammenhang, und ihrer Bewohnenden Verhältniße wohl niemand denkt und sinnt; nur wird es dem, der davon einige Kundschaft hat, viel begreiflicher, wenn da einmal der Erdboden einstürzt, dort einmal der Rauch aus einer Schlucht aufsteigt, und hier wunderbare Stimmen gehört werden. Glaube mir, das Unterirdische geht so natürlich zu als das Überirdische, und wer bei Tage und unter freyem Himmel nicht Geister bannt, ruft sie um Mitternacht in keinem Gewölbe.« Die aristokratische Gesellschaft war in ihren Grundfesten erschüttert. Die Leichtigkeit, mit der Betrüger und Hochstapler reüssieren konnten, war ein genaues Indiz für ihren Verfallsgrad. Die Revolution schien nur noch eine Frage der Zeit.

Cagliostro aber, der in so vielen Fällen Unschuldige übervorteilt, der mit Taschenspielerkunststücken und falschen Versprechungen ein Vermögen zusammengegaunert hatte, war in der »Halsbandaffäre« wenn nicht der Betrogene, so doch nur ein Komplize von minderer Schuld. Zwar half er der vermeintlichen Gräfin von Lamotte, indem er prophetischen Blicks dem Kardinal die Wiederversöhnung mit der Königin in Aussicht gestellt hatte, von dem eigentlichen Betrug aber profitierte er nicht. Er hatte in der Gräfin einen weitaus skrupelloseren Gegner gefunden, der noch dazu vor keiner Verleumdung zurückschreckte, als es darum ging, sich aus dieser Affäre zu retten. Aber trotz aller Verwirrmanöver brachte die Gerichtsverhandlung in befohlener Eile die Wahrheit zutage. Madame de Lamotte wurde einhellig für schuldig befunden »und dazu verurteilt, ausgepeitscht zu werden, mit einem glühenden Eisen auf beiden Schultern das Diebeszeichen eingebrannt zu erhalten und bis zu ihrem Lebensende in der Salpêtrière eingesperrt zu werden. [. . .] Ihr Mann wird in Abwesenheit zu lebenslänglicher Zwangsarbeit auf den Galeeren verurteilt.« Kardinal Rohan, der sich aus naheliegendem Vorbehalt gegenüber der königlichen Jurisdiktion ebenfalls der Gerichtsbarkeit des Parlaments unterstellt hatte, wurde freigesprochen — zum deutlich bekundeten Unmut Marie Antoinettes, die diese Unschuldserklärung — zu Recht — als persönlichen Affront verstand.

Am selben Tag, dem 31. Mai 1786 wurde auch Cagliostro für unschuldig befunden, allerdings unter der Auflage, Frankreich binnen drei Wochen zu verlassen. Seine begeisterten Anhänger bereiteten ihm einen spektakulären Triumphzug, Hochrufe ehrten ihn als »Wohltäter der Menschheit«. Ohne Eile machte sich der so Gerühmte gemeinsam mit seiner Frau auf den Weg ins Exil. Am 15. Juni kam man in Boulogne-sur-Mer an. »Die Küste, welche ich verließ, war mit einer Menge Bürger aus allen Ständen besetzt, welche mich segneten — mir für all das Gute dankten, das ich ihren Brüdern erwiesen und mir das letzte Lebewohl auf die rührendste Art zuriefen.«

Unmittelbar nach seiner Ankunft in England reichte er Klage gegen die französischen Ermittlungsbehörden ein, da sie ihn bei ihrer Hausdurchsuchung — eigener Nachprüfung zufolge — um beträchtliche Vermögenswerte gebracht hatten. Cagliostros Selbstüberschätzung erreichte ein pathologisches Maß. Allen Widrigkeiten zum Trotz glaubte er nahtlos an sein früheres Leben anknüpfen zu können. Er erneuerte seine Mitgliedschaft in den einschlägigen Geheimgesellschaften, versuchte sich selbst als Ordensgründer, Groß-Cophta und Wunderheiler. Aber auch er hatte in der »Halsbandaffäre« seine magische Aura eingebüßt. Cagliostros Zeit war vorbei. Die Zeitungsschreiber, die seinen Ruhm lange Jahre gemehrt hatten, witterten das Ende und entlarvten ihn nun, um der letzten verkaufsträchtigen Schlagzeile willen, als Betrüger. Im März 1787 verließ Cagliostro fluchtartig London. Er reiste in die Schweiz, genoß in Basel und Biel die Sympathien alter Anhänger, bis auch hier — dank seines zunehmenden Verfolgungswahns — die Stimmung umschlug. Unstet zog das Paar umher, bis man schließlich — auf Drängen Seraphinas — in die Heimat reiste, nach Rom.

Wiewohl die Freimaurerei vom Vatikan längst offiziell verfemt worden war, glaubte Cagliostro seinen Maurerorden vom Papst höchstselbst anerkannt zu finden, Seraphina wiederum hoffte auf ein Ende des Wanderlebens — und auf Absolution. Je unansehnlicher sie wurde, desto stärker rührten sich ihr Gewissen und ihr Drang zur Seßhaftigkeit. Die Frömmelei ihrer Eltern und die zunehmende Erfolglosigkeit ihres Mannes taten ein übriges: sie begann zu bereuen. Immer deutlicher wurde sie sich der eigenen Schuld und mehr noch der Roheit und Durchtriebenheit des Mannes bewußt, an dessen Seite sie jahrelang hatte leiden müssen, immer gesprächiger gab sie gegenüber ihrem Beichtvater die gemeinsamen Laster und Sünden preis.

Am 27. Dezember 1789 wurde Cagliostro auf päpstliches Geheiß in der Engelsburg inhaftiert. Eine Tat, die ihrem Urheber kein Glück brachte, wie die Anhänger des Meisters höhnisch vermerkten: Pius VI. starb 10 Jahre später gleichfalls in Gefangenschaft, wenn auch in angenehmerer. Dank der verfeinerten Mittel der inquisitorischen Befragung gestand Cagliostro alles, was von ihm erwartet wurde, und zeigte darüber hinaus noch ein gehöriges Maß an strafmildernder Reue: »Mein einziger Wunsch ist die Rettung meiner Seele. Ich bin bereit, die schwerste öffentliche Bestrafung auf mich zu nehmen, ja ich begehre sie sogar. Ich möchte alles Böse, das ich so vielen Menschen und insbesondere meiner Frau angetan habe, die allein durch meine Schuld dem Irrtum verfiel, wieder gut machen.« Die Kirche verzichtete daraufhin, ihn an die weltliche Gerichtsbarkeit auszuliefern: »Joseph Balsamo, mehrerer Verbrechen Beklagter, Bekenner, und gegenseitig Überwiesener ist in alle jene Zensuren und Strafen verfallen, welche wider förmliche Ketzer, Irrlehrer, Erzketzer, Meister und Anhänger der superstitiösen Magie verhängt sind [...]. Aus besonderer Gnade aber wird ihm die Strafe der Übergabe an den weltlichen Arm in eine ewige Gefangen-

schaft in irgend einer Festung verändert, wo er ohne Hoffnung einer Begnadigung in strenge Verwahrung genommen werden soll.«

Cagliostros Habe wurde öffentlich durch den Henker
verbrannt. »Das Volk machte sich daraus ein Fest. Bei
jedem Gegenstand, der ins Feuer geworfen wurde —
Bücher, Plakate, Diplome, Ordensbänder von Logen —,
jedesmal klatschte die Menge in die Hände und stieß Freu-
denschreie aus.«

Am 16. April 1791 wurde Cagliostro in die päpstliche
Bergfeste San Leo, nahe Rimini, überführt, wo er in zunehmender Geistesverwirrung streng bewacht seinem Ende
entgegendämmerte. »Wer hätte geglaubt«, spottete Johann
Wolfgang von Goethe, »daß Rom einmal zur Aufklärung
der Welt, zur völligen Entlarvung eines Betrügers so viel
beitragen sollte [. . .].«

VI

Ein Günstling des Glücks *David Ferdinand Koreff*

1. 2. 1783 bis 15. 5. 1851

Die Welt befand sich im Umbruch. Als David Koreff sechs Jahre alt war, stürmte eine erzürnte Volksmenge die Bastille, was wenigen die Freiheit und vielen die unverhoffte Ehre einbrachte, den Heldentod auf fremden Schlachtfeldern zu sterben. Als junger Mann bestaunte Koreff den Kniefall der europäischen Aristokratie vor dem Emporkömmling Napoleon — und die Rache, die sie für diese Demütigung nahm. Im Dienst des Staatskanzlers Hardenberg erlebte er in nächster Nähe, wie Preußen, mehr durch die Gunst der Stunde als durch das Geschick seines regierenden Monarchen, zu einer europäischen Großmacht aufstieg. 1848 schließlich, wenige Jahre vor seinem Tod, wurde er unfreiwillig Zeuge, wie Europa noch einmal, vergeblich, die bürgerliche Revolution probte.

Es war eine Zeit des Umbruchs auch in der Kunst und den Wissenschaften. Beethoven, Goethe, Goya; Haydn, Byron, Turner, es gab in diesen Jahrzehnten mehr Genies und Talente als Publikum, sie zu ernähren. Ein Jahr vor

Koreffs Geburt baute James Watt jene Dampfmaschinen, deren Kraft die industrielle Revolution in Gang setzte. Die Gebrüder Montgolfier übten sich im Ballonfahren; Galvani experimentierte mit Froschschenkeln, der Meter wurde eingeführt, das Innere Afrikas erforscht, Pockenschutzimpfungen getestet. Dampfschiffe und Eisenbahnen begannen zu fahren, in den Großstädten wurde die Straßenbeleuchtung eingeführt, Darwin kam ein peinlicher Verdacht, was die Abstammung des Menschen anbetraf, die Chirurgen wagten die erste Blinddarmoperation, und im Fichtelgebirge erlegte man Deutschlands letzten Bären.

Der Fortschritt war unaufhaltsam, aber nicht allen war wohl dabei. Viele begannen den Segnungen der Aufklärung überdrüssig zu werden, die allzu platte Vernünftelei stieß ab, man vermißte das Pathos durchlittener Gefühlstiefen, den Schauer metaphysischer Unergründlichkeiten, die Erhabenheit jenseitssicherer Glaubenswonnen, kurz, den Sinn fürs Höhere. Je stärker sich die Wissenschaften des Menschen als Gegenstand der Forschung annahmen, desto ängstlicher pochten all jene auf seine Rätselhaftigkeit, die von Amts wegen davon profitierten, allen voran Dichter und Priester. Das Reich des Unbewußten, des inwendig Jenseitigen wurde entdeckt, und seine Propheten fanden allenthalben ein dankbares Publikum.

Europa befand sich im Taumel, die alten Ordnungen waren zerbrochen, die neuen behaftet mit dem Makel des Werdenden; jeder war bereit, alles zu glauben, sofern es nur Erlösung von den quälenden Ungewißheiten bot, die von der Aufklärung und den politischen Zeitläuften so reichhaltig geschaffen worden waren. An allem konnte gezweifelt werden, nichts bot Halt: Das Chaos der politischen Verhältnisse wurde nur noch übertroffen von der geistigen Orientierungslosigkeit all jener, die sich mit den dürftigen Vernunftwahrheiten nicht zufriedengeben konnten und nach den Trostgründen einer Religion suchten — in welcher Gestalt auch immer.

David Ferdinand Koreffs Vater war ein wohlhabender Arzt in Breslau. Er hatte Mesmer, den »Entdecker« des animalischen Magnetismus, noch persönlich gekannt; er hatte miterlebt, wie ein französischer Wunderheiler mit seinen Vorlesungen über magnetistische Wunderkuren die Bürger der Stadt beeindruckt und um ihr Geld gebracht hatte, und er hatte mit neidischem Erstaunen die wundersame Karriere des Breslauer Kaufmanns und Bankrotteurs Oswald mitverfolgt, der dank seiner Komplizin, einer berufsmäßig nervenkranken Hellseherin und Somnabulen, zum Vorleser des Königs aufgestiegen war. Friedrich Wilhelm II., von seinen Mätressen der »Vielgeliebte«, vom Volksmund der »Dicke« geheißen, wurde mit zunehmender Senilität immer frommer und wundersüchtiger, eine Schwäche, die seine bigotten Ratgeber Woellner und Bischoffswerder geschickt für ihren obskurantischen Feldzug gegen die Aufklärung zu nutzen verstanden.

1790, die Kriegsgefahr mit Österreich war gerade vertraglich gebannt worden, kam der König nach Breslau und ließ sich als Friedensfürst feiern. Viele Attraktionen hatte die Stadt zu Ehren des Herrschers nicht zu bieten, jene Somnambule ausgenommen, die, dank der magnetischen Kräfte ihres spirituellen Ziehvaters Oswald, zunächst sich selbst und dann auch mehrere kranke Patienten durch Hellsehen der geeigneten Rezepturen geheilt hatte. Friedrich Wilhelm ließ sich die wundertätige Jungfrau mitsamt ihrem Magnetiseur vorführen und eine glanzvolle Zukunft als segensreicher Herrscher voraussagen — als Anerkennung für diesen eindeutigen Beweis ihrer hellseherischen Fähigkeiten wurde sie mit einer großzügigen Pension entlohnt und Oswald kurz darauf als Königlicher Vorleser an den Berliner Hof gerufen. Je nach Bedarf (und Weisung der klerikalen Ratgeber) rapportierte er dem König fortan die Weissagungen der Daheimgebliebenen — ohne dabei beider Wohlergehen aus dem Auge zu verlieren. Aber mit der Zeit wurden die Prophezeiungen in ihrem unentwegten

Optimismus immer schaler, die Geldforderungen dagegen immer anmaßender, so daß selbst die Geduld des indolenten Friedrich Wilhelm sich zu erschöpfen begann. Als Oswald im Auftrag seines frömmelnden Orakels ihm schließlich gar dringend anriet, den Mätressenfreuden zu entsagen und wieder mit seiner ihm rechtmäßig angetrauten Frau zusammenzuleben, war das Maß des prognostisch Erträglichen überschritten: Oswald fiel in Ungnade, die Pension seines Mediums wurde gestrichen.

Vater Koreff war von Oswalds Aufstieg tief beeindruckt, sein Sohn, der von ihm früh in der karrierefördlichen Heilkunst des Magnetismus unterrichtet worden war, nicht minder. Auch ihn zog es in die Nähe der Mächtigen; ihrer Launenhaftigkeit und Willkür, dessen war er sicher, würde er sich schon zu erwehren wissen.

1803 kam David Koreff nach Berlin, um sein in Halle begonnenes Medizinstudium fortzusetzen. Er schloß sich einem jener schwärmerischen Dichterbünde an, in denen wenig Poesie und viel Gefühl zusammengereimt wurde. Man berauschte sich an billigem Punsch und nationalistischem Pathos, man liebte den Schiller des »Wilhelm Tell« und vergötterte die Gebrüder Schlegel, die lautstark zum Angriff auf die Aufklärung geblasen hatten. Man war ungemein romantisch — was vielen kritischen Zeitgenossen kaum mehr als ein Fremdwort für pubertäre Sinnesverwirrung galt. Nicht ganz zu Unrecht. Wer auf der Höhe der von der Mode geforderten Gefühlsseligkeit schweben wollte, schwelgte in poetischen Allgemeinplätzen, gab sich lyrisch ohne Anlaß, schauspielerte allenthalben sentimentale Posen. Die Romantiker waren zuweilen exaltiert bis an die Grenze des Kindischen, aber sie brachten auch die meist nur intuitiv erfaßte Erkenntnis zum Ausdruck, daß es den klassischen Menschen, wie ihn sich der standesbewußte Geheimrat Goethe in spiegelbildlicher Vollkommenheit dachte, nicht gab. Und selbst wenn, so wäre er viel zu langweilig gewesen, als daß man sich ihn zum dauernden Umgang hätte wünschen können. Der Tatmensch, der Leidenschaftliche, der dämonisch Getriebene war das Idol der Zeit. Die Unvernunft bezauberte, das Abenteuer des Lebens — sofern es nicht allzu bedrohliche Formen annahm und sich in die poetische Zauberformel eines Märchens bannen ließ.

Friedrich Baron de la Motte Fouqué, Major und Ritter, Preuße aus Profession und säbelrasselnder Vielschreiber, den allein seine Wasserfee Undine vor der verdienten Vergessenheit bewahrte, war einer der Romantikerfreunde Koreffs. Chamisso zählte dazu, der bald darauf vor den Zeitwirren in eine Weltreise flüchtete und gleichfalls nur in einer seiner Gestalten, dem schattenlosen Peter Schlemihl, weiterlebte. Varnhagen, der ebenso eitle wie notierfreudige Chronist dieser Zeit, als Autor bald vergessen, als Ehemann Rahels unsterblich, wurde Koreffs Freund und Vertrauter, was ihn nicht hinderte, erwartungsfroh den Sturz des Erfolgreicheren herbeizuwünschen.

Gemeinsam gab man diverse Almanache heraus, an denen wenig mehr als das Titelbild zu rühmen war, wie Goethe spottete. Man dichtete und schwärmte und erfreute sich am eigenen Genie. Man phantasierte von den Wunderreichen des Orients, die mit Hafis, Harem und anderen paradiesischen Ausblicken lockten; man träumte sich zurück in die schöngefärbte Märchenwelt des Mittelalters, die in der ständestaatlichen Einheit von Kaiser, Gott und Vaterland die Idealgestalt des neuen Reiches verhieß. Und während ringsum Europa zum Schlachtfeld wurde, Preußen selbst sich in blamabler Eile Napoleon unterwarf, blieb in aufgezwungener Friedenszeit genug Muße, über die strategischen Raffinessen der bevorstehenden Befreiungsschlacht zu debattieren. Es war eine große Zeit für alle national fühlenden Dichter und Denker, die sich erstmals ganz dem sonst so fremden Volk zugehörig fühlen durften, und da die Kriege ohnehin von anderen geführt wurden, gewann für viele von ihnen das Dasein einen angenehm martialischen, weil durchaus nicht lebensbedrohlichen Reiz.

Im Gegensatz zu vielen seiner Dichterkollegen konnte sich Koreff diesen patriotischen Müßiggang leisten. Der Tod seines Vaters machte ihn zu einem reichen Mann, und so war es für ihn, anders als für viele deutsche Revolutionäre, zunächst ein geradezu touristisches Vergnügen, in jener Stadt seine Studien zu vervollkommnen, die damals der Mittelpunkt der Welt war: Paris.

Napoleon, der seine revolutionäre Abkunft nur allzugern vergessen machen wollte, übte sich in majestätischer Prachtentfaltung. Das Geld floß, die Wissenschaften florierten. Aus aller Welt zusammengeraubte Kunstschätze inspirierten Historiker und Kunstwissenschaftler, Maler und Dichter. Die Naturwissenschaften erlebten dank der neugegründeten Akademien einen ungeheuren Aufschwung, die Revolution hatte jahrhundertelang gefesselte Energien freigesetzt — im Schlechten wie im Guten. Koreff beobachtete und lernte, studierte und schrieb — was, war zunächst einerlei. Er half ausländischen Dichterkollegen bei Übersetzungen, veröffentlichte eine wissenschaftliche Abhandlung über die Tauchmaschine eines Freundes, schrieb Operntexte, reimte enthusiastisch allerlei Lyrisches und wälzte sechzig und mehr Pläne zu Dichtwerken im Kopf. Eine vielbändige Kunstgeschichte sollte entstehen, ein physiologisches Lehrbuch, eine Reise nach Indien stand an, aber das Grübeln über all diese Projekte ließ keine Zeit für ihre Realisierung: Die von Koreff hinterlassenen Werke sind angesichts der Monumentalität seiner Planungen nicht der Rede wert. Die wenigen Gedichte und dramatischen Versuche zeugen von jenem poetischen Geschick, das in dieser Blütezeit der Schriftlichkeit ohnehin jeder Gebildete besaß, inhaltlich gehen sie in nichts über das zeitgenössisch übliche Maß an romantischem Weltschmerz und wohltemperierter Leidenschaftlichkeit hinaus. Die spärlichen wissenschaftlichen Werke, Dokumente seiner Zitierkunst mehr als seiner Forschungsleistungen, waren meist zu Lebzeiten schon überholt, und für die wenigen erhaltenen amtlichen Schriften können sich allenfalls noch Historiker interessieren. Es waren nicht seine Werke, die ihn berühmt werden ließen, es war seine Persönlichkeit. Er war kein schöner Mann, aber auf eine angenehme Weise gebildet; er war selten geistreich, aber immer witzig; er hatte Talent zur Servilität, ohne aufdringlich zu wirken; und, was diese Talente erst wirksam zur Geltung brachte, er war ein Genie der Konversation. Einer jener Menschen, die auf ihre gefällige Art und Weise all das erreichen, was Begabteren verschlossen bleibt, weil ihnen stets das rechte Wort zur rechten Zeit fehlt.

Koreff wurde zum unentbehrlichen Gesellschafter all derer, die ohne bewundernden Beistand nicht zu leben vermochten — sofern sie für ihre Hilflosigkeit zu entschädigen wußten: sei es durch Geist, Liebe oder Geld, wobei er in späteren Lebensjahren dem letzteren eindeutig den Vorzug gab. Koreff machte sich allenthalben beliebt, selbst in Frankreich. Er fand das Geheimnis der Schmeichelei, die Charakter mit Liebedienerei zu vereinen weiß. Er verstand es, genau jenes Maß an Unterwürfigkeit zu simulieren, das der Selbstliebe des Hofierten am zuträglichsten ist. Welcher Mächtige will schon tagaus, tagein von speichelnden Lobrednern umgeben sein, aber wer könnte einem gebildeten Mann ein ehrlich empfundenes und zur rechten Zeit geistreich vorgebrachtes Kompliment verübeln?

Koreff gab sich gefällig und gefiel. Madame de Staël rühmte ihn in der ihr eigenen Freude an Superlativen als »den geistvollsten Deutschen, den ich kennen gelernt habe«. Talleyrand spöttelte wohlwollend: »Er ist eine Fundgrube des Wissens; er versteht alles, selbst etwas von Medizin.« Koreff war Arzt im Hause Napoleon, er ging bei den Botschaftern der europäischen Herrscherhäuser ein und aus, sofern sie zu den Großmächten zu zählen waren. Er kannte in Paris alle Persönlichkeiten, die es dem Empfinden seiner Eitelkeit nach wert waren, gekannt zu sein, aber auch jene, die niemand kennen wollte, die Armen, den Auswurf der Stadt, die er gelegentlich, sei es aus Güte oder kalkulierter Barmherzigkeit, kostenlos verarztete.

Er war inmitten jenes Taumels, der Paris in diesen Jahren erfaßt hatte, ein Taumel, der noch an Reiz durch die Ahnung gewann, daß Napoleon unweigerlich an seiner eigenen Anmaßung und Machtfülle zugrunde gehen mußte. Ein Fanal des nahenden Untergangs, zumindest in den Memoiren der Überlebenden, wurde der Brand des Schwarzenbergischen Palais ausgerechnet bei jenem pompösen Fest, das der österreichische Botschafter 1810 zu Ehren Napoleons und seiner Gattin gab. »Das ganze Festbauwerk loderte in Flammensäulen empor. Die noch eben in diesen geschmückten Räumen versammelte Welt, an Pracht, Schönheit, Auszeichnung und Bedeutung jeder Art ein Inbegriff der Herrlichkeiten Europas, brauste aufgelöst durcheinander. Man suchte und rief die Seinigen, man durchbrach rücksichtslos das Gedränge, jeder hatte nur sein persönliches Ziel im Auge, stieß hinweg, was ihn hemmte, trat ohne Wahrnehmung darüber hinweg. Die Stufen des Portals waren unter der Last der Rettungssuchenden eingebrochen, viele Personen gestürzt, von Nachdrängenden zertreten, von fallenden Wänden schwer verletzt, von den Flammen ereilt worden [. . .]. Der russische Botschafter Fürst v. Kurakin wurde brennend und ohnmächtig durch den Dr. Koreff mit Hilfe österreichischer und französischer Offiziere aus dem Gewühl hervorgezogen, von andern hilfreichen Händen mit Pfützenwasser gelöscht, während andere ihm die diamantenen Knöpfe vom Rock schnitten [. . .].«

Koreff praktizierte unentgeltlich, solange es das ererbte Vermögen zuließ. Aber der Zusammenbruch Preußens ruinierte auch seine Finanzen, fortan war er darauf angewiesen, von seiner Arbeit zu leben, was ihm, dem begehrten Modearzt, nicht schwerfiel. Und er verstand es, sich seine Talente bezahlen zu lassen; sein kurzer Nachruhm zehrte nicht zuletzt von den Klagen über seine horrenden Honorare.

Koreff verkehrte in den besten Familien der Stadt. Als Arzt war ihm der freie Zutritt zu dem vergönnt, was anderen — wenn überhaupt — erst nach ebenso kostspieligen wie kräftezehrenden Anstrengungen offenstand: das Schlafzimmer der Hausherrin. Sein Talent als Unterhalter, die allseits gerühmte »unbeschreibliche Tiefe seines Gemüts« und die numinose Aura des Arztes taten ihr übriges: Koreff hatte es nie nötig, den Verführer zu spielen. Die Gelegenheiten ergaben sich wie von selbst, was er nur einmal zu bedauern hatte — bei seiner späteren Frau.

Der erotischen Faszination des Seelenmagiers unterlag auch die verwitwete Marquise de Custine, eine ehemalige Geliebte Chateaubriands, des frömmelnden Dichters und untalentierten Außenministers, der ihrer längst überdrüssig geworden war, sie aber immer noch seiner Eifersucht für wert hielt, als er erfuhr, daß sie mit ihrem Arzt auf Reisen zu gehen gedachte. Madame Custine war, wie die Mehrzahl ihrer Standesgenossinnen, nicht eigentlich krank, nur ungemein nervös, was angesichts der widrigen Zeitumstände nicht weiter verwunderlich war. Allerdings hatte sich ihr erblich bedingt ohnehin heikler Gemütszustand weniger durch die schon länger zurückliegende Guillotinierung ihres Mannes wie ihres Schwiegervaters verdüstert als vielmehr durch die treulose Unaufmerksamkeit Chateaubriands. Sie versank in Melancholie — daran konnten auch all die nichtigen Liebeleien nichts ändern. Zwar hatte sie alle Sorgfalt aufgewendet, sich den Alltag durch diverse Malheurs dramatischer zu gestalten, aber gegen die Dämonie der Langeweile und die Furcht vor der Einsamkeit des Alters vermochte das wenig auszurichten. Wenn schon nicht Mitleid den einstigen Geliebten rührte, so sollte wenigstens Eifersucht sein Herz quälen, und so überzeugte Madame ihren Leibarzt, daß es diesmal nicht genüge, ihre angegriffenen Nerven allein durch seine huldigende Gegenwart zu beruhigen: ein Ortswechsel war vonnöten.

Man gedachte zunächst in die Schweiz zu fahren, um sich schaudernd an der bergigen Kulisse zu delektieren, dann weiter in das bekannt sonnige Italien, wo man sich von dem gesunden Klima und der aufheiternden Primitivität des Landvolkes Gesundung für das verdüsterte Gemüt erhoffte. Die kleine Reisegesellschaft bestand aus vier Mitgliedern: dem Hauslehrer, einer jener namenlosen Existenzen, an deren Anwesenheit man sich gewöhnt hatte, ohne sie eigentlich je recht zur Kenntnis zu nehmen; dem nicht minder nervenschwachen und erblich weit mehr belasteten Sohn, den noch dazu ödipale Eifersucht plagte; dem Haus- und Herzensfreund Koreff und schließlich der Marquise selbst, die in ihrer melancholischen Tristesse unendlich viel Zuwendung und Liebe nötig hatte — von wem auch immer.

Und die Therapie schlug an, das Amüsement war allgemein: Die Bergwelt enttäuschte ebensowenig wie die ländlichen Sitten der Einheimischen diesseits und jenseits der Alpen. Voll Enthusiasmus beschloß man, sich in Rom für längere Zeit häuslich einzurichten. Auch wenn sich die Marquise, immer auf der Suche nach verjüngender Bewunderung, in der dortigen Künstlerkolonie neue Liebhaber suchte, so war sie doch weitaus abhängiger von Koreff als er von ihr. Den professionellen Beistand des Arztes, dank dessen ihre unzähligen Gebrechen erst die glaubhafte Bestätigung erfuhren, konnte ihr keiner der tatkräftigen, aber in Fragen der psychologischen Raffinesse erschreckend einfältigen Liebhaber geben.

Aber Koreff begann sich zu langweilen. Er genoß die Nähe der Privilegierten, er bewunderte den aristokratischen Standesdünkel, er liebte die Aura der Macht, deren Abglanz ihn weit über seinen Stand zu erheben schien, aber die Zeit bot einem Wagemutigen mehr als nur die bequeme Ausflucht, mit einer gemütskranken Adligen Urlaub vom Leben zu nehmen.

Während sich Madame de Custines Zustand in Italien langsam besserte, starben die Soldaten der »Grande Armée« im russischen Winter. Nun, da der Untergang Napoleons unabwendbar schien, ließ sich auch der stets zögerliche Friedrich Wilhelm III. durch eine Insubordination seines Feldherrn Yorck auf die Seite der Sieger drängen.

Koreff seinerseits nutzte die Gunst der Stunde, um die lästig gewordene Romanze mit der Marquise zu beenden. Der Zwangseinberufung in französische Dienste konnte er durch seine guten Beziehungen und eine rechtzeitige Typhuserkrankung abwenden. Als es ihm schließlich gelang, in seine Heimatstadt zurückzukehren, war sein Vaterhaus zerstört, seine Finanzen durch die Kriegswirren zerrüttet.

Immerhin war es den Alliierten unterdessen geglückt, Napoleon zu stürzen und nach Elba zu verschicken. Im stolzen Bewußtsein des Vollbrachten kamen die Sieger in Wien zusammen, um zu feiern und zu feilschen. Mit den Staatsmännern und Diplomaten trafen auch die Kokotten und Glücksritter ein, unter ihnen Koreff. Wie zufällig begegnete er in einem der Salons Karoline von Humboldt, der Gattin des preußischen Gesandten, die sich leidenschaftlich in ihn verliebte. Im Gegenzug kurierte er sie von ihren Herzkrämpfen und empfahl sich ihr sowie — mit wesentlich mehr Enthusiasmus — ihren drei Töchtern als unentbehrlicher Gesellschafter. »Er vereinigt in sich eine Fülle von Geist und Empfindung, daß man ihm jeden Tag mehr gut wird.« Damit nicht genug, traf Koreff auch seine Jugendliebe Marianne Saaling wieder, die zu einer der erotischen Attraktionen des Kongresses avancieren sollte, ohne daß er selbst davon profitieren konnte — sie kannte ihn zu gut.

Wie sich an der lautstarken Mißgunst seiner männlichen Konkurrenten ablesen läßt, tat dieser kleine Rückschlag Koreffs Karriere keinen Abbruch. So beklagte sich Jakob Grimm bei seinem Bruder Wilhelm, daß Koreff »wie alle getauften Juden etwas Vorlautes, Widriges« habe, eine böswillige Verleumdung schon deshalb, weil Koreff zu diesem Zeitpunkt noch gar nicht getauft war — und auch das sollte ihm bald zum Vorwurf gemacht werden. Trotz aller Widerstände, Wien wurde die ideale Bühne für Koreffs Talente. Die schwärmerische Hochachtung der Frauenwelt ließ ihn zum vielbegehrten Modearzt und zur unentbehrlichen Attraktion der intimen Salons werden. Daneben blieb ihm in den Morgenstunden Zeit genug, sich mit wissenschaftlichem Ernst der Erforschung des Eingeweidewurms zu widmen und erfolgreich als Hofdichter zu debütieren. Mit markigen Versen feierte er den Einzug Franz II., mit aufdringlicher Schmeichelei versifizierte er die pompösen Hoffeste und ließ auch sonst keine Gelegenheit aus, auf seine royalistische Gesinnung aufmerksam zu machen. »Koreff prahlt und lügt angenehm dazwischen herum [...]. Ihm imponieren die Ordenssterne so sehr, daß er es gesteht, nicht als Schwäche, sondern als Stärke gesteht!« spottete voll neidischer Entrüstung sein Freund Varnhagen. Um so peinlicher war Koreff ein Zwischenfall, der ihm in Rußland lebenslängliche Kerkerhaft eingebracht hätte. Die Promenade entlangflanierend, glaubte er einen alten Freund vor sich zu sehen, lief ihm nach, schlug ihm mit der Gewalt tiefempfundener Wiedersehensfreude den Spazierstock auf die Schultern und vermochte kaum eine Entschuldigung zu stammeln, als der so Malträtierte sich empört umdrehte und zu erkennen gab: als seine Majestät Zar Alexander I.

Trotz solch kleiner Widrigkeiten, trotz all der gehässigen Neidereien, Koreffs Glück schien gemacht — da kehrte zum allgemeinen Entsetzen Napoleon zurück, die Schar der Leichenfledderer stob auseinander. Aber Koreff hatte seine Zeit genutzt. Auf Vermittlung Wilhelm von Humboldts, der den Einflüsterungen seiner Frau erlegen war, wurde er dem Staatskanzler Hardenberg vorgestellt, der ihm in Siegerlaune eine Karriere in preußischen Diensten versprach. Koreff wiederum empfahl sich dem allzeit kränkelnden Hardenberg als Leibarzt, unentgeltlich zunächst, aber im vollen Bewußtsein all der Vorteile, die sich aus dieser Stellung ergeben würden. Gemeinsam reiste man nach Berlin zurück, nicht ohne Zwischenstation in Weimar zu machen, um den dichtenden Geheimrat Goethe zu besuchen, dem Koreff, in aller ihm eigenen Bescheidenheit, seine Gedichte widmete, was jener wohlwollend ignorierte.

In Berlin wartete Koreff zunächst vergebens auf die versprochene Stelle, zwar war er Hardenberg als Leibarzt unentbehrlich geworden, aber daraus ließ sich nicht ohne weiteres, monierten die Neider, auf seine Befähigung für den höheren Staatsdienst schließen. Erst auf wiederholtes Mahnen hin erhielt er schließlich 1816 die versprochene medizinische Professur an der Universität Berlin — unter ausdrücklichem Protest der dortigen Fakultät, die in dieser Ernennung einen Willkürakt feudaler Günstlingswirtschaft sah und auf ihre akademische Freiheit pochte. Zu Recht, denn die aus wissenschaftlicher Sicht vorgebrachte Skepsis gegenüber seiner akademischen Befähigung war nur allzu verständlich, wären da nicht die immer schriller werdenden antisemitischen Untertöne gewesen. Koreff wiederum hätte viel zur Beruhigung beitragen können, wenn er willens gewesen wäre, das akademische Ritual zu wahren und zu habilitieren, schließlich hatte er außer seiner Dissertation von 1804 keine wissenschaftliche Arbeit vorzuweisen, aber trotzigerweise verließ er sich ganz auf Hardenbergs Autorität.

Der Streit eskalierte. Koreff pochte auf Erfüllung der bereits ergangenen königlichen Ordre — da wurde aufgrund reger universitärer Öffentlichkeitsarbeit das Gerücht laut, daß er noch immer Jude sei, und Juden, ungetaufte Juden, waren dem Gesetz nach zwar gleichgestellt, aber im Staatsdienst unerwünscht. Koreff blieb nur der Ausweg, sich in aller Eile heimlich taufen zu lassen — aus David wurde Ferdinand. Die Universität mußte nachgeben, der neuernannte ordentliche Professor der Medizin begann seine Vorlesungen, die er bald darauf wieder unterbrechen mußte, um den Staatskanzler auf seinen Dienst- und Kurreisen zu begleiten. Und Hardenberg war angesichts seines stetig sich verbessernden Gesundheitszustandes voll Lobes über seinen Leibarzt: »Ich mag nie einen anderen Arzt haben; niemand kennt so genau meine Natur als Koreff.«

Die Familie war anderer Meinung — zumindest in den Berichten Varnhagens: »Niemand hat meinem Vater so geschadet wie Koreff, sagte mir gestern die Fürstin Pückler; von dem Augenblick an, daß dieser zu ihm gekommen, wurde er ein Greis.« Zweifellos eine boshafte Lüge, vom Neid diktiert, wie vieles, was in der Affäre Koreff in den nächsten Jahren in Umlauf gebracht werden sollte. Denn zu einer Affäre wuchsen sich die immer komplizierter werdenden Verhältnisse im Hause Hardenberg aus, einer Affäre, über die sich ganz Preußen entrüstete — und amüsierte.

Hardenbergs Tochter, die mitsamt ihrem Ehemann, dem Bankrotteur und Landschaftsgärtner Pückler-Muskau in Ungnade gefallen war, sah den ausschlaggebenden Grund für Koreffs Aufstieg in seiner Begabung, den Harem des Hausherrn zu karessieren, was keine leichte Aufgabe war. Denn so groß Hardenbergs staatsmännisches Geschick gewesen sein mag, so bemerkenswert war sein Talent, sich das Leben durch amouröse Fehlentscheidungen zu vergällen. Seine erste Frau, die Gräfin Reventlow, verließ ihn wegen einer Liebschaft mit dem Prinzen von Wales — der Skandal war peinlich genug, um Hardenberg seine Stellung als hannoverscher Gesandter in London zu kosten. Die Scheidung war noch nicht ausgesprochen, da heiratete er seine Jugendliebe, Frau von Lenthe. Eine Tochter wurde geboren — ohne sein Zutun. Hardenberg selbst allerdings blieb nicht ganz untätig, sondern liierte sich derweil mit der Sängerin Charlotte Schönemann. Erneut kam es zu einer Scheidung. Und auch diesmal wurde die Ehe unglücklich. Nicht nur daß seine neue Ehefrau die Eifersucht auf seine neue Geliebte, die Staatsrätin von Béguelin plagte, sie nahm sich zudem, sei es aus Rache oder Gewohnheit, selbst das Recht auf zahllose Liebhaber, unstandesgemäße noch dazu. Einer von ihnen soll Koreff gewesen sein, behauptete zumindest die Kanzlertochter.

Hardenbergs Vorliebe für alles Volkstümliche fand schließlich ihre Befriedigung in Friederike Hähnel, »Nichte des königlichen Bratenmeisters Boudin«, Tochter eines Bäckers, die als Kindermädchen nach Berlin gekommen war und als Somnambule Karriere machte. Koreff glaubte sich ihre medialen wie erotischen Qualitäten zunutze machen zu können und empfahl sie der Fürstin als Gesellschafterin. »Verschmitzte eigennützige Betrügerin«, schimpfte Varnhagen, »betrügt den Fürsten mit Koreff im Einverständnis und den Arzt selber. Sie wurde daraufhin des Fürsten Pflegerin — Geliebte kann man es nicht nennen.«

In diesem Punkt irrte Varnhagen — Madame Hähnel, obwohl durchaus keine Schönheit, gelang auch das, hin und wieder. Hardenberg, gänzlich seiner Altersliebe verfallen, zwang seine Frau zur Trennung, was insofern Probleme aufwarf, als Madame Hähnel nun nicht länger als deren Gesellschafterin auftreten konnte. Zur notdürftigsten Wahrung des Dekors von Sitte und Anstand wurde sie mit einem ehrgeizigen Beamten verheiratet.

Es herrschten — das hatte auch der König längst ungnädig zur Kenntnis genommen — skandalöse Verhältnisse im Hause des ehemals mächtigsten Mannes in Preußen. Der Mut zum rechtzeitigen Abgang hatte ihm gefehlt — nun gab er sich selbst der Lächerlichkeit preis. Aber trotz aller Bedenken, Friedrich Wilhelm III. wollte ihn nicht entlassen, und Hardenberg selbst sollte in seniler Selbstüberschätzung nicht mehr die Kraft aufbringen, um seine Entlassung zu bitten. Befangen in seinen amourösen Kabalen, vermochte er die politischen Ränkespiele um sich herum nicht mehr zu durchschauen. Stillschweigend wurde er von der Hofpartei, die ihm seine Reformgesetze nie verziehen hatte, entmachtet und bot schließlich jenes Bild hilfloser Jämmerlichkeit, das fortan zum Wappenzeichen der immer kleiner werdenden Schar der Fortschrittlichen in Preußen wurde: »Der Staatskanzler selbst war der Ohnmächtigste von allen [...]. Die Wirtschaft, die er in seinem Hause duldete, war nur ein Abbild von den Zuständen in der Staatsverwaltung, die dem Namen nach allein in seiner Hand lag. Wie er daheim ein Spielball in der Hand seiner hysterischen Weiber und ihrer Helfershelfer war, so ließ er sich in den Staatsgeschäften von seinen Ministern [...] an der Nase herumführen.« Die Reformen stockten, die Hofpartei gebärdete sich absolutistischer als der Monarch selbst. Dankbar nahm sie jede Schwäche des Staatskanzlers wahr, um die demokratischen Kräfte zu drangsalieren, die Universitäten, das Geistesleben insgesamt zu maßregeln. Binnen kurzem machte sich jeder als Demagoge verdächtig, der nicht rechtzeitig und vorbehaltlos royalistische Unterwürfigkeit zur Schau stellte.

Koreff behagten diese Zustände. Ihn hatte nie reformerischer Eifer ergriffen, die Treue zum König war ihm selbstverständlich, und Politik interessierte ihn ohnehin nur in Hinsicht auf den konkreten persönlichen Nutzen. Ihm gefiel das Günstlingsdasein, er profitierte davon und ließ andere profitieren, warum hätte er seine Talente ungenutzt lassen sollen? Er genoß die Macht, die ihm als Vertrautem eines Mächtigen zuwuchs. Er schätzte es, wenn die Minister vor ihm, dem »jüdischen Emporkömmling«, antichambrierten, weil der unbürokratischste Weg zum Kanzler über den Leibarzt ging. Aber im Gegensatz zu den Heerscharen aristokratischer Müßiggänger, deren wichtigstes Geschäft am Hofe es war, die eigenen Privilegien auf Kosten anderer zu mehren, hat Koreff seine Macht selten mißbraucht. Zwar versprach er seinen Bittstellern im Übermut des Schenkens immer mehr, als er einlösen konnte, aber was er erreichte, war für einen Mann seiner Stellung bemerkenswert.

Koreff setzte sich für eine durchgreifende Reform der preußischen Irrenhäuser ein, er war — hinter den Kulissen — rührigster Personalplaner bei der Neugründung der Universität Bonn, die zur Befriedung der noch immer aufrührerisch und keineswegs preußenfreundlich gesinnten Rheinländer dienen sollte. Ihm gelang es, August Wilhelm von Schlegel, den es seinem Rang entsprechend nach Berlin zog, für Bonn zu gewinnen; er drang bei der Auswahl der Professoren unermüdlich, wenn auch meist vergebens darauf, gelegentlich auch jene Kandidaten zu berücksichtigen, die nicht die Gunst der Kollegen oder der politisch Einflußreichen, wohl aber außerordentliche wissenschaftliche Leistungen vorzuweisen hatten.

Am 18. Oktober 1817 feierten auf der Wartburg die patriotisch bewegten Burschenschaften mit Bücherverbrennungen und Kostümprunk den 4. Jahrestag der Völkerschlacht von Leipzig, um die Einlösung des Verfassungsversprechens anzumahnen. Viele Professoren schlossen sich dieser Forderung an. Es gärte an den deutschen Universitäten. In Regierungskommissionen sann man auf Gegenmittel. Kaum zwei Jahre später gab die Ermordung des Dramatikers, Royalisten und russischen Staatsrates Kotzebue den

Vorwand für die Verfolgung der politisch Mißliebigen —
die Karlsbader Beschlüsse verboten die Burschenschaften,
die staatliche Überwachung der Universitäten wurde offiziell, eine scharfe Zensur unterband alle regierungskriti-
schen Schriften. Selbst August Wilhelm von Schlegel kam
nicht umhin, sich bei Koreff über diese Gängelung zu
beklagen; der wiederum riet ihm, das Ganze pragmatisch
zu nehmen. Mit Erfolg: Schlegel sah von einer demon-
strativen Amtsniederlegung ab und begab sich mit großzügiger finanzieller Unterstützung der Regierung auf Studienreisen.

»Geheimrat, Günstling der Herzogin und des Glückes!« —
Koreff hatte den Gipfelpunkt seiner Karriere erreicht.
Aber je umtriebiger er sich in die Politik einmischte, je
offensichtlicher Hardenberg seinen Leibarzt, Vortragenden
Rat und schließlichen Geheimen Oberregierungsrat nicht
nur in ärztlichen Angelegenheiten konsultierte, desto ge-
hässiger wurde die Mißgunst: sein Sturz war nur noch eine
Frage der Zeit. »Man schimpft entsetzlich auf Koreff. Der
›Jude beim Kanzler‹ sei an den letzten Sachen meistens
schuld!« Koreff nahm von diesen Ränkespielen nicht allzuviel wahr, der Glaube an sein Günstlingsglück bewahrte
ihn vor allen selbstkritischen Verunsicherungen, und für
trübe Grübeleien über die Zukunft fand er ohnehin nie die
Zeit. Die wenigen freien Stunden, die ihm seine Amts-
geschäfte ließen, verbrachte er in Gesellschaft. Wie in
Paris auch verkehrte er in allen besseren Häusern der
Stadt, eine durchaus überschaubare Zahl im damaligen
Berlin, der ärmlichsten aller europäischen Metropolen. Es
gab nur wenige Salons, die zu besuchen sich lohnte. Der
bedeutendste war zweifellos der Rahel Varnhagens, mit der
ihn eine romantische Seelenfreundschaft ganz im empfindsamen Stil der Zeit verband. Koreff war, wie alle Besucher
der Mittwochsgesellschaften, gebannt von ihrer Kunst
geistreich schmeichelnder Aufmerksamkeit, die noch dem

Biedersten jenes Gefühl von Bedeutsamkeit vermitteln konnte, das ihn — wenn auch nur für die Dauer des Gesprächs — zu einem interessanten Unterhalter werden ließ. Rahel wiederum schätzte Koreff als Arzt — und als Freund, wenngleich sie die ihr so bereitwillig eingestandenen amourösen Verstrickungen eher spöttisch als mitleidvoll kommentierte.

Erholung von den zahllosen Liebschaften, dem Salongeplauder und den sentimentalen Korrespondenzen fand Koreff im Kreis der Serapionsbrüder. E. T. A. Hoffmann, der stets auf Zuhörer und Mittrinker angewiesen war, hatte einen kleinen Kreis von Freunden um sich geschart: den Märchendichter Contessa, den Kriminalisten, Biographen und Verleger Hitzig und eben Koreff, unter allen Freunden und Bekannten der ihm ebenbürtigste: »Koreff war der einzige Mensch, dem Hoffmann geduldig zuhörte, weil er ihn in der Unterhaltung an sprudelndem, lebendigem Witze oft und an Kenntnissen immer überbot, und dabei gutmütig genug war, ihn reden zu lassen, so oft er wollte.«

E. T. A. Hoffmann hat diesem Kreis mit seinen *Serapionsbrüdern* ein Denkmal gesetzt und Koreff in der Figur des Vinzenz zu literarischer Unsterblichkeit verholfen: »Er hat das unversiegbare Talent, alles, das Gewöhnlichste und Außerordentlichste, in den bizarresten Bildern darzustellen, und kommt noch hinzu, daß er alles mit hellem beinahe schneidendem Ton und einem höchst drolligen Pathos vorträgt, so gleicht sein Gespräch oft einer Galerie der buntesten Bilder einer magischen Laterne, die in stetem rastlosen Wechsel den Sinn fortreißen, ohne irgendeine ruhige Anschauung zuzulassen. [. . .]. Doch gewiß ist es, daß eben unser Vinzenz, kommt es einmal darauf an, Träume und Ahnungen in ein System hineinzubannen, vermöge seines hellen Blicks besser in die Tiefe zu schauen vermag als tausend andre. Und dabei behandelt er die Sache mit einer jovialen Heiterkeit, die mir gar wohl gefällt.«

Koreff wurde einer der wenigen Duzfreunde Hoffmanns. Von ihm stammt jene Mappe mit den Blättern des berühmten Kupferstechers Callot, die E. T. A. Hoffmann zu einem der schönsten romantischen Kunstmärchen, zur *Prinzessin Brambilla* anregte. Was beide, den Schriftsteller und den Arzt, einte, war, neben ihrer skurrilen Verschrobenheit, die sie gleich einem Schutzschild vor sich her trugen, das Gespür für Psychologie. So figuriert Koreff in E. T. A. Hoffmanns Novelle *Das öde Haus* als der geheimnisvolle Dr. K., berühmt »durch seine Behandlung und Heilung der Wahnsinnigen, durch sein tieferes Eingehen auf das psychische Prinzip, welches sogar oft körperliche Krankheiten hervorzubringen und wieder zu heilen vermag«. Mit der Intuition des Seelenverwandten hatte E. T. A. Hoffmann erkannt, worin das eigentliche Geheimnis der ärztlichen Erfolge Koreffs bestand. Er war ein erfolgreicher Arzt, nicht weil seine medizinischen Kenntnisse die anderer Ärzte übertroffen hätte, seine Methoden moderner, seine Rezepte weniger lebensbedrohlich gewesen wären, er war ein erfolgreicher Arzt, weil er ein besserer Menschenkenner war als seine Kollegen. Deren Neid schimpfte ihn Modearzt. Zu Recht. Ständig unterwegs in seinem eleganten Kabriolett, den so ausdauernd kränkelnden Damen der guten Gesellschaft das schenkend, was sie am ehesten von ihren sentimentalen Vapeurs zu heilen vermochte, bewundernde Aufmerksamkeit — das war die von Koreff mit spöttischem Behagen inszenierte Rolle in der Berliner und Pariser Gesellschaft. Aber das allein erklärt nicht das Geheimnis seines Erfolges.

Sein Arkanum, sein gewöhnlichstes Wundermittel, mit dem er vielen seiner Patienten die Gesundheit erhielt, war einfach genug: Er verzichtete auf die gängigen Behandlungsmethoden, die sich seit den Tagen des Monsieur Senac, Leibarzt Ludwigs XV., kaum geändert hatten: »Treten Sie ernst an den Kranken heran, befühlen Sie ihm den Puls, dann treten Sie wieder zurück. Hierauf schreiben Sie das Rezept, nehmen das Geld und gehen ab.« Koreff ließ seine Patienten nicht durch unentwegte Aderlässe und Schröpfköpfe ausbluten, er zwang sie nicht in überheizte Räume, zu Hungerkuren, Einlauf oder Klistier. Gegen das nervöse Unwohlsein der empfindsamen Damen wie der weltschmerzbewegten Jünglinge, gegen die chronische Darmträgheit der Honoratioren und den notorischen Bewegungsmangel der Matronen wirkte schon der obligatorisch verordnete Spaziergang wahre Wunder. Ernstere Fälle von Gemütserkrankungen kurierte er — sofern ihm das Glück beistand — mit der hypnotischen Macht seiner Persönlichkeit, denn sie allein war es, die seinen magnetistischen Heilkuren zu ihrem eigentlichen Erfolg verhalf.

Der Mesmersche Magnetismus war nach Jahren der Vergessenheit wieder in Mode gekommen, allerorten wurde über seine heilende Wirkung debattiert und gestritten. Immer häufiger fand sich ein neues Medium, an dem sich die Wunderkraft der magnetisierenden Zauberstäbe demonstrieren ließ — nicht selten mit unerwartet freudigen Folgen, und je größer der Bedarf der zahlenden Interessierten, desto schneller nahm die Zahl der okkultistisch Talentierten zu. Man delirierte und schlafwandelte, hatte Visionen und Entrückungszustände, und je stärker der Beifall, je besser die Entlohnung, desto spektakulärer die Erscheinungen. Die Schar der Magnetiseure vermehrte sich in eben dem Maße, je dringlicher die gute Gesellschaft nach ihnen verlangte, die weibliche wie die männliche, denn nervös, unausgeglichen und auf seltsam vage Weise unglücklich fühlte sich in diesen aufgeregten Zeiten jeder.

Nicht alle diese Wunderheiler waren Scharlatane aus Profession, nicht wenige wurden es aus Gutmütigkeit, denn gänzlich vorgegaukelt war ihre Kunst nicht. Man verdiente Geld mit jenem Phänomen, das Freud »Übertragung« nennen sollte: Der Patient bringt dem Therapeuten

in kindlicher Vertrauensseligkeit längst verdrängt ge-
glaubte Gefühle entgegen, positive wie negative, Liebe wie
Haß. Ähnliches erlebten die Hypnotiseure — und auch
sie waren wie berauscht durch die Macht, die ihnen eine
so unheimliche Aura gab. Und auch damals scheute man
sich nicht, diese Macht zu mißbrauchen, finanziell wie
erotisch.

Koreff verstand es, die geheimnisvolle Kraft medizinisch
zu nutzen, aber auch er wußte nicht die Grenze zu ziehen
zwischen hypnotischer Therapie und Hokuspokus. Er
verschrieb magnetistische Heilkuren, um nervöse Erre-
gungszustände und hausgemachte Hysterien abklingen zu
lassen, aber er glaubte darüber hinaus auch durch seine hei-
lenden Hände Patientinnen derart in Trace versetzen zu
können, daß sie die Zukunft im allgemeinen oder zumindest doch die Medikationen ihrer eigenen Krankheit im
besonderen vorauszusagen vermochten. Die so gewonnene
Machtfülle schmeichelte viel zu sehr seiner Eitelkeit, als
daß er eine ernste wissenschaftliche Prüfung des hypnotischen Phänomens versucht hätte. Geahnt hat er diese
Mechanismen eigener wie fremder Selbsttäuschung, zumindest unterstellt ihm das sein einstiger Freund Chamisso
in einem satirischen Romanfragment: »An den Glauben
hab' ich sets geglaubt und darauf fuß' ich. Freilich, an Gott
und Seele und Unsterblichkeit glauben nur noch wenige
oder denken nie daran. Poch' aber bei ihnen an mit der
Magie, mit dem Magnetismus, wie man es jetzt wissenschaftlich geistreich umgetauft, da wirst du den glaubens-
bedürftigen Menschen wiedersehen. — Ich werde sie
glauben machen und ihnen helfen.«

In allen ärztlichen Dingen brillierte Koreff mit seiner
psychologischen Hellsicht, im privaten Umgang dagegen
war er mitunter wie blind — das sollte sich rächen. Er
selbst hatte einst Madame Hähnel protegiert, aber kaum
war sie dank seiner Hilfestellung die Geliebte Hardenbergs

geworden, begann sie ihn mit dem Elan der Eifersucht aus der Gunst des Fürsten zu verdrängen. Er selbst versöhnte Pückler, den »Virtuosen der eleganten Liederlichkeit«, mit dessen Schwiegervater Hardenberg, nur um bald darauf von ihm gestürzt zu werden. Er selbst schließlich hatte seinen früheren Verleger Friedrich Schöll auf jene Stelle gehievt, von der aus dieser seinen einstigen Gönner verdrängen und ersetzen sollte. Unter allen Neidern und Nebenbuhlern, deren Zahl weit größer war, als Koreff je wahrhaben wollte, war Graf Pückler zweifellos der bedeutendste. Ein Mann von kosmopolitischer Bildung, der aufs geistreichte zu plaudern verstand und immer an Geldmangel litt, weil sein Gartenkunstwerk in Muskau jedes noch so bedeutende Vermögen verschlungen hätte. Da er bei seinem Schwiegervater nicht zuletzt aufgrund dieser botanischen Hybris zunehmend unbeliebter geworden war, nahm er den Umweg über Koreff. Er umschmeichelte ihn, gab kleine Soupers zu seinen Ehren und hatte den erwarteten Erfolg. Auch wenn ihm das vorläufig weder einen materiellen Vorteil noch den erhofften Gesandtschaftsposten in Konstantinopel einbrachte, so konnte sich Pückler doch zumindest wieder der Gunst seines Schwiegervaters sicher sein: Koreff wurde überflüssig.

Maximilian Schöll war dagegen — nach Dafürhalten aller, die ihn kannten — eine zwielichtige Erscheinung. Als Verleger berühmt für seine Klassikerausgaben und den Druck des umfangreichen Reiseberichtes Alexander von Humboldts, war er zunächst, solange er sich davon Vorteile erhoffen durfte, Revolutionär in Frankreich gewesen, dann Emigrant und Royalist in Preußen. Er kehrte als Buchhändler nach Paris zurück und ging bankrott. Dank seiner Zuträgerdienste als Informant kam er in preußische Dienste und wurde schließlich — durch Koreffs Protektion — Vortragender Rat bei Hardenberg. »Er war nun ein wütender Ultra! Ein Schlemmer und Wohlleber, Dickwanst!

Einer der frechsten Menschen und Geldschneider, dem die meisten Unverschämtheiten gelangen. Starb in Paris verachtet!« wetterte Varnhagen.

Warum hielt sich dieser Mann, dessen Eßmanieren nicht minder gefürchtet waren als seine Tischgespräche, in Hardenbergs Gunst, wie konnte er Koreff verdrängen? Er fand in Madame Hähnel, die in ihm nur ein Hilfsmittel zur Entfernung ihres ehemaligen Gönners sah, eine Gleichgesinnte. Als dann auch Pückler dazustieß, nahm die Intrige ihren wohlkalkulierten Lauf: Es galt die Konkurrenten um die Gunst und das Geld Hardenbergs planmäßig aus dem Weg zu räumen, und zwar so, daß der Greis sich in dem Glauben gefallen konnte, der ihm soufflierte Plan wäre der eigenen Tatkraft entsprungen. Pückler übernahm die Verhandlungsführung: Der Fürstin wurde das Angebot unterbreitet, unter Verzicht Koreffs, an die Seite ihres Mannes und Madame Hähnels zurückzukehren. Wie erwartet lehnte sie ab. Daraufhin ließ ihr Hardenberg, unter Androhung des Pensionsentzugs, die Rückkehr nach Berlin untersagen. Koreff selbst, dessen dämonische Tücke Hardenberg erst jetzt, dank der rückhaltlosen Aufklärung seiner Ratgeber, in ihrer ganzen Ungeheuerlichkeit wahrnahm, wurde die alleinige Schuld für die eheliche Entfremdung zuerkannt. Zur Strafe ließ ihn der Fürst ins Kultusministerium versetzen, wo er zunächst einer Kommission zugeteilt wurde, die die Lehrerschaft an Schulen und Universitäten auf ihre Staatstreue hin zu überprüfen hatte. Auch wenn diese Inspektionsreise nicht zustande kam und Koreff in die ihm gemäßere Medizinalsektion des Ministeriums versetzt wurde, so wußte er selbst, und alle Welt ließ es ihn spüren, daß er in Ungnade gefallen war. Um einer letzten Demütigung, der Abschiebung an die Universität Bonn, zu entkommen, nahm er das Kompromißangebot eines zweijährigen bezahlten Urlaubs an. Wohlweislich drängte er auf Vorauszahlung, denn nach dem erwartet raschen Tod Hardenbergs befahl man dem

Urlauber auf Staatskosten, zurückzukehren und das Geld durch Arbeit zu verdienen — vergeblich.

Pückler wurde für seine treuen Dienste um die Befriedung des Hardenbergischen Haushaltes zum Fürsten ernannt — eine Gunst, die der König vor ihm nur Hardenberg selbst und Blücher zugestanden hatte, was Pückler zwar schmeichelte, aber seine desolate Finanzlage nicht besserte. Hardenberg selbst begann sich nur allzubald seiner Protektion zu schämen und enterbte in einem Akt ausgleichender Gerechtigkeit seine Tochter, so daß Pückler auch die letzte Hoffnung verlor, seinen Ruin abwenden zu können. Seine Frau war bereit, sich zum Schein scheiden zu lassen, um ihm eine reiche Heirat zu ermöglichen, aber auch dieser Plan zerschlug sich. Pückler war gezwungen, sich seinen Lebensunterhalt fortan selbst zu verdienen: er wurde Schriftsteller.

Madame Hähnel dagegen wußte ihr intrigantes Talent auch weiterhin gewinnbringend einzusetzen. Nach dem Tod Hardenbergs, an dem sie durch ihre strapaziöse Libido nicht unbeteiligt gewesen sein soll, konvertierte sie zum Katholizismus und wurde in Rom heimisch. Ihr Talent, den Mächtigen durch ausgeklügelte Erniedrigungen hin und wieder die insgeheim ersehnte Erleichterung von der Last der Verantwortung zu verschaffen, ließ sie in Priester- und Kardinalskreisen zu einer gesuchten Gesellschafterin werden. Sie starb 1871, reich und wohlangesehen.

Koreff hingegen flüchtete nach seiner Entmachtung in die schönen Künste. Erfolglos. Die von ihm getextete, von dem Berliner Musikdirektor Schneider vertonte Oper *Aucassin und Nicolette* wurde einer jener mäßigen Erfolge, die schneller vergessen als gemacht sind. Seine Gedichte waren schon immer romantische Dutzendware gewesen, sie wurden auch jetzt, trotz all des poesieförderlichen Kummers, nicht lesenswerter. Seine Freunde kleideten die Häme über den Sturz des stets Erfolgreicheren in weise Ratschläge; seine Feinde, tapfer geworden durch sein Unglück, nutzten die Gelegenheit, ihn durch allerlei Verleumdungen vollends zu diskreditieren.

Verbittert verließ Koreff im April 1823 Preußen. In Berlin als Jude verachtet, wurde er nun in Paris als Preuße argwöhnisch überwacht. Man verdächtigte ihn des Liberalismus, der Spionage, der Subversion. Seinen Erfolg als Arzt konnten diese Denunziationen allerdings nicht beeinträchtigen. Im Gegenteil, derlei Gerüchte steigerten nur die dämonische Attraktivität eines Mannes, der geradewegs aus einem der skurrilen Märchen E. T. A. Hoffmanns entstiegen schien: »Der Doktor Koreff [...] war mit nichts zu vergleichen, höchstens mit Cagliostro oder dem Grafen von Saint-Germain. Kein Mensch besaß mehr Geist und gediegeneren Geist als er. Vom Deutschen hatte er nur den Ernst, den Willen. Diesen Ernst wußte er, wenn es nötig war, abzulegen und ihn wieder anzunehmen; nur sein Gesicht konnte sich nicht darauf einstellen. Es war ebenso exzentrisch wie seine ganze Persönlichkeit und schien keinem ernsten Menschen anzugehören: in seinen Zügen war etwas vom Hanswurst. Seine funkelnden Äuglein, seine buschigen Brauen, seine herausfordernde Adlernase, seine unbeschreibliche Perücke gaben ihm ein fast fratzenhaftes Aussehen. Dazu kam seine kurze, gedrungene Gestalt, sein ungepflegtes Äußeres [...]. Wie alt er war, wußte keiner. Ich habe ihn zwölf Jahre lang genau gekannt; am Ende des letzten Jahres schien er um keinen Tag älter. [...] Er besaß einen ungeheuren Ruf; man konsultierte ihn von weit her, und doch wurde über keinen Arzt mehr gestritten als über ihn. [...] Man erzählte tausend Anekdoten von ihm, u. a. die von den berühmten Pillen. Er hatte eine Art, die Kranken zu beschwatzen und ihnen einzureden, daß er sie kurieren würde, die schon die halbe Heilung war. Eine junge russische Fürstin hatte ein eingebildetes Leiden; sie ließ ihn kommen, und wie gewöhnlich versuchte er ihr einzureden, daß sie gar nicht krank sei, was auch durchaus zutraf. Sie wurde ärgerlich und entgegnete, er kenne sie ja gar nicht. Er begriff die Lage mit der ihm eigenen Geistesgegenwart und entgegnete: ›Nun ja, Fürstin, ich habe unrecht, ich gebe es zu. Ich habe Sie wie ein gewöhnliches Weib behandelt, habe Ihnen Ihren Zustand verbergen wollen. Ich sehe, Sie sind stark, ich will Ihnen alles sagen. Sie haben sehr gut daran getan, mich gleich holen zu lassen; ich kann das Leiden beschwören; morgen wäre es zu spät. Ich werde Ihnen wunderbare Pillen geben, das einzige Mittel, was helfen kann. Nehmen sie alle zwei Stunden sechs, dann sind Sie heute abend völlig hergestellt. [. . .]‹ Die junge Frau war etwas erschrocken, daß er sie beim Wort genommen hatte, und fragte ihn schüchtern nach dem Namen dieser schweren Krankheit. Er erfand auf der Stelle einen halb lateinischen, halb deutschen Namen, der für russische Lippen unaussprechlich war, und schickte ihr getreulich die Pillen. [. . .] Die junge Frau wurde geheilt und erzählte jedem, der es hören wollte, von dem Wunder, das Koreff vollbracht hatte. [. . .] Sein Ruf nahm infolgedessen noch zu.«

Koreff hatte Erfolg, weil er den Mut zum Bluff hatte — auch als es um sein eigenes Leben ging. 1832 wurde Paris von einer Choleraepidemie heimgesucht. Das Volk, all jene also, die durch schlechte Ernährung und elende Wohnverhältnisse am meisten unter der Seuche zu leiden hatten, suchte Sündenböcke und fand sie unter den ohnehin verhaßten Ärzten, denen man vorwarf, die Epidemie aus Gewinnsucht verursacht zu haben. Es wurde geprügelt und gelyncht. Auch Koreff, ohnehin eine stadtbekannte Erscheinung, geriet nach einem seiner Patientenbesuche in den ärmeren Vierteln mit dem Mob zusammen, der ihn kurzerhand in die Seine werfen wollte. Eine Flucht war aussichtslos. Koreff rettete sich zu einem Bauplatz, stieg auf einen der dort umherliegenden Steinquader und hielt

eine flammende Rede, gestimmt auf genau jenen volks-
nahen Ton von anbiedernder Schmeichelei und autoritärer
Selbstherrlichkeit, der große Demagogen auszeichnet. Im
plötzlichen Stimmungsumschwung begann die Menge seinen Mut zu feiern.

Weitaus weniger Zivilcourage bewies er bei seiner Ehe-
schließung. Koreff heiratete spät und unfreiwillig. 1836
hatte er die Bekanntschaft der deutschen Jüdin Therese
Mathias gemacht, und Gerüchten zufolge war die Verlobung rasch und in aller Heimlichkeit während einer ärztlichen Visite vollzogen worden. Unvermittelt reiste Koreff
daraufhin nach London ab, doch ebenso plötzlich kehrte
er — in Begleitung seiner Schwäger — wieder zurück, um
sein inoffizielles Eheversprechen einzulösen. Seine Frau,
ebenso schön wie kokett, entgalt Koreff seine Zögerlichkeit
mit diversen Liebschaften. Ihn selbst hat diese Untreue
nicht allzusehr bekümmert, denn mit zunehmendem Alter
und nachlassenden amourösen Ambitionen traf er sich
ohnehin lieber mit seinen Tischgenossen, darunter Méri-
mée, die Brüder Musset, Delacroix und Stendhal, zu
jener Art von »Junggesellendiners, wo man mit aufge-
stemmten Ellbogen plaudert, wo die Reden frei und die
Anekdoten saftig sind«.

Koreff, binnen kurzem zu beruhigendem Wohlstand
gekommen, konnte einem unterhaltsamen Lebensabend
entgegensehen. »Er ist des Glückes wert«, schrieb seine
alte Freundin Madame Custine in sentimentaler Hellsichtigkeit, »aber ich fürchte, er findet es nicht; er macht zu
hohe Einsätze.« Im Fall Hamilton verspielte Koreff seine
geruhsame Zukunft.

Der englische Herzog Hamilton war mitsamt Familie
und kleinem Hofstaat nach Paris gereist. Seine verheiratete Tochter, Lady Lincoln, litt an einer jener geheimnisvollen Nervenkrankheiten, wie sie in allen bedeutenderen
Aristokratenfamilien Europas kultiviert wurden. Englische
wie französische Ärzte hatten vergebens kuriert. Der Her-

zog wandte sich an Koreff, der nach längerem Zögern annahm, wie immer, wenn ein hohes Honorar zu erwarten stand. Und wie immer in solchen Fällen einer teils ererbten, teils anerzogenen Hysterie verschrieb Koreff eine magnetistische Kur und intensive persönliche Betreuung. Gemeinsam mit einem Assistenzarzt verbrachte er Stunden und Tage mit der Kranken, und sie genas — nach einundhalb Jahren. Kaum war das Wunder geschehen, hielt man es für alltäglich. Die Familie tat, als wäre ihr dergleichen selbstverständliche Pflichterfüllung; sie verlangte die Herausgabe des Krankenbuchs und behandelte die Ärzte als das, was sie für gesunde Aristokraten sind: als Domestiken. Die Rechnung blieb offen, die Abreise wurde geplant, und Koreff, wie immer schlecht beraten, reichte Schuldklage ein — seine Forderung setzte er auf 400 000 Franken fest, um aufgrund des hohen Streitwertes die Abreise verhindern zu können. Das Aufsehen war angesichts dieser astronomischen Summe ungeheuer, die Stimmung schlug um, erst recht als bekannt wurde, daß Lincoln das Honorar bereits hinterlegt hatte — ohne allerdings die Ärzte zu benachrichtigen.

Das alles half Koreff nicht; auch wenn er moralisch im Recht war, er hatte gegen die Etikette verstoßen, und die gute Gesellschaft rächte sich auf ihre Weise: man mied ihn. Um Koreff wurde es einsam. In den besseren Kreisen war er nicht mehr *en vogue*. Seine Ehe blieb, trotz der zahllosen Eskapaden seiner Frau, kinderlos. Altersgebrechen, gegen die seine Kunst machtlos war, häuften sich. Seine Einnahmen gingen zurück, Honorarforderungen wurden nicht beglichen und vergebens eingeklagt, so beispielsweise in dem Prozeß mit den Erben der Marie Duplessis, besser bekannt als Kameliendame, deren Schwindsucht auch Koreffs ärztliche Kunst nicht zu heilen vermochte. In Ermangelung besserer Argumente beschuldigte ihn der Anwalt der Gegenpartei, nicht als Arzt, sondern, auf Vermittlung des Musikers Liszt, als Besucher in den Salon der

Verflossenen gekommen zu sein — angesichts von Koreffs Alter und Gesundheitszustand eine ebenso schmeichelhafte wie unsinnige Unterstellung, die das Gericht jedoch bereitwillig akzeptierte: Koreffs Forderung wurde zurückgewiesen, zudem hatte er die Verfahrenskosten zu tragen.

In den Finanzkrisen des Revolutionsjahres 1848 ging der Rest seines Vermögens verloren. Die schmale preußische Rente wurde ihm gestrichen. Seine reiche Schwester vermachte ihm in ihrem Testament 100000 Franken, aber sie vergaß — zur Freude seines Neffen — die Unterschrift. Koreff war vom Glück verlassen. Am 15. Mai 1851 starb er während eines Patientenbesuches an einem Schlaganfall. Seine Hinterlassenschaft wurde zwangsversteigert.

VII

Die entschleierte Isis
Helena Petrovna Blavatsky

31. 7. 1831 bis 8. 5. 1891

Eine Frau, die nach 54 aufregenden Lebensjahren, zwei Ehemännern, einer unbestimmbaren Zahl von Liebhabern und einem unehelichen Sohn feierlich beteuert, sie sei noch immer Jungfrau, kann keine gewöhnliche Lügnerin sein. Helena Petrovna Blavatsky war keine gewöhnliche Lügnerin. Sie hat stets an das geglaubt, was sie sagte: Ihre treueste Anhängerin war immer sie selbst.

Das Ziel, das Madame Blavatsky sich und der von ihr mitbegründeten Theosophischen Gesellschaft vorgab, war kein geringeres, als die Welt von allem Übel zu erlösen. Das ist ihr nicht gelungen, trotz der nunmehr über 30000 Mitglieder in 55 verschiedenen Ländern, die sich, satzungsgemäß, um religiöse Toleranz und das Verständnis der Schriften ihrer Gründerin mühen. Deren in Wort und Schrift keineswegs bescheiden vertretener Anspruch war, das Werk all ihrer messianischen Vorgänger zu vollenden. Zu diesem Zweck hat sie — im Verein mit ihren sekten-eigenen Geschichtsschreibern — alles getan, um sich eine Lebensgeschichte zu erfinden, die ihrer hohen Mission angemessen erschien. Ein in Glaubensdingen ebenso übliches wie überflüssiges Unterfangen, denn auch in ihrem Fall war die biographische Wirklichkeit allemal spektakulärer als die hagiograpische Legende.

So theatralisch Madame Blavatsky von Kindesbeinen an ihr Sendungsbewußtsein zur Schau stellte, so bescheiden gab sie sich in späteren Jahren, was ihre Herkunft anbelangte: Helena Petrovna Blavatsky stammte aus einem der ältesten und angesehensten russischen Adelsgeschlechter, dem der Dolgorukovs, die ihren Stammbaum erst bei Rurik, dem legendären Gründer des ersten russischen Staates, enden ließen. Diese kräftezehrende Ahnenreihe hatte im männlichen Teil der Nachkommenschaft eine allmähliche Ermattung eintreten lassen, so daß es im 19. Jahrhundert den Frauen überlassen blieb, auf sich und ihr Geschlecht aufmerksam zu machen.

Helenas Großmutter beispielsweise, Helena Pavlovna Dolgorukov, wäre in einer aufgeklärteren Gesellschaft das geworden, was man mit männlichem Vorbehalt ein Universalgenie nennt. Vielsprachig, künstlerisch begabt, mit einer unstandesgemäßen Leidenschaft für die Naturwissenschaften, gelang ihr das Unwahrscheinliche: sich mit ihren Forschungsarbeiten den Respekt der Gelehrtenwelt zu erkämpfen. Nebenbei heiratete sie — was ein ungleich größerer Beweis ihrer Willenskraft war — den Mann ihrer Wahl, noch dazu einen Bürgerlichen.

Helena Andreyevna, ihr erstes Kind, wuchs ungewöhnlich glücklich auf — das wurde ihr in der frauenfeindlichen russischen Gesellschaft nur allzubald zum Verhängnis. Erzogen in der Gewißheit, daß Frauen entgegen der landläufigen Überzeugung keineswegs Menschen minderen Wertes seien, erträumte sie sich einen ebenso gutgewachsenen wie aufgeklärten Prinzgemahl, mit dem sie Seite an Seite die Gefilde von Kunst und Wissenschaft zu durchstreifen gedachte. Die Wirklichkeit präsentierte ihr einen

Kavallerieoffizier, der ganz andere Eroberungszüge im Sinn hatte. Dem lebenserfahrenen und karrierebewußten Peter von Hahn fiel es nicht weiter schwer, den romantischen Backfisch zu verführen: Ende des Jahres 1830 feierte man die Hochzeit, wenig später war sie schwanger.

In der Nacht zum 31. Juli 1831 kam Helena Petrovna im Haus ihrer Großeltern in Ekaterinoslav, einer von Potemkin entworfenen, aber nie fertiggestellten Sommerresidenz für Katharina die Große, zur Welt. Sie war eine Frühgeburt, allerorten grassierte die Cholera, und, damit nicht genug, als der eilig herbeigerufene Priester die Nottaufe vornehmen wollte, ging sein Gewand in Flammen auf — ein Kind hatte es beim Spielen mit einer Kerze entzündet. Aber all diesen bösen Omen zum Trotz, Helena überlebte — ein Umstand, den viele ihrer Verwandten nur allzubald bedauerten.

Die kleine Helena war wider Erwarten alles andere als hübsch und umgänglich. Ewig kränkelnd, was ihren ans Gefräßige grenzenden Appetit keineswegs schmälerte, wuchs sie zu einem fetten, ungemein häßlichen Kind heran, an dem nur eines bezauberte: die großen himmelblauen Augen. Und von Beginn an terrorisierte sie ihre Umgebung mit dem, was sie ein Leben lang auszeichnen würde: eine ungeheure Willenskraft und das Talent, sich andere untertan zu machen.

Ihr ohnehin nervöses Temperament, gepaart mit einer hochentwickelten Feinfühligkeit, wurde durch den Aberglauben der Bediensteten unentwegt in Aufregung gehalten. In jedem russischen Haushalt — mochte er dem Augenschein nach auch noch so christlich sein — spukten noch immer Werwölfe, schreckten Gespenster, spielten Kobolde oder Elfen, mit denen man in einem mehr oder minder vertrauten Verhältnis stand. In den Augen des Personals besaß die kleine Helena eine besondere Eignung zum Umgang mit diesen Wesen, da sie, laut dämonologischem Kalender, an einem magisch bedeutsamen Tag geboren worden war — so schenkten sie ihr all die Aufmerksamkeit, die ihre Eltern ihr vorenthielten. Und das Kind lernte nur allzuschnell, welchen Freiraum und welche Macht sich ihm im Reich des Okkulten darbot.

Der Zufall und ihr Geschick zu hypnotischer Verzauberung kamen Helena zu Hilfe: Als sie im kindlichen Größenwahn einen der jugendlichen Leibeigenen mit der Drohung schreckte, eine Roussalka, eine ebenso schöne wie lebensbedrohliche Wasserfee sei ihm auf den Fersen, flüchtete er entsetzt. Wochen später fand man ihn — ertrunken.

Die Eltern wußten nicht, was sie mit diesem unheimlichen Kind anfangen sollten, das in seiner Einsamkeit Haus und Hof mit Gespenstern bevölkerte, sich selbst als Prinzessin verehrte und dienstunwilliges Personal mit Kobolden schreckte. Helena wurde von zahllosen Priestern exorziert und in Weihwasser nahezu ertränkt, aber all diese rituellen Praktiken halfen ebensowenig wie die traditionelle Prügelstrafe.

Die Mutter, maßlos enttäuscht von diesem Kind, das so ganz anders geworden war, als sie es sich erträumt hatte, maßlos enttäuscht auch von ihrem Mann, den sie nach acht trostlosen Ehejahren endlich verließ, flüchtete in die Schriftstellerei. In kurzer Folge erschienen ihre Romane, die allesamt um ein Thema kreisten, die Leiden der Frau in der männerbeherrschten zaristischen Gesellschaft. Man rühmte sie als die George Sand Rußlands, man prophezeite ihr eine große Karriere als Schriftstellerin, aber kaum da sie das ersehnte Leben führen konnte, kaum da sie sich endlich die erhoffte Unabhängigkeit erarbeitet hatte, starb sie, 28jährig, an Tuberkulose. Ihre Kinder kamen zu den Großeltern nach Saratov, in die tiefste russische Provinz.

Der große, weitläufige Gouverneurspalast war ein Paradies für die phantasiebegabte Helena. Die Naturaliensammlung der Großmutter und, wichtiger noch, die große okkultistische Bibliothek des Urgroßvaters, der sich enthusiastisch, aber erfolglos als Alchimist betätigt hatte, boten unentwegt Anlaß zum Stöbern und Staunen. Helena, von ebenso wacher Intelligenz wie gutem Gedächtnis, verschlang diese verstaubten Schriften von Paracelsus, Agrippa und Albertus Magnus mit frühreifer Begeisterung. Hier erwarb sie einen Großteil jener von ihren Anhängern so vielgerühmten magischen Kenntnisse, die sie selbst später — im vollen Bewußtsein dessen, was sie ihrem prophetischen Amt schuldig war — als Ausfluß göttlicher Inspiration ausgab. Ihre medial-halluzinatorischen Fähigkeiten schwächten sich durch diese Lektüre und die einsetzende Pubertät natürlich keineswegs ab — im Gegenteil: von nun an erhielt sie regelmäßig nächtlichen Besuch von einer gewissen Tekla Lebendorff, einer entfernten Bekannten der Familie, die ihr ausführlich aus ihrem wenig bewegten Leben erzählte. An den langen russischen Winterabenden war jede Abwechslung willkommen, und so wurde auch Tekla Lebendorff zu einem respektierten Familienmitglied.

Bei einem ihrer nächtlichen Auftritte erwähnte diese halluzinierte Vertraute eine Petition, die sie einst an Zar Nikolaus gerichtet hatte. Helenas skeptischer Vater, der bei einem seiner spärlichen Besuche von dieser neuen Freundin erfuhr, ließ das Schriftstück im zaristischen Archiv suchen, um seine Tochter zur Vernunft zu bringen. Zu seinem Ärger behielt sie recht — fortan nutzte er ihre hellseherischen Fähigkeiten, um seine Familiengeschichte zu rekonstruieren.

Aber ungeachtet all ihrer okkultistischen Talente, ungeachtet ihres einsiedlerischen Charakters und ihres ausgeprägten Widerwillens gegen alle gesellschaftlichen Konventionen, auch von Helena Petrovna wurde eine standesgemäße Heirat erwartet — und sie sollte schneller stattfinden als von allen vermutet.

Im Haus der Großeltern verkehrte in jenen Jahren der zukünftige Vize-Gouverneur der Provinz Eriwan, in den

Augen der anspruchsvollen Helena ein alter, glatzköpfiger Langweiler, dessen täppische Annäherungen sie immer wieder entrüstet zurückwies — bis zu jenem Tag, als ihre Gouvernante spottete, daß sie ein viel zu häßliches Geschöpf sei, um jemals einen Mann zu finden, und sei es auch nur einen glatzköpfigen. 3 Tage später hatte sie den ob der plötzlichen Eile völlig verwirrten Eheanwärter zur Verlobung genötigt und der freudig überraschten Familie präsentiert. Aber schon am Tag danach bereute sie ihren hastigen Entschluß. Sie flehte ihre Großeltern an, aber die dachten nicht daran, solcher Launen wegen auf eine so gute Partie zu verzichten. Sie bettelte, sie drohte, aber auch ihr Verlobter gab sich dem leichtsinnigen Glauben hin, daß alles noch zu einem guten Ende kommen würde.

Am 7. Juli 1849 heiratete Helena Nikifor Blavatsky. Als der Priester ihr das Versprechen abnehmen wollte, daß sie ihren Ehemann zu ehren und ihm zu gehorchen habe, flüsterte sie in vernehmlicher Lautstärke: »Mit Sicherheit werde ich das nicht tun.«

Nikifor Blavatsky war keineswegs das Ungeheuer, zu dem ihn seine Frau später nicht zuletzt aufgrund ihres schlechten Gewissens verunstaltete. Als er sich in die Tochter seiner Gastgeber verliebte, war er 39 Jahre alt und hatte nur den einen Wunsch, eine Familie zu gründen. Für seinen Irrtum, gerade Helena gewählt zu haben, mußte er den Rest seines Lebens büßen: Die orthodoxe Kirche willigte nie in eine Scheidung ein.

Die Flitterwochen wurden eine Katastrophe. Helena weigerte sich in der Hochzeitsnacht strikt, dem nachzukommen, was ihr nur einige Tage zuvor vage als eheliche Pflicht umschrieben worden war — das blieb auch die folgenden drei Monate so. Danach kehrte sie empört zu den Großeltern zurück. Die Begeisterung über ihre Rückkehr war gering, man schickte sie per Schiff weiter zu ihrem Vater, der allerdings gerade ein zweites Mal geheiratet hatte und dem Besuch seiner widerspenstigen Tochter daher keineswegs erfreut entgegensah. Helena begriff nur allzu gut, daß sie überall unerwünscht war. Aber anstatt sich durch eine reuige Rückkehr an die Seite ihres ungeliebten Mannes zu demütigen, zwang sie dem Schicksal ihren eigenen Willen auf: Bei einem der Hafenaufenthalte machte sie den Kapitän eines Passagierschiffes in sich verliebt und floh mit seiner Hilfe nach Konstantinopel — allerdings ohne ihn am Ende der Reise in den Genuß der versprochenen Belohnung kommen zu lassen.

In jenen Tagen gab es für eine Frau nur zwei Möglichkeiten, ihren Unterhalt im Ausland zu verdienen: sie konnte sich als Reisebegleiterin oder als Geliebte aushalten lassen. Nach einem kurzen und erfolglosen Zwischenspiel als Kunstreiterin versuchte sich Helena in beidem. Sie begegnete der Gräfin Kiselev, einer jener unzähligen, ebenso luxuriös wie untätig umherirrenden Aristokratinnen, die sich ihren Ennui mit der Leidenschaft für Okkultes vertrieben, und reiste mit ihr weiter nach Ägypten. Die Begegnungen mit den dortigen Magiern verliefen jedoch enttäuschend. Durch unangenehme Erfahrungen mit aufdringlichen Esoterikreisenden weise geworden, verkauften sie ihr ohnehin spärliches Geheimwissen gegen harte Währung. Der stets bargeldlosen Helena gelang der Zutritt ins Reich des Verborgenen dennoch: Sie begann exzessiv zu rauchen, Tabak ebenso wie Haschisch, das sie von nun an gezielt zur religiösen Stimulation benutzte. Vermutlich in einem solchen Zustand rauscherzeugten Größenwahns wurde ihr auch erstmals der Auftrag zuteil, die Menschheit aus ihrer geistigen Versklavung zu retten — selbstverständlich akzeptierte sie. Zunächst allerdings galt es, den eigenen Lebensunterhalt zu verdienen. Der Gräfin wurde sie nach ihrer gemeinsamen Rückkehr nach Paris nur allzubald überdrüssig, und so reiste sie mit einer anderen ruhelosen Dame des russischen Hochadels nach London, wo das industrielle Zeitalter gerade auf einer pompösen Weltausstellung über das Biedermeier triumphierte.

Helena Petrovna dagegen war an ihrem 20. Geburtstag nicht nach Feiern zumute: Von ihrer Familie verachtet, von ihrer Geldgeberin aufgrund ihres kapriziösen Wesens entlassen, gequält von Liebeskummer zu einer Zufallsbekanntschaft, war sie dem Selbstmord nah — aber das rechtzeitig wiedererwachte Bewußtsein ihrer messianischen Mission bewahrte sie vor Schlimmerem.

Die nächsten sieben Jahre verbrachte sie — so ihre verklärte Rückerinnerung — mit religiösen Studienreisen: Sie fuhr nach Kanada, um die indianische Kultur kennenzulernen, reiste weiter in die Vereinigten Staaten, nach Zentral- und Südamerika. Von dort trieb sie ihr nie zu stillender Erkenntniseifer in den Orient, sie bereiste Ceylon, Indien und schließlich Tibet, jenes Land, das damals für Ausländer vollkommen unzugänglich war.

Tatsächlich tingelte sie, wie ihre einzige ernstzunehmende Biographin Marion Meade rekonstruiert hat, 7 Jahre durch Europa. Schon in Konstantinopel hatte sie einen alternden Opernsänger getroffen, der sich nach seiner ungarischen Heimatstadt Metrovitz nannte und auf der ewigen Suche nach einem Engagement durch ganz Europa zog. Ihm schloß sich Helena für die nächsten Jahre an.

1858 trieb sie das Heimweh nach Rußland zurück. Da sich ihr Großvater weigerte, sie zu sehen, wählte sie ihre verwitwete Schwester und deren Schwiegervater als Gastgeber. Am Tag ihrer Ankunft feierte die Tochter des Hauses Hochzeit. Helena nutzte — zum Leidwesen der Braut — sofort die Gunst der Stunde. Vor den erstaunten Freunden und Verwandten ließ sie Stühle und Tische rücken, Poltergeister auftreten und Engelsglöckchen ertönen, die sie stets in den Schluchten ihrer überweiten Gewänder verborgen hielt, kurz, sie scheute vor keinem Taschenspielertrick zurück, um ihren Auftritt vor der faszinierten Gesellschaft zu einem Triumph werden zu lassen.

Erstaunlicher noch als ihr handwerkliches Geschick, dergleichen Zauberkunststückchen publikumswirksam zu inszenieren, war ihre hypnotische Fähigkeit, die Anwesenden in einen Zustand absoluter Kritiklosigkeit zu versetzen — aus dem die meisten allerdings nur allzubald wieder erwachten.

Das galt auch in erotischen Dingen: Wie immer geplagt von Geldnöten, ließ sie kurzerhand Nikifor Blavatsky kommen, um sich von ihm aushalten zu lassen. Er, getrieben von der Hoffnung, doch noch eine Familie gründen zu können, gab seinen Vizegouverneursposten auf, um mit seiner zurückgekehrten Frau zusammenzuleben — aber schon nach einem Jahr verließ sie ihn wieder, ohne ihm je mehr gestattet zu haben, als ihre Rechnungen zu bezahlen. Ihre Zeit verbrachte sie mit Seancen und spiritistisch Begeisterten. Einer von ihnen, der junge, gutaussehende und überaus anhängliche Nicholas Meyendorff wurde ihr Liebhaber. Sehr zum Verdruß Agardi Metrovitchs, der überraschend erschien, um das langersehnte Wiedersehen zu feiern — und um finanzielle Hilfe zu erbitten, denn der nunmehr sechzigjährige Sänger fand keine Engagements mehr.

Um die Verwirrung zu vervollständigen, wurde Helena schwanger. In plötzlichem Einvernehmen waren sich nun ihre Liebhaber einig, daß keiner von ihnen der Vater sein konnte. Der einzig wirklich Unverdächtige, das wußten auch die Klatschmäuler, die an diesem Skandal begeistert Anteil nahmen, war ihr Ehemann. Helena selbst bezichtigte Meyendorff, der wiederum verdächtigte Metrovitch.

Die werdende Mutter, all dieser feigen Streitereien überdrüssig, reiste ab, um ihr Kind fernab in der Provinz zur Welt zu bringen. Am 23. August 1862 wurde Yuri geboren. Sei es aufgrund einer Erbkrankheit oder eines Kunstfehlers des überforderten Arztes: das Kind war verkrüppelt. Helena brach zusammen. Sie glaubte den Einflüsterungen ihres schlechten Gewissens, daß Yuri für ihr eigenes, unkonventionelles Leben gestraft worden sei. Aber sie verleugnete sich nicht, und sie verleugnete ihren Sohn nicht. Gemeinsam mit ihm kehrte sie zu Metrovitch zurück, der sein unstetes Wanderleben wieder aufgenommen hatte, um in nunmehr drittklassigen Schauspielhäusern seinen Lebensabend zusammenzubetteln. Natürlich war dieses Nomadenleben Gift für das ohnehin schwache Kind: Yuri starb im Alter von fünf Jahren.

Aus Kummer stürzte sich Helena Petrovna in den italienischen Befreiungskrieg, sie kämpfte an der Seite Garibaldis gegen den Kirchenstaat und wurde schwer verwundet — schwer verwundet war sie nach dem Tode ihres Kindes tatsächlich, seelisch, ansonsten war auch diese Geschichte erfunden. Tatsache ist, daß Metrovitch, nach einigen erfolglosen Versuchen, sich in Europa durchzuschlagen, ein Engagement an der italienischen Oper in Kairo annahm. Helena begleitete ihn.

Die »SS Eumonia« hatte 400 Passagiere und eine Ladung Schießpulver an Bord. Im Golf von Nauplia explodierte die Pulverkammer. Ein Regen von Leichenteilen prasselte auf die See nieder. 17 Passagiere überlebten. Metrovitch konnte Helenas Leben retten, er selbst ertrank. Sie setzte die Reise nach Ägypten allein fort.

Binnen kurzem wurde Helena Blavatsky der Mittelpunkt der dortigen spiritistischen Zirkel. Die feine Gesellschaft war begeistert — und bereit, die Seancen teuer zu bezahlen, bis entdeckt wurde, daß die flehentlich aus dem Jenseits sich reckenden Geisterhände durch eine trickreiche Apparatur bewegt wurden. Helena Petrovna kehrte dem undankbaren Ägypten den Rücken und reiste zu einem Kurzbesuch nach Rußland zurück — ohne willkommen zu sein. Sie fuhr weiter nach Paris, wo man in okkultistischen Kreisen Amerika als spiritistisches Eldorado rühmte. Mit ihrem letzten Geld erwarb sie ein Ticket für die Überfahrt.

Im Alter von 41 Jahren begann Helena Petrovna Blavatsky ihr zweites Leben. Aber auch diesmal war der Anfang nicht sonderlich verheißungsvoll. Eine alleinstehende Frau hatte kaum Aussichten, in New York auf anständige Weise Arbeit und Unterkunft zu finden; noch die ärmlichste Pension verweigerte ihr ein Zimmer.

Wie immer war es ein glücklicher Zufall, der ihr weiterhalf und sie den Weg in die erste, notgeborene Frauenwohngemeinschaft Amerikas finden ließ, die sich angesichts unverschämter Hotelportiers und unbezahlbarer Mieten zusammengefunden hatte. Das Wohnungsproblem war damit zunächst gelöst, nicht aber die Frage des Lebensunterhalts. Helena Blavatsky zog sich in ihr Zimmer zurück und brütete im Qualm ihrer täglichen 200 Zigaretten über die Zukunft nach. Ohne Erfolg. Sie fluchte wie ein Seemann, schreckte ihre Mitbewohnerinnen mit allerlei Gespenstergeschichten, ließ Poltergeister rumoren und die unvermeidlichen Glöckchen klingen, aber auch damit war kein Geld zu verdienen. Sie verblüffte Freunde mit von Geisterhand colorierten Photographien, die sie selbst in mühevoller Nachtarbeit präpariert hatte — was nur allzuschnell entdeckt wurde. Sie schrieb eine Satire auf den amerikanischen Nationalcharakter, die sie, mit Ausnahme des Nationennamens, wortwörtlich aus dem Russischen übersetzte. Schließlich erbte sie etwas Geld — und verlor einen Großteil sofort wieder, indem sie sich vertrauensselig an einem maroden Farmbetrieb beteiligte. Diese endlose Serie von Mißerfolgen drohte selbst Helenas robustes Selbstvertrauen zu erschüttern, und das, obwohl die Voraussetzungen für eine okkultistische Karriere im Amerika des ausgehenden 19. Jahrhunderts eigentlich ideal waren.

Nicht nur im ebenso puritanischen wie abergläubischen Neuengland, dem Geburtsort des Spiritismus, in ganz Amerika gierte eine sensationslüsterne Öffentlichkeit nach übersinnlichen Phänomenen. Eine servile Presse garantierte die rasche Verbreitung noch der wahnhaftesten Geistererscheinungen, und so hatte sich binnen weniger Jahre ein völlig neuer Berufsstand gegründet. Diese umherziehende Schar von Gaunern, Trickbetrügern und gutgläubigen Amateurokkultisten hatte Zulauf von Gaffern und Wundersüchtigen, aber auch von jenen Bürgern aus »besseren Kreisen«, die in der amerikanischen Gesellschaft das »Ideelle« vermißten. Einer dieser Sinnsuchenden, die die Trostlosigkeit ihrer Existenz nur allzu gerne mit Übersinnlichem therapiert hätten, war Henry Steel Olcott, 41 Jahre alt, in Trennung von seiner Frau lebend, mäßig erfolgreich als Anwalt und Gelegenheitsredakteur. Als er erfuhr, daß sich gleichsam in seiner Nachbarschaft, in einem Farmhaus in Vermont nämlich, allerhand Unerklärliches zutrug, machte er sich kurzentschlossen auf den Weg.

Inmitten der einsamen Vermonter Berge lag das Anwesen der Gebrüder Eddy, die aus einer okkultistisch hochangesehenen Familie stammten. Eine Großmutter war bei den Salemer Hexenprozessen verurteilt worden, die Mutter hatte mediale Fähigkeiten, ebenso ihre Söhne. Nur der Vater war ein verstockter Zweifler gewesen, der seine Kinder zur Vernunft prügeln wollte, bis er entdeckte, daß sich mit ihnen Geld verdienen ließ. Schon aus Bequemlichkeit waren die Brüder diesem Beruf auch als Erwachsene treu geblieben: Die Gäste hatten zwar nicht für die Seancen, wohl aber für die Verköstigung zu bezahlen.

Unter den neugierigen Besuchern, die von New York in die Einöde der Wälder eilten, war auch Helena Blavatsky, allerdings nicht um okkulte Phänomene zu bestaunen — deren Machart war ihr schließlich bestens vertraut —, sondern um einflußreiche Förderer zu finden. Sie entschied sich für Henry Olcott. Aber so sehr der auch von ihr als Gesprächspartnerin fasziniert war, er blieb zunächst distanziert; ihre so phantasievoll ausgeschmückte Lebensgeschichte klang selbst für einen Wunderwilligen wie ihn allzu unglaubwürdig. Seine Zurückhaltung schwand erst, als sie nach kurzer Vorbereitungszeit selbst die spiritistische Regie im Haus der Gebrüder Eddy übernahm. So zeigte sich — zum nicht geringen Erstaunen aller Beteiligten — ein Medium plötzlich in einem ebenso phantasievollen wie unbekannten Kostüm, das Helena, theatralischverblüfft, mitsamt seinem Träger als kaukasisch identifizierte. Und die Folge der folkloristischen Erscheinungen aus der Heimat riß nicht ab — solange ihr Geld ausreichte, um die Helfer zu bezahlen. Aber der letzte Rest von Skepsis, der Olcott anfänglich noch mißtrauisch gestimmt hatte, war ohnehin längst verflogen.

Mit ähnlichem Geschick, mit ähnlicher Skrupellosigkeit arrangierte Helena Blavatsky auch zukünftig die für die Mitgliederwerbung so nötigen Wunder: Sie beschäftigte schauspielerisch begabte Laiendarsteller, die als Jenseitsreisende an die Tür pochten; sie ließ von bestochenen Dienstboten Briefe durch heimlich angebrachte Deckenschlitze auf freudig erstaunte Jünger herabregnen; sie spürte hellseherisch Gegenstände auf, die sie selbst wenige Stunden zuvor verstecken ließ. Zutage kamen diese Betrügereien meist nur deshalb, weil sie in ihrem Geiz wiederholt versucht hatte, ihre Helfer um den versprochenen Lohn zu prellen, was deren Verschwiegenheit nicht eben förderte. Sehr zur Freude der Kritiker — aber deren Vorwürfe wies Helena stets voll ehrlicher Empörung zurück. Sie selbst sah in diesen Taschenspielertricks ganz selbstverständliche Hilfsmittel, um Kleingläubige zu bekehren — mehr nicht; ihre eigentliche Mission — davon war sie fest überzeugt — begann erst jenseits dieser künstlichen Wunder.

Olcott jedenfalls war begeistert, er schrieb in hymnischen Tönen über die Vermonter Seancen, und Helena Blavatsky wurde endlich das, was sie nach eigenem Dafürhalten schon längst hätte sein müssen: eine Berühmtheit — zumindest in spiritistischen Kreisen. Und je größer das Interesse der Öffentlichkeit wurde, desto abenteuerlicher schilderte sie den Reportern ihre Lebensgeschichte. Die Herausgeber der spiritistischen Zeitungen rissen sich um sie, Okkultisten in ganz Amerika sandten ihr Einladungen,

und ein neuer Liebhaber drängte auf Heirat. Unbekümmert um die Tatsache, daß ihre Ehe mit Nikifor Blavatsky
noch immer nicht geschieden war, heiratete sie am 3. April
1875 den um mehr als 10 Jahre Jüngeren, aus ehrlicher
Zuneigung — und ihrer finanziellen Absicherung wegen,
denn noch konnte sie von ihrem Ruhm nicht leben.
10 Tage später bereute sie ihren Entschluß — sie hatte
entdeckt, daß ihr Mann kurz vor dem Ruin stand.

Nach dieser Enttäuschung widmete sich Helena Petrovna nicht zuletzt aus ökonomischen Gründen wieder
verstärkt ihrer religiösen Mission. Sie gab bekannt, daß
sie erst unlängst von einer im fernen Ägypten residierenden
Brudergemeinde der Unsterblichen als Sendbotin ausersehen worden war, um die Welt zur Weisheit zu führen. In
einer Reihe von selbstverfaßten Briefen, die sie sich von
diversen Postämtern zustellen ließ, präzisierte sie die an sie
gerichteten messianischen Erwartungen.

Henry Olcott, der ihrer machtvollen Mütterlichkeit
längst hörig geworden war, glaubte auch dieses Märchen.
Und seine unverbrüchliche Treue wurde belohnt: Er
erhielt eine prächtige Mitgliedsurkunde, aufgegeben im
ägyptischen Luxor, abgestempelt in Philadelphia, und eine
neue Geliebte.

Im Hochgefühl ihres Erfindungsreichtums gründete
Helena in ihrer New Yorker Wohnung einen okkultistischen Salon, in dem sie als kettenrauchende Magna Mater
breithüftig auf dem Sofa thronte, die spiritistischen Vorträge überwachte und ihre Gäste beiläufig über Sinn und
Zweck allen Weltgeschehens belehrte. An einem dieser
Vortragsabende schlug Henry Olcott vor, diesem Gesprächskreis eine feste organisatorische Form zu geben —
eine Idee, die Madame Blavatsky später als ihre eigene
reklamierte. Die Theosophische Gesellschaft entstand.
Die sechzehn Gründungsmitglieder beschlossen, fortan als
Forschungsgemeinschaft für alle Formen vergessener und
gegenwärtiger okkulter Philosophie zu wirken. Ungeachtet

des hohen Anspruches und des pathetischen Pomps, mit dem die Gründung in Szene gesetzt wurde, blieb die Resonanz für amerikanische Verhältnisse bemerkenswert gering.

Helena, ohnehin bitter enttäuscht, daß man ihr nicht selbstverständlicherweise die Präsidentschaft dieser Gesellschaft angetragen hatte, beschloß, Schriftstellerin zu werden. Sie begann mit der Arbeit an *Isis entschleiert,* einem Werk, das den Schlüssel zu allen vergangenen, gegenwärtigen und zukünftigen Glaubensgeheimnissen geben sollte. Abgesehen von den Leseabenteuern in der okkultistischen Bibliothek ihres Urgroßvaters und der wahllosen Lektüre in den Wanderjahren danach, gab es nichts, was sie zu einer solchen universal angelegten religionspsychologischen Studie befähigt hätte. So wurde diese theosophische Erstlingsschrift denn auch zu einem Lehrstück wissenschaftlicher Unredlichkeit. Helena plagiierte hemmungslos, sie nutzte in den seltensten Fällen Originalquellen, sondern zitierte bedenkenlos aus zweiter und dritter Hand — ohne es je eigens zu vermerken. 1400 Bücher werden in dem Werk erwähnt, tatsächlich benutzt hat sie nur jene 100, die zu dieser Zeit in ihrem Besitz waren. Wie nicht anders zu erwarten, das Buch fand, trotz größter Bedenken des Lektors, einen Verleger und wurde, zum Verdruß der Kritiker, ein Publikumserfolg — binnen 10 Tagen war die erste Auflage vergriffen.

Schon während der Arbeit an der *Entschleierten Isis* entschied Helena, daß nicht Ägypten, sondern Indien das eigentliche Mutterland aller geheimen Weisheit sei. Folgerichtig avancierten die Mitglieder ihrer geheimen Bruderschaft in Luxor nun zu Mahatmas, deren unbekannter Hauptwohnsitz fortan in Tibet lag. Mit der ihr eigenen Konsequenz beschloß Helena auch ihre und Henry Olcotts Umsiedlung.

Eine der für sie stets so hilfreichen Schicksalsfügungen wollte es, daß sie über einen aus Indien zurückgekehrten Bekannten Kontakt zu dem Reformer Swami Dayananda

Sarasvati und dem Bombayer Präsidenten seiner Religionsgemeinschaft, Hurrychund Chintamon, bekam. Briefe wurden gewechselt, Höflichkeiten ausgetauscht, beide Seiten fühlten sich durch das gegenseitige Interesse zunächst geschmeichelt. Nachdem Olcott, wenn auch nur widerwillig, zugestimmt hatte und die Finanzierung der Pilgerreise gesichert schien, gingen beide am Morgen des 17. Dezember 1878 an Bord des britischen Dampfers Canada.

Die Überfahrt war schrecklich, unentwegte Stürme ließen selbst einige der Besatzungsmitglieder seekrank werden. Helena Blavatsky allerdings berührte das nicht weiter, sie war ohnehin zu Tode geängstigt. Nach einem Kurzaufenthalt in London setzten sie die Reise mit der altersschwachen und völlig überladenen »Speke Hall« fort. Helena prophezeite einen Schiffbruch — nicht zu Unrecht, denn sechs Jahre später ging das Schiff mitsamt Mannschaft tatsächlich unter. Die Leiden der Überfahrt waren allerdings gering angesichts der Enttäuschung bei der Ankunft. In ihren Briefen an Freunde und Verwandte korrigierte Helena wie immer die ihr widrige Realität zugunsten des eigentlich Erhofften: Eine Prozession singender und tanzender Tempeldienerinnen, so visionierte sie, führte beide auf einem festlich geschmückten weißen Elephanten zum Haus der Arya Samaij, der nationalreligiösen Erneuerungsbewegung unter Swami Dayananda. Tatsächlich wartete niemand. Nach einiger Verspätung kam sichtlich gelangweilt Hurrychund Chintamon, um sie in sein schleunigst geräumtes Haus zu lotsen. Mit der Routine eines gewieften Fremdenführers verzauberte er die asienungewohnten Neuankömmlinge mit einigen gängigen touristischen Attraktionen, um dann den verdutzten Gästen eine existenzbedrohende Rechnung zu präsentieren.

Von der Bruderschaft war zur Enttäuschung Henry Olcotts ohnehin niemand zu sehen, und auch Swami Dayananda zeigte wenig Interesse, diese aufdringlichen religiösen Exoten persönlich kennenzulernen.

Als Helena Blavatsky ihn einige Monate später auf ihrer landesweiten Jagd nach Asketen, Eremiten und anderen heiligen Männern in Allahabad doch noch stellte, ignorierte er, der überzeugte Frauenverächter, seine Verehrerin völlig — was um so peinlicher war, als sie ihn ihren Begleitern als Mitglied der geheimen Bruderschaft vorgestellt hatte. Selbst die rangniederen Heiligen ließen ihre Zauberkunststückchen, mit denen sie eigentlich ihre Berufung hatte unter Beweis stellen wollen, völlig gleichgültig — dergleichen sei »Spielzeug für Unwissende«, wurde sie belehrt. Unverrichteterdinge kehrten sie wieder zurück.

Die ersten Wochen in der Hitze Bombays, das bald darauf im Monsun ertrank, wurden zur Qual. Da sie sich auf ihren eigenen Entschluß hin in keinem der exklusiven Ausländerstadtteile, sondern in einem indischen Bezirk Bombays niedergelassen hatten, machte sich das seltsame Paar zudem der englischen Kolonialverwaltung verdächtig. Man vermutete in Madame Blavatsky eine russische Spionin — ein angesichts ihres tolpatschigen Auftretens durchaus schmeichelhafter Verdacht. Olcott dagegen wirkte selbst auf den übernervösen britischen Geheimdienst nur hilflos — eine Hilflosigkeit, die von Tag zu Tag zunahm, denn ihn plagte angesichts all der widrigen Umstände ein kräftezehrendes Heimweh. Zu seiner Aufmunterung begann Helena das, was sie im Laufe der folgenden Jahre zu einem ausgeklügelten System der Wundererzeugung perfektionierte, Wunder, die sie allesamt mit Hilfe ihrer Hausangestellten inszenierte, um neue Anhänger zu werben und alte bei Laune zu halten. Zunächst belebte sie die geheime Bruderschaft der Mahatmas, die fortan in regen Briefwechsel mit all jenen Anhängern trat, die, sei es aufgrund ihrer Spendenkraft oder ihrer Wankelmütigkeit, einer besonderen Ermunterung bedurften. In vier Jahren verfaßte sie — mit wechselnden Handschriften und Identitäten — über 120 dieser Briefe; sie engagierte Personal, um die Mahatmas von Zeit zu Zeit, wenn das Mißtrauen allzu groß wurde, auch leibhaftig auftreten zu lassen. Ein Kultraum wurde eingerichtet, mit einem Gebetschrein als meditativem Mittelpunkt, der auf Helenas präzise Anweisungen hin mit einer unauffällig verschiebbaren Rückwand versehen worden war, um mühelos die Korrespondenz der Mahatmas oder kleinere Präsente für glaubenswillige Anhänger zu deponieren. Und alle, fast alle, vertrauten ihr, »obwohl«, wie sie einem skeptischen Besucher unerwartet offen eingestand, »alles nur Blendwerk ist. Die Leute glauben zu sehen, was sie eigentlich gar nicht sehen können — das ist der ganze Trick an der Sache«.

Die Mitgliederzahl der eilends gegründeten neuen theosophischen Gesellschaft stieg; auch die indische Intelligenzija wurde allmählich aufmerksam auf diese seltsamen Fremden, die, anders als die englischen Besatzer und deren Missionare, ein ehrliches Interesse für die indische Kultur zeigten. Helena Blavatsky sammelte die ersten Jünger um sich — für viele junge Inder wurde die mütterlich-mächtige Madame ein gleichermaßen erotisches wie religiöses Erweckungserlebnis.

Die Resonanz unter den Einheimischen verstärkte sich noch, als Olcott begann, eine eigene Zeitung herauszugeben: *Om. Der Theosophist,* der sich rasch zu einem publizistischen Zentralorgan nicht nur für Okkultes, sondern für indische Kultur und Philosophie schlechthin entwickelte. Ermutigt durch die zunehmenden Erfolge, weiteten sie die Aktivitäten der Gesellschaft auch auf Ceylon aus — die Besuchsreise wurde zu einem Triumphzug. Die Dankbarkeit der Singhalesen, als Menschen und als Gläubige ernst genommen zu werden, war grenzenlos. Gerührt traten Helena Blavatsky und Henry Olcott zum Buddhismus über — in kolonialistischer Zeit ein unerhörter Schritt, der ihnen zudem, was Helena nur allzubald zu spüren bekommen sollte, den lebenslänglichen Haß der englischen Missionare eintrug.

Aber die Euphorie währte nicht lange — der Ruhm wurde Madame Blavatsky zum Verhängnis. Durch die langsam, aber stetig wachsende Zahl der theosophischen Gesellschaften in aller Welt vermehrte sich auch die Zahl der Kritiker, und wenn die Mehrheit ihrer Anhänger auch treuherzig zu ihr stand, so wurden doch die Ansprüche an ihre Wundertätigkeit und die skeptische Wachsamkeit der Zweifler immer größer. Helena flüchtete angesichts dieser Zumutungen der Realität in ihre Krankheiten. Durch ihren unmäßigen Appetit — ihr Normalgewicht lag bei 245 Pfund — und ihre bewußt statische Lebensweise hatte sie sich schon früh ein schweres Nierenleiden zugezogen. Das mit zeremoniellem Ernst betriebene Kettenrauchen hatte aus dem Hang zur Unbeweglichkeit längst körperliche Unfähigkeit werden lassen, die Gicht plagte sie ohnehin, und so fiel es ihr nicht schwer, bei Bedarf Zustände todesnaher Erschöpfung zu simulieren. Den ersten der daraufhin verordneten längeren Erholungsurlaube verbrachte sie in der Nähe Tibets, der Heimat ihrer Mahatmas — ohne allerdings je die Grenze überschreiten zu können: Das Land ihrer Brudergemeinde blieb ihr verschlossen. In ihren Briefen stellte sich das erwartungsgemäß anders dar: »Ich lebte in einem kleinen Haus am Fuß der Klostermauern [...] und ich verbrachte Stunden in ihrer Bibliothek, die keine Frau betreten darf — ein bewegendes Zeugnis für meine Schönheit und meine vollkommene Unschuld [...].«

Olcott, der unterdessen unermüdlich für die Idee der theosophischen Bewegung warb, wurde von den Ceylonesen beauftragt, mit der englischen Regierung über größere Religionsfreiheiten für die Einheimischen zu verhandeln. Während seiner Reisevorbereitungen erkrankte Helena erneut, und wieder war der ärztliche Rat von der erhofften

Art: einige Monate Ruhe und ein völliger Klimawechsel. Die Einwände des sparsamen Olcott waren vergessen — Madame reiste mit nach Europa. Ihren Zauberschrein ließ sie in der treuen Obhut ihrer Dienerin Emma zurück.

Wider Erwarten war die Überfahrt ruhig. In Frankreich fand sich sofort eine adlige Theosophin bereit, für Helenas Lebensunterhalt aufzukommen. Die russische Kolonie in Nizza empfing die verlorene Tochter mit offenen Armen, und kaum hatte sie sich in ihrer Wohnung eingerichtet, da trafen auch schon die ersten Einladungen der Londoner Anhänger ein.

Voller Genugtuung über diese Ehrenbezeugungen machte sich Helena auf die Reise, aber schon in Paris endete der Triumphzug kläglich. Emma, ihre langjährige Vertraute in Indien, die für ihre treuen Dienste stets nur mit einem Taschengeld abgefunden worden war, empfand jetzt — da sie Helena in sicherer Entfernung wußte — unerträgliche Gewissensbisse, die mittels einer angemessenen Belohnung durchaus noch zu besänftigen gewesen wären, aber man unterschätzte die Gefahr. Und so gab Emma in der Redseligkeit ihres Geständniszwangs alle treu gehüteten Geheimnisse preis: die sorgfältig einstudierten Tricks, mit denen all die Wunder inszeniert worden waren, die verschiebbare Rückwand des heiligen Schreins, die selbstverfaßten Briefe der tibetanischen Mahatmas — das ganze Lügengebäude Helena Blavatskys fiel in sich zusammen.

Helena, voll Entsetzen über diese Treulosigkeit, beging einen weiteren folgenschweren Fehler: Sie schrieb Emma und flehte sie an, sie nach all den gemeinsamen Jahren nicht so schmählich im Stich zu lassen. Hocherfreut nahm Emma dieses schriftliche Schuldeingeständnis in Empfang und verkaufte es an Reverend George Patterson, den Herausgeber des *Christian College Magazines* — eine Gelegenheit, auf die die von Madame Blavatsky so häufig und gern verhöhnte christliche Gemeinde in Indien sehnsüchtig gewartet hatte. Auch wenn sich noch einige unbeirrbare Verteidiger fanden, die an der Echtheit der Briefe zweifelten — Helenas Ruf war ruiniert.

Um ihre Kritiker zu beschämen, stürzte sie sich in die Arbeit an einem neuen, auf mehr als biblischen Umfang angelegten Werk, das ihrer Lehre die letzte, kanonische Gestalt geben sollte, aber der Niedergang ihres Ruhms schien unaufhaltsam. Eine Forschungsgruppe für Parapsychologie, deren Gründung sie einst selbst begrüßt hatte, begann die Aktivitäten ihrer Gesellschaft auf ihre Glaubwürdigkeit hin zu prüfen. Das endgültige Urteil war vernichtend: Henry Olcott attestierte man eine an Debilität grenzende kindliche Leichtgläubigkeit, die ihn als Opfer religiöser Hörigkeit erscheinen ließ, während Helena als die eigentliche skrupellose Drahtzieherin des theosophischen Betrugs bloßgestellt wurde. Ihre außerordentliche Intelligenz erkannten die Untersucher zwar respektvoll an — aber da man ihr nicht zutraute, aus ehrenwerten Motiven heraus gehandelt zu haben, erneuerte man den Verdacht, sie sei eine russische Spionin. Diese absurde Vermutung nahm dem Forschungsbericht zwar wieder einiges von seiner Überzeugungskraft, aber die Wirkung war auch so verhängnisvoll genug: Olcott dachte an Selbstmord, Helena versank in Selbstmitleid.

»Wenn Sie nur wüßten«, so hatte sie einst einem ihrer Besucher gegenüber mit jener zynischen Indiskretion geprahlt, die sie sich gelegentlich als Entschädigung für ihre unentwegte Selbstdisziplin gönnte, »wie die Löwen und Adler in allen Teilen der Welt auf mein Pfeifen hin sich in Esel verwandelt haben und gehorsam mit ihren langen Ohren wackelten [. . .]« — damit schien es nun ein Ende zu haben.

Madame Blavatsky reiste nach Indien zurück, aber sie vermochte nichts mehr auszurichten. Angesichts all dieser Widrigkeiten setzte sie kurzentschlossen ihren letzten Willen auf, ordnete ihre Begräbnisfeierlichkeiten und legte sich zum Sterben nieder. Aber ihre gekränkte Eitelkeit ließ sie nicht zur Ruhe kommen — und diese vitalisierende Wut wuchs noch, als ihr selbst Olcott riet, Indien zu verlassen, um die Bewegung nicht vollends zu diskreditieren.

Am 31. März 1885 wurde sie an Bord eines Dampfers nach Neapel getragen. Ohne größere Geldreserven war sie gezwungen, sich in einem kleinen Ferienort am Fuße des Vesuv niederzulassen. Von hier aus nahm sie den Kampf gegen ihre Kritiker auf. Sie schrieb Briefe, in denen sie ihre offensichtliche Schuld derart fadenscheinig leugnete, daß sie sich nur noch mehr verdächtig machte. Sie vergraulte ihre enttäuschten Freunde mit barschen Tiraden über deren Treulosigkeit, sie klagte Gott und die Welt der Herzlosigkeit an, um nicht über ihr eigenes Versagen ins Grübeln zu kommen. Und sie setzte die Arbeit an ihrem Hauptwerk fort. Aber sie haßte Italien, sie verabscheute Pasta. Sie wollte zurück nach Rußland — ohne dort willkommen zu sein. So fiel ihre Wahl überraschend genug auf Würzburg, wo sie einst mit Metrovitch glückliche Tage verbracht hatte. Im August 1885 kam Madame Blavatsky in der bischöflichen Residenzstadt an, mietete eine Suite in einem der besten Häuser der Stadt, wie immer voller Zuversicht, daß ein anderer die Rechnung begleichen würde.

Während der nächsten Monate verließ sie ihr Zimmer nicht, die Fenster blieben geschlossen, dichter Zigarettenqualm hüllte alles in ein undurchdringliches Grau. Madame Blavatsky brütete über ihrem Werk. Daß sie diese Zeit in Deutschland seelisch und finanziell überstand, verdankte sie wie so oft einer beschäftigungslos umherirrenden Aristokratin. Constance Wachtmeister, die junge, aber heiratsunwillige Witwe eines schwedischen Grafen, ließ ihr jene sklavische Fürsorge zukommen, die Helena als schöpferische Stimulanz so notwendig brauchte. Um so mehr, als die Zahl der Treulosen wuchs und wuchs. Selbst ihre beiden indischen Musterschüler, die sie nach Europa begleitet hatten, fielen von ihr ab: Babaji verriet in aller Öffentlichkeit ihre Zaubertricks, und Mohini, von Oskar Wilde seiner Schönheit wegen bewundert, rief sich selbst als Messias aus, verhöhnte seine Gönnerin als Hexe und, Gipfel der emanzipatorischen Revolte, widerrief sein Keuschheitsgelübde — nicht zuletzt deshalb wurde er zur allseits begehrten Attraktion der Pariser Salonschönheiten.

Helena vereinsamte. Die Heimkehr nach Indien war ihr verboten, in England wie in Frankreich spottete man über sie, selbst in Würzburg kursierten erste Gerüchte. Anfang Mai flüchtete sie weiter in das ihrer Hoffnung nach gastfreundlichere Belgien. In Ostende, einem der luxuriösesten Badeorte der damaligen Zeit, mietete sie wie gewohnt eine viel zu teure Unterkunft. Aber Neujahr 1887 verbrachte sie das erste Mal in ihrem Leben allein. Die Einsamkeit trieb sie an den Rand eines Nervenzusammenbruchs — aber allen zum Trotz arbeitete sie weiter. Und das Schicksal besann sich eines Besseren: Zwei eigens angereiste Anhänger überredeten die Unbewegliche zur Übersiedlung nach London — wozu es keiner großen Überzeugungskraft bedurfte, da sie aufgrund ihrer finanziellen Misere jede Einladung annehmen mußte.

Und die gute Gesellschaft, die sich noch vor kurzem über sie mokiert hatte, lag ihr nun zu Füßen. Die Theosophie wurde Mode. Während sich viele der alten Anhänger längst enttäuscht von ihr abgewendet hatten, verehrte sie eine ebenso gedächtnisschwache wie begeisterungsfähige Jugend als Prophetin — zumindest für eine Saison. Ein Strom von Besuchern drängte sich durch ihr schlecht belüftetes Empfangszimmer, das sie nur noch in Notfällen verließ. Yeats, der ewig Umherirrende, machte ihr seine Aufwartung; seine irischen Dichterkollegen Wright, Moore und Russell zeigten sich fasziniert von ihrer religiösen, mehr noch ihrer poetischen Erfindungskraft. Und Madame ließ sich die Verehrung dieser jungen Talente, deren Genie sie durchaus zu würdigen vermochte, nur allzugern gefallen. Als eines Tages allerdings ein schmächtiger indischer Student der Rechte schüchtern an ihr vorbeidefilierte, da versagte ihr psychologisches Gespür. Mohandas K. Gandhi, der einzige Mahatma, dem sie je begegnete, wurde von ihr übersehen.

Im Herbst 1888 erschien ihr Hauptwerk *Geheimlehre,* das in poetischer Breite die Geschichte der Menschheit aus theosophischer Sicht neu erfindet — und ihre stetig wachsende Gemeinde nahm diese »Bibel der Unwissenschaftlichkeit« ungeachtet aller hämischen Kritiken begeistert auf.

Und als wollte das Schicksal ihr vollends den Abschied erleichtern, löste sich auch das in ihren Augen drängendste Problem der theosophischen Bewegung: die Frage der Nachfolge. Annie Besant — eine Frau von keinem geringeren Format als Madame Blavatsky selbst, eine der ersten Frauenrechtlerinnen, Vorkämpferin der Geburtenkontrolle, berühmt als Agitatorin wie als Schriftstellerin, brüskierte ihre Anhänger und Freunde, ruinierte ihre publizistische Karriere und wurde Theosophin.

Es war der letzte und beeindruckendste Beweis ihrer Ausstrahlungskraft, den Madame Blavatsky mit dieser Bekehrung gab. Denn es war nicht die Theosophie, die Annie Besant in ihren Bann zog, es war die Persönlichkeit Helenas, die unbeweglich wie ein Buddha in ihrem Zimmer thronte, über und über mit Zigarettenasche besudelt, fett, greisenhaft, dem Tode nah, aber noch immer stark genug, ihre Zöglinge in einen Schutzmantel mütterlicher Geborgenheit zu hüllen. Und je näher der Tod kam, desto sicherer war sich Helena ihrer Sache, desto größer war die Zuversicht, die sie ausstrahlte: Alles, was sie in ihrem Leben zusammengefabelt hatte, schien ihr nun, kraft des Glaubens ihrer Anhänger und mehr noch kraft des eigenen Glaubens, als wahr.

Der Winter des Jahres 1890 begann ungewöhnlich früh. Wie immer verschanzte sich Helena gegen Kälte und

Krankheit in ihrem Zimmer. Sie öffnete die Fenster erst wieder, als es Frühjahr geworden war. Am 8. Mai 1891 starb Helena Petrovna Blavatsky im sicheren Bewußtsein, der Menschheit einen großen Dienst erwiesen zu haben, an einer Grippe.

VIII

Der gottloseste Mensch des Jahrhunderts
Edward Aleister Crowley
12. 10. 1875 bis 1. 12. 1947

Das Mysterium des Frosches: Fange den Frosch schweigend und halte ihn eine Nacht lang in einer Truhe oder Kiste gefangen. »Unter mancherlei Ehrerbietung dann sollst Du den Frosch befreien und ihm scheinbar die Freiheit schenken. Zum Beispiel kannst Du ihn unter einem Netz auf eine bunte Steppdecke setzen. Nun nimm eine Schüssel Wasser und nähere Dich dem Frosch mit den Worten: Im Namen des Vaters & und des Sohnes & und des Heiligen Geistes [. . .] taufe ich Dich, o Kreatur der Frösche, auf den Namen Jesus von Nazareth. Im Verlauf des Tages sollst Du den Frosch ehren, wann immer sich eine Gelegenheit bietet. Und Du sollst ihn um allerlei Wunder bitten, was immer Dein Herz begehrt [. . .]. Auch sollst Du dem Frosch versprechen, daß er auffahren werde gen Himmel, wie es ihm zukomme. Während all dessen sollst Du heimlich ein Kruzifix schnitzen, auf daß er gekreuzigt werde. Bei Anbruch der Nacht sollst Du den

223

Frosch festnehmen und mit diesen Worten der Gottes-
lästerung, Aufwiegelung und dergleichen mehr anklagen:
Tu, was Du willst, sei das Gesetz. [...] Zeit meines
Lebens hast Du mich geplagt und beleidigt. In der Jugend
hast Du mich gefoltert, wie alle freien Seelen der Christenheit. Keine Freude war mir vergönnt. [...] Endlich bist
Du in meiner Gewalt, Sklavengott, in der Gewalt des
Herrn der Freiheit bist Du. Deine Stunde ist gekommen.
[...] Mir gebührt Dein Platz, o Jesus, Dein Äon ist vorbei
und vergangen. [...] Sodann wird das Urteil vollstreckt.
Nach der Verhöhnung des Gekreuzigten [...] sollst Du
den Frosch mit dem Dolch der Kunst ins Herz stechen und
dabei sagen: In meine Hände empfange ich Deinen Geist.
Dann sollst Du den Frosch vom Kreuz abnehmen und in
zwei Teile teilen. Die Beine sollst Du kochen und als
Sakrament verzehren zum Zeichen des Paktes mit dem
Frosch. Den Rest verbrenne vollständig, damit endgültig
beendet werde das Zeitalter des Verfluchten.«

Tatsächlich vollzog sich der Machtwechsel zunächst
ohne größeres Aufsehen. Edward Aleister Crowley, der
Antichrist, kam am 12. Oktober 1875 in Leamington,
Warwickshire, einem Ort nahe Stratford-on-Avon zur
Welt: »Ein sonderbarer Zufall« — sinnierte er rückblik-
kend —, »daß eine kleine Grafschaft die zwei größten
Dichter Englands hervorbringen sollte — denn man darf
Shakespeare nicht vergessen.«

Edwards Vater war ein reicher Braumeister und bigotter
Sektierer, die Mutter »eine hirnlose Frömmlerin der eng-
stirnigsten, zwanghaftesten und unmenschlichsten Art«,
wie er im Alter nüchtern vermerkte. Beide erzogen ihren
Erstgeborenen mit puritanischer Strenge. Und der Erfolg
schien ihnen recht zu geben: Getreu den Direktiven seiner
fanatisierten Eltern visionierte sich der kleine Edward früh
als Ritter Christi und Engel der Apokalypse, berufen, im
späteren Erwachsenenalter die Sünden der Welt mitsamt
ihren Urhebern hinwegzunehmen. Die Offenbarung des

Johannes wurde seine Lieblingslektüre. Zur arglosen Zufriedenheit aller schauderte es ihn ungemein vor all den endzeitlichen Höllenqualen und Jenseitsfoltern, aber je näher die Pubertät kam, desto größeres Wohlbehagen schlich sich in das Entsetzen, desto leidenschaftlicher wurden seine Sympathien für die sündhaften, aber lebenslustigeren Gegenspieler des Herrn. Weitaus am berückendsten unter allen Verworfenen schien ihm die »große Buhlerin, [...] mit der die Könige der Erde Unzucht getrieben haben«. »Und ich sah«, offenbart Johannes, »ein Weib auf einem scharlachroten Tier sitzen, das voll gotteslästerlicher Namen war und sieben Köpfe und zehn Hörner hatte. Und das Weib war angetan mit Purpur und Scharlach und übergoldet mit Gold und Edelsteinen und Perlen, und sie hatte einen goldenen Becher in der Hand, voll von Greueln und dem Schmutz ihrer Unzucht, und an ihrer Stirne stand ein Name geschrieben, ein Geheimnis: ›Das große Babylon, die Mutter der Buhlerinnen und der Greuel der Erde.‹«

Crowley war hingerissen — und keineswegs gewillt, diese himmlische Erscheinung allegorisch verflüchtigen zu lassen. Die Frau in Scharlach wurde seine erste Liebe — und seine letzte: Alle Frauen, die er seiner für würdig hielt, ehrte er fortan mit diesem Titel. Und er selbst — in erregter Erwartung all der unaussprechlichen Freuden — erkannte sich als ihr Ritter und Reittier, als die Bestie 666: »Und ich sah aus dem Meer ein Tier heraufkommen, das zehn Hörner und sieben Köpfe hatte und [...] auf seinen Köpfen gotteslästerliche Namen. [...] Und es wurde ihm ein Maul gegeben, das große Worte und Lästerungen redete [...]. Und es tat sein Maul auf zu Lästerungen gegen Gott [...]. Und es wurde ihm gegeben, ›Krieg zu führen mit den Heiligen und sie zu besiegen‹; und es wurde ihm Macht gegeben über alle Geschlechter und Völker und Sprachen und Nationen. Und anbeten werden ihn alle Bewohner der Erde [...].«

Crowleys Berufswunsch stand fest. Sein Vater legte ihm keine Hindernisse in den Weg — er starb früh an Zungenkrebs. Seine Mutter hatte ihn nach seinem nächtlichen Sündenfall ins Dienstmädchenzimmer ohnehin aufgegeben. Aus der sekteneigenen Schule wurde er gleichfalls verstoßen — er hatte versucht, einen Mitschüler zu verführen. Edward ließ sich das eine Lehre sein und ging fortan zu Prostituierten, was ihm seine erste Geschlechtskrankheit einbrachte.

Crowley war schon in jungen Jahren eine durch und durch faustische Natur. Zumindest in seinen Augen. Ein unbezähmbarer Trieb zwang ihn, allen Dingen auf den Grund zu gehen, auch wenn es sich nur um so alltägliche Mysterien wie die redensartliche Legende von den neun Leben einer Katze handelte: »Ich fing mir eine Katze und, nachdem ich ihr eine große Dosis Arsen verabreicht hatte, chloroformierte ich sie, hängte sie über den Gasherd, erstach sie und schnitt ihr die Kehle durch, drückte ihr den Schädel ein und ertränkte sie, nachdem ich sie sorgfältig verbrannt hatte. Dann warf ich sie aus dem Fenster, damit der Aufprall das neunte Leben nähme. Die Operation gelang. Mit dem Tier hatte ich echtes Mitleid und mußte mich zu diesem Experiment im Interesse der Wissenschaft regelrecht zwingen.«

Mit 20 Jahren wurde Crowley in Cambridge als Student der Geisteswissenschaften aufgenommen. Er übte sich im Dichten und Bergsteigen — worin er es dank ausgiebiger Alpenaufenthalte zu erstaunlichen Fertigkeiten brachte —, kokettierte mit seinen Kommilitonen und ergab sich der Magie. Über seine Berufung war er sich keinen Moment im Zweifel: »Es ist meine ewige Mission, das Universum zu dem Zustand trunkener Unschuld und spiritueller Sinnlichkeit zu erlösen.« Bei einem seiner Bergsteigerurlaube traf Crowley einen Landsmann mit ähnlichen Neigungen, der ihn nach ihrer Rückkehr in den »Golden Dawn«-Orden, einen Ableger der »Rosenkreuzer« einführte, dessen Ziel es war, mit jenen »Geheimen Oberen« in Kontakt zu kommen, die insgeheim über die Menschheit wachen und alle Geheimnisse des Universums hüten. Wie alle anderen Geheimgesellschaften lebte auch diese von der Magie des Rituals, des Kostümzaubers und der sorgsam gestuften Hierarchie. Die esoterischen Praktiken selbst waren so umständlich wie wirkungslos.

Crowley durfte sich nach erfolgreicher Initiation und pünktlicher Erstattung des Mitgliedsbeitrages fortan Bruder Perdurabo nennen, ein Name, der ihm die Pflicht auferlegte, bis zum bitteren Ende auszuharren — es war die einzige Weisung, an die sich Crowley zeit seines Lebens halten sollte. An der Spitze der Ordenshierarchie standen der Tempelmeister, der Magus und der für Sterbliche kaum zu erreichende und daher unbesetzte Grad des Ipsissimus, des Gottgleichen, den Crowley baldmöglichst einzunehmen gedachte. Nach eigenem Dafürhalten machte er dabei so rasche Fortschritte, daß er beschloß, in seiner Freizeit als Magier zu praktizieren. Er mietete sich eine kleine Wohnung in der Londoner City und richtete Tempelräume ein, einen für Schwarze und einen für Weiße Magie. Der weiße Raum war mit Spiegeln tapeziert, im schwarzen standen ein Altar, »der von einer schwarzen Elfenbeinstatue getragen wurde, die einen nackten Neger im Handstand darstellte«, und ein Skelett, dem Crowley hin und wieder Leben einzuflößen versuchte. Unter Anleitung eines älteren Ordensbruders übte er sich in allerlei spirituellen Exerzitien, aber so erfolglos, daß er sich bereitwillig mit auf die Suche nach jener Droge begab, die den Schleier der Isis, der die Geheimnisse der Welt verbirgt, lüften sollte. Beide begannen mit Opium, Haschisch und Kokain zu experimentieren — und hatten Erfolg: je intensiver der Konsum, desto farbenprächtiger die mystischen Visionen.

Mit Beginn des neuen Jahrhunderts zog sich Crowley nach Schottland zurück, um sich in einem kleinen Ort nahe

Loch Ness in der Kunst der pharmazeutischen Geister-
beschwörung zu perfektionieren. Bald wimmelte es in
seinem Haus von Gespenstern und Dämonen, was, wie er
stolz vermerkte, allerlei Unheil in seiner Umgebung ver-
ursachte: Der Kutscher wurde zum Trinker, die Haushäl-
terin verschwand eines Tages, ohne Nachricht zu hinterlassen, und der Dorfmetzger durchtrennte sich beim Bra-
tenschneiden die Oberschenkel-Arterie und verblutete.
Aber das Landleben langweilte Crowley nach wenigen
Wochen, und da man in London angesichts seiner wenigen
pornographischen Verse nicht gewillt war, ihn als Dichter
anzuerkennen, ihm vielmehr die Polizei wegen Beischlaf-
diebstahls nachzustellen begann, entschloß er sich kurzerhand, nach Mexiko zu reisen. Er mietete sich eine eingebo-
rene Mätresse und erprobte allerlei magische Rituale, um
bei Bedarf unsichtbar zu werden. Erfolgreich: Sein Spiegelbild begann zu verblassen, und er konnte hellichten
Tags unbemerkt durch die Straßen von Mexiko-Stadt
gehen, was in der Mittagshitze allerdings nicht allzuviel
Transparenz erforderte.

Nach einem kurzen, aber ungemein ekstatischen Zusam-
mentreffen mit einer syphilitischen Prostituierten schrieb
er binnen 67 Stunden ein Tannhäuser-Drama, dessen
brünstiger Pomp dem schwerfälligen Pathos Wagners
durchaus ebenbürtig ist. Crowley zeigte zeitlebens keine
Scheu vor Geschmacklosigkeiten und Geschlechtskrank-
heiten aller Art, im Gegenteil, er hielt es — wie sein später
Nachfahre Dr. Faustus — für »begrüßenswert [...], wenn
jeder Mann mit dem Virus durchdrungen wäre, damit die
Pflege des individuellen Genius erleichtert würde«. Zwecks
spiritueller Kompensation der allzu ausgiebig praktizierten
Sexualmagie bestieg er zum Jahreswechsel den Popocaté-
petl und den Ixtaccihuatl. Die Reanimationskur hatte
Erfolg — mit unverhohlener Freude vernahm Crowley
nach seiner Rückkehr die Nachricht vom Tode der Königin
Viktoria.

Wenige Monate später reiste er über Hawaii nach Japan und Ceylon. Einige Wochen übte er sich in Yoga und Großwildjagden, bevor es ihn auf Einladung eines Bergsteigerfreundes nach Indien zog, wo er den 8611 Meter hohen K2, den zweithöchsten Berg der Welt, zu besteigen gedachte. Das Unternehmen stand von Beginn an unter einem unglücklichen Stern. Noch während der Anreise war Eckenstein, der Geldgeber und Expeditionsleiter, seines verdächtigen Namens wegen von der britischen Kolonialregierung kurzfristig als preußischer Spion interniert worden, dann wiederum drohte Crowley sich zurückzuziehen, weil er seine lyrische Handbibliothek nicht bis zu den Basislagern mitführen durfte — angesichts von 170 Trägern ein unzumutbares Verbot, wie Eckenstein schließlich zugeben mußte. Auf 5620 Meter Höhe richtete die Vorausmannschaft unter Crowleys Führung das Lager X ein. Er schlug den Aufstieg über den Südostgrat vor, jenen Weg, den auch spätere Expeditionen nehmen sollten. Der erste Versuch scheiterte in einem Blizzard. Crowley wurde zeitweise schneeblind. Gegen seinen Rat verlegte man das Lager auf 6500 Meter Höhe, um einen Aufstieg über den Nordostgrat zu versuchen. Nach erreichten 7200 Metern kehrte die Expedition um. Crowley selbst hatte im Basislager zurückbleiben müssen, er war an Malaria erkrankt. Anfang August wurde das Unternehmen abgebrochen.

Im Herbst 1902 kehrte Crowley über Ägypten nach Frankreich zurück. Er traf mit seinem alten Ordensführer zusammen, der sich allerdings völlig unbeeindruckt von den touristischen Eskapaden seines einstigen Meisterschülers zeigte und keineswegs bereit war, ihn umgehend zum Magus zu weihen. Entrüstet beschloß Crowley die Gründung eines eigenen Ordens.

In den Bohemelokalen von Paris traf er mit Auguste Rodin, Marcel Schwob und Sommerset Maugham zusammen, der ihn zum Vorbild für seinen diabolischen Magier in dem gleichnamigen Roman nahm, was wiederum Crowley ungemein schmeichelte: »*Der Magier* war eine Hymne an mein Genie, wie ich sie mir besser nicht hätte träumen können.« Da aber auch in Paris niemand seine Talente als Dichter zu schätzen bereit war, kehrte er wieder nach Schottland zurück, um Dämonen zu beschwören und die Statuten seiner künftigen Gemeinde auszuarbeiten. Kaum angekommen, beklagte er sich angesichts des augenfälligen Elends der Prostitution bei der Vigilance Society, einer moralischen Bürgerwehr, und stellte eine bedeutende Summe zur Beseitigung des meditationshemmenden Notstandes in Aussicht. Als die Gesellschaft aufgeregt einen Beobachter entsandte, der trotz aller Anstrengungen nichts Skandalöses zu rapportieren vermochte, antwortete Crowley postwendend: »Ins Auge fallend durch Abwesenheit, ihr Narren!«

Zur Erholung von den Mühen der Magie und der Monotonie des Landlebens besuchte er einen alten Studienfreund, Edward Kelly, später Präsident der Royal Academy, der sich in familiären Schwierigkeiten befand, da seine der Einsamkeit allzu überdrüssige Schwester gleich zwei Verlobten die Ehe versprochen hatte. Crowley bot sich Rose als lachender Dritter an, und sie, fasziniert von seiner gewissenlosen Virilität, willigte nach kurzer Bedenkzeit ein. Der Bruder war entsetzt, die Braut überglücklich, zumal Crowley versprochen hatte, keinerlei unsittliche Ansprüche zu stellen. Wie erhofft brach er sein Wort bei erstbester Gelegenheit. Man verbrachte etliche stürmische Hochzeitsnächte auf seinem schottischen Landsitz und fuhr dann weiter in die Flitterwochen nach Ägypten, wo sich beide eine Nacht in die Pharaonengruft der großen Pyramide einschließen ließen, um durch einen Akt der Sexualmagie Thoth, den Gott der Weisheit, herbeizurufen. Angesichts der inspirierenden Atmosphäre und der niedrigen Rauschgiftpreise beschloß Crowley, sich ganz in

Kairo niederzulassen. Er nannte sich fortan Fürst Chioa Khan, trug einen Turban, ein Gewand aus goldglänzender Seide und ließ sich, stets begleitet von zwei Herolden, mit seiner Frau in der Stadt umherfahren, um seine neuen Untertanen zu grüßen. In den Abendstunden beschwor er den falkenköpfigen Gott Horus, der ihm auf seine Anfrage hin bestätigte, daß eine neue Epoche der Menschheitsgeschichte begonnen habe, zu deren Prophet Crowley benannt worden sei. Wenig später erschien ihm der Teufel selbst und diktierte ihm die erhofft skandalträchtige Botschaft: »Zertrete die Verdammten & die Schwachen: so will es das Gesetz der Starken.« Des weiteren riet er ihm, aller Sittlichkeit abzuschwören und sich ruhigen Gewissens all das zu gönnen, wonach ihm schon immer der Sinn gestanden hatte: »Mich zu ehren, sollst Du Wein und fremde Drogen nehmen [. . .]. Es gibt kein Gesetz außer: Tu, was Du willst. [. . .] Sei stark, Mensch! und voller Lust. Genieße alles Sinnliche und Wollüstige und fürchte nicht, daß ein Gott dich dafür straft.«

Crowley war angenehm überrascht, den Teufel so vollkommen auf seiner Seite zu wissen, und übernahm seine Ratschläge als Evangelium des neuzugründenden Ordens. Die ägyptische Mission war damit beendet. Crowley kehrte nach Schottland zurück und schrieb Gedichte, um all des Erlebten Herr zu werden. 19 Bände erschienen im Lauf der Jahre — Käufer fanden sich zunächst nur für die pornographischen.

1905 unterbrach er sein einsiedlerisches Leben, um den zweithöchsten und gefährlichsten Berg des Himalaya, den Kangchendzönga, zu besteigen. Wie zu erwarten scheiterte die Expedition. Crowley hatte sich binnen kurzem mit allen Teilnehmern zerstritten. Die Träger, auf sein ausdrückliches Geheiß hin barfuß aufs Gletschereis gezwungen, begannen zu meutern. Die ausgewählte Route erwies sich als ungangbar. Vier Teilnehmer kamen in einer Schneelawine ums Leben, ohne daß Crowley ihnen zu Hilfe gekommen wäre. Sein Ruf als Bergsteiger war ruiniert, und er unternahm zeitlebens nichts mehr, sein Versagen durch eine neue Expedition vergessen zu machen: Der Kangchendzönga hatte ihn das Fürchten gelehrt.

Nicht zuletzt aufgrund seines alpinistischen Desasters beging Crowley seinen 30. Geburtstag äußerst mißmutig. Sein bisheriges Leben schien ihm schal, ihn dürstete nach Sensationen: »Ich will Blasphemie, Mord, Vergewaltigung, Revolution, irgend etwas. Egal, ob gut oder schlecht, nur stark.« Im Gegensatz zu den meisten seiner Schriftstellerkollegen, die sich mit lebensphilosophischen Absichtserklärungen begnügten, war es Crowley ernst. Ungelaunt verfaßte er einige obszöne Versdichtungen, die er einem bis dahin unbekannten persischen Dichter zuschrieb, und vertrieb sich ansonsten die Zeit mit Prostituierten und Lustknaben. Auf einem dieser nächtlichen Streifzüge durch die Slums Kalkuttas überfielen ihn Straßenräuber, zwei von ihnen erschoß er, dann löste er sich in Luft auf. Zumindest den Mord bestätigten die Zeitungen. Die Behörden begannen zu ermitteln. Crowley floh mit Frau und Kind nach China. Aus Verzweiflung über die Ereignislosigkeit seines Daseins begann er erneut mit Drogen zu experimentieren. Binnen 5 Stunden rauchte er 25 Opiumpfeifen — ohne Wirkung. Er hatte vergessen zu inhalieren. Seiner Familie überdrüssig, reiste er schließlich allein über New York nach England zurück, wo ihn bald darauf die Nachricht vom Tod seiner Tochter erreichte. Weit davon entfernt, sich durch Gewissensbisse zu grämen, beschuldigte er Rose, das Kind ins Grab gebracht zu haben. Sein früherer Diener dagegen vermutete, daß »Nut Ma Ahathoor Hecate Sappho Jezebel Lilith« — so der Name der Kleinen — an »akuter Nomenklatur« gestorben sei.

Rose kehrte nach England zurück und gebar ihm eine zweite Tochter. Aber Crowley hatte anderes im Sinn als ein geruhsames Familienleben. Er wollte dem Geheimnis des Seins auf die Spur kommen, und George Mantagu, der 7. Earl of Tankerville, half ihm dabei. Der alkohol- und drogensüchtige Lord litt unter Verfolgungswahn und fürchtete, von den Frauen seines Hauses verhext zu werden. Crowley bestärkte ihn in seiner Angst, und gemeinsam flohen sie nach Marokko, um sich bald darauf im Unfrieden zu trennen. Ob der Lord von seinem Wahn geheilt wurde, ist zweifelhaft, aber er hatte zumindest gelernt, daß es Schlimmeres auf der Welt gab: »Ich habe die Nase voll von Ihren Lehren-Lehren-Lehren-Lehren, als wären Sie der Allmächtige Gott und ich ein Stück Scheiße.« Zweifelsohne war genau das Crowleys Überzeugung.

1907 gründete Crowley seinen AA-Orden, für den er im Laufe der nächsten Jahre 88 Mitglieder warb. Adepten zu finden, weibliche wie männliche, fiel ihm nie sonderlich schwer. Seine stets mit einem diabolischen Lächeln vorgetragene Losung »Widerstehet nicht dem Bösen« gefiel, zudem bot er ein ansprechendes Äußeres, genialische Exzentritäten und beliebig viele Versprechungen der unglaublichsten Art, was seine Jünger mit bedingungsloser Hingabe und großzügigen Spenden honorierten. Für gewöhnlich praktizierte man im ordenseigenen Tempel allerlei magische Rituale, um sich der Zuneigung der Höllengeister und Dämonen zu versichern, und übte sich ansonsten im kollektiven Beischlaf, dessen für viele der viktorianisch erzogenen Mitglieder ohnehin ungewohnte Wonnen durch Zugabe von Drogen in paradiesische Lusthöhen gesteigert wurden: »Einmal kam der Gott in Menschengestalt zu uns [. . .] und blieb, deutlich wahrnehmbar für alle, fast eine Stunde bei uns. Erst als uns die Ekstase des engen Kontakts mit der Gottheit physisch erschöpft hatte, entschwand sie. Wir sanken in eine sublime Ohnmacht, und als wir wieder zu uns kamen, war er verschwunden.«

Crowleys Orgien fanden großen Anklang. Während er sich rastlos mit seinen Adepten in der Gottesliebe übte, verfiel seine Frau der Trunksucht. 1909 ließ er sich scheiden. Rose wurde bald darauf in eine Nervenklinik eingewiesen und für geisteskrank erklärt. Crowley suchte sich eine Geliebte und begann mit Heroin zu experimentieren. Die bewußtseinserweiternde Wirkung dieser noch kaum erforschten Droge verhalf ihm zum so lang ersehnten Eintritt in die Astralebene. Zum Dank verfaßte er eine Neudichtung der *Riten von Eleusis,* deren szenische Inszenierung jedermann ungeahnte religiöse Ekstasen versprach, sofern er Eintritt zahlte. Der Andrang war gering.

Seine Geliebte, Mary d'Este, eine Freundin der Tänzerin Isadora Duncan, schulte sich Crowley mit Hilfe großzügig verabreichter Stimulantien zum magischen Medium. Gemeinsam reiste man durch Europa und zelebrierte okkulte Messen in teuren Hotelsuiten. Nachdem die Möbel beiseite geräumt und Platz für die heiligen Geräte und die Sitzplätze der Geister geschaffen waren, stimmte Crowley für gewöhnlich einen Introitus an, den er einst auf einem ägyptischen Papyrus gelesen hatte: »Höre mich an und mach mir alle Geister untertan; auf daß mir gehorche jeder Geist des Firmaments und des Äthers, zu Land und zu Wasser, des Sturmwindes und der Feuersbrunst; auf daß mir untertan seien Gelübde und Geißeln Gottes.

Dich beschwöre ich; schrecklicher und unsichtbarer Gott, der du wohnst in der Leere des Geistes:

Arogrograbrao: Sothou:

Moderio: Phalarthao: Doo: Apé, Ungeborener.«

Sei es, daß die Namen falsch tradiert worden waren oder die Leere des Geistes bzw. die Trunkenheit des Mediums eine allzu vollkommene war, der Gott erschien zunächst nicht. Statt dessen erging sich das Medium in hilflosem Gestammel, dem Crowley vergeblich Sinn zu unterlegen suchte. »Ist es die Schuld der Seherin oder Perdurabos, daß diese Kommunikation so schwachsinnig ist? (Pause) Oder seine eigene.« Der Gott antwortete: »Wenn du neun übersetzen könntest, fändest du alles nicht mehr so sinnlos.« Crowley fühlte sich veralbert.

»Seherin, erregt: ›eine halbe Flasche Pommery 1904 plus Eros.‹ [...] Gegen Ende schrie Seherin inmitten ihres Stöhnens ›Das Tier!‹« Crowley war geschmeichelt. »›Beschreibe Das Tier.‹ [...] ›Großer Gott! Es ist tollwütig. Wie ein Stier, und zwischen den Hörnern ist ein drittes (stöhnt), rundes.‹«

Artikulierteren Äußerungen Marys entnahm er, daß er auf Geheiß der Götter ein Lehrbuch der Magie zu schreiben hatte, zu dessen Finanzierung sie ihre Perlenkette würde opfern müssen, was sie auch widerspruchslos tat — nachdem das Geld verbraucht war, setzte sie sich allerdings entnervt nach Paris ab. In sentimentaler Rückerinnerung an gemeinsame meditative Wonnen schrieb Crowley eine pornographische Ode auf die englische Königin, in »Privatauflage für Distinguierte Personen«, die er in Frankreich setzen ließ und nach London schmuggeln wollte. Der englische Zoll beschlagnahmte die Druckstöcke und ließ sie zerstören.

Im Sommer 1913 organisierte Crowley — mehr aus erotischen denn aus finanziellen Interessen — für die Londoner »Ragged Ragtime Girls« eine Tourneereise nach Moskau. Sie wurde ein Desaster — für die Mädchen, nicht für Crowley. Er verstand es, sich über alle Widrigkeiten mit seiner neuen Geliebten, einer jungen Ungarin namens Anny Ringler, hinwegzutrösten. »Anny hatte schon längst jenes Stadium überwunden, in dem das Wort Genuß irgendeinen Sinn hat. Nur durch körperliche Schmerzen konnten Gefühle in ihr geweckt werden. Ich behandelte sie extrem grausam und ganz nach ihren Wünschen.«

Crowley war dank seiner unersättlichen Wißbegierde in allen Spielarten des Eros gleichermaßen versiert. In Cambridge, der — neben Oxford — renommiertesten Schulungsstätte homophiler Lebensart, hatte er einst einen Transvestitendarsteller getroffen, der ihn in jene vollkommene »Vertrautheit« einwies, »die die Griechen für den höchsten Ruhm der Männlichkeit und die wertvollste Errungenschaft des Lebens hielten«. So war Crowley — gegenüber Frauen wie Männern — jederzeit willens und in der Lage, in die gewünschte Rolle zu wechseln.

Sexualmagie war in dieser der viktorianischen Prüderie so glücklich entronnenen Zeit eine allerorten hochgeschätzte Form religiöser Betätigung. In Deutschland hatte sich um die Jahrhundertwende der Orientalische Templerorden (O.T.O.) neugegründet; Templer deshalb, weil die legendären Sexualpraktiken der Kreuzritter ihren aufgeklärten Nachfolgern Ansporn und Ziel zugleich sein sollten.

1912 suchte Theodor Reuss, das Oberhaupt der deutschen Templer, Crowley in London auf, um ihn des Plagiats anzuklagen. Man diskutierte angeregt diverse Praktiken der Sexualmagie und zeigte sich zunehmend voneinander begeistert. Als Zeichen seiner Wertschätzung nahm Crowley schließlich die Einladung an, dem Orden beizutreten. Zum Dank wurde er umgehend zum »Höchsten und Heiligen König von Irland, Iona und allen im Bereich der Weihestatt der Gnosis befindlichen Britannien« eingesegnet. Unverzüglich ließ er sich ein Siegel anfertigen und Herrschaftsgewänder schneidern. Allen Ordenspflichten zum Trotz praktizierte Crowley die Sexualmagie auch weiterhin vornehmlich zum eigenen Vergnügen. Im Rahmen dieser alkohol- und drogenreichen Zeremonien, deren spiritueller Höhepunkt die Rezitation eigener Gedichte zu Ehren der phallischen Gottheiten Hermes und Pan waren, bot sich Crowley meist in der Frauenrolle an, was seinen Jüngern Gelegenheit zur Initiative und ihm selbst die Genugtuung gab, sich hin und wieder der drückenden Last seiner magischen Verantwortung entledigen zu können —

allerdings zeigten sich die wenigsten so geschickt wie erhofft.

Der Sexualakt selbst dauerte für gewöhnlich nicht länger als fünfzehn Minuten und wurde nur in seltenen Fällen wiederholt, was daran lag, daß sich die Initianten nach ihren erzwungenen Liebesdiensten häufig in postkoitaler Tristesse verzehrten. Crowley wiederum genügte als Beweis einer gelungenen Invokation ohnehin die dürftigste Menge: »Jeder Tropfen des von Hermes vergossenen Samens ist eine Welt. [...] Diese Welten sind in unsichtbare Ketten geschlagen. Ihre Einwohner ähneln Würmern in einem Apfel — denn alles von diesen Welten hervorgebrachte Leben ist das von Schmarotzern. Die reinen Welten sind flammende Bälle, jeder ein bewußtes Wesen. Zahl der ejakulierten Welten 7 482 135 [...]. Alle Welten sind Exkreta: sie repräsentieren verschwendeten Samen. Daher ist alles Blasphemie. Dies erklärt, warum der Mensch Gott nach seinem Bilde schuf.«

Unter allen selbstgeschaffenen Göttern war Crowley Hermes der liebste, weil ähnlichste. Ihm galten die meisten seiner Gottesdienste, an ihn richtete er seine Gebete, ihn bedrängte er mit Fragen und Hilfegesuchen, erstere oftmals von einer Nichtigkeit, die es nur allzu verständlich erscheinen ließ, daß Hermes nicht präziser antwortete. Crowley irritierte das keineswegs, er durfte sich aller kommunikativen Unklarheiten zum Trotz der Liebe seines Gottes sicher sein: »Nun gibt er mir einen Zungenkuß. Es ist nicht die Zunge eines Menschen, sondern einer Schlange oder eines Ameisenbärs. Sie durchzuckt mein Gehirn und läßt den Schädel leuchtend, durchsichtig, phosphoreszierend werden.« Hermes versprach Crowley die Weisheit der Schlange und die Herrschaft über das Universum: »Nun sehe ich flammende Lichtschwerter. Das Ganze spielt sich in kosmischen Größenordnungen ab. Die Entfernungen sind astronomisch. Wenn ich dabei Schwert sage, dann meine ich eine Waffe mit einer Länge von mehreren Millionen Meilen« — sechs Monate später brach der Erste Weltkrieg aus.

Crowleys orgiastische Gottesdienste waren nur Vorübungen zu dem größten aller magischen Rituale, der Opferung eines Mädchens, das zuerst geschändet, dann gehäutet und in neun Teile zerschnitten werden sollte, um die verschiedenen Körperglieder den jeweils zuständigen Göttern als Weihegabe zu reichen. Ein Verzehr war nicht vorgesehen. Vermutlich kam es nie zu diesem Opfer. Aber die Botschaft dieser wie aller anderen Mysterienerfindungen Crowleys war — dem Zeitgeist entsprechend — martialisch genug: »[...] verdammt seien die Mitleidvollen! Töte und foltere; keine Nachsicht übe; unterdrücke sie!«

Nach Kriegsausbruch kehrte Crowley unverzüglich nach England zurück, um sich freiwillig bei der Armee zu melden. Er wurde abgewiesen. Über die Verderbtheit seines Charakters hatten in der Öffentlichkeit nie Zweifel bestanden, nun allerdings gerieten auch seine Manieren zunehmend in Verruf, was nicht zuletzt an seiner neuen Angewohnheit lag, auf die Teppiche seiner Gastgeber zu defäkieren und gutaussehende Frauen mit einem »Schlangenkuß zu begrüßen«. »›Gütiger Gott, schau dir das an!‹ rief eine gewisse Mrs. Madeline B. aus, die zusammen mit Isadora Duncan in einem Straßencafé des Montparnasse saß. Ein Mann im himmelblauen Knickerbocker-Anzug, dazu passendem Barett und einem Spazierstock gleicher Farbe ging vorbei.

›Das ist Aleister Crowley‹, antwortete Isadora. Crowley gesellte sich zu ihnen und wurde Mrs. B. vorgestellt. ›Darf ich Ihnen den Schlangenkuß geben‹ sagte er, als sie ihm die Hand reichte.

Ohne die Antwort abzuwarten, hob er ihre Hand an seinen Mund — und biß zu. Angeblich pflegte er eigens zu diesem Zweck zwei seiner Zähne mit einer Feile zu schärfen.«

Da man in Europa glaubte, auf ihn verzichten zu können, reiste Crowley im Oktober 1914 nach Amerika. In Teufelsanbeterkreisen wurde er bereits erwartet. Und er enttäuschte nicht — schon sein Äußeres war beeindruckend: »Manchmal sah er aus wie ein siebzigjähriger Greis, dann wieder schien er gerad wie fünfundzwanzig. Er scheint sein Aussehen willkürlich verändern zu können. Eben erscheint er einem als ein alter Priester und im nächsten Moment als offensichtlich leicht effeminierter junger Mann mit weichen, plumpen Händen und einem schweren Gesicht mit fraulichen Zügen. Nur seine sehr schönen Hände verändern sich nie. Sie sind ganz wundervoll und mit sonderbaren Ringen geschmückt. [...] Am beeindruckendsten an Crowley aber ist diese Haarlocke, die sich wie ein Horn von seiner mächtigen Stirn erhebt. Mitunter zerteilt er sie der Länge nach in der Mitte: das Symbol Satans.«

Weihnachten feierte Crowley in New York inmitten einer Schar neuer Jünger und dozierte über die okkultistischen Bedürfnisse der Moderne: »Die Leute wollen Riten und Zeremonien und sind der hypothetischen Götter überdrüssig.« Diese Nachfrage zu befriedigen, war er gekommen, aber noch fehlte es ihm an Zulauf, und so arbeitete er vorwiegend mit Prostituierten und Gelegenheitsstrichern, deren magische Qualitäten er stets sorgfältig in seinem Tagebuch verzeichnete.

Eine dieser Zufallsbekanntschaften vermittelte ihn an die deutsche Propagandazentrale für Amerika. Crowley beschloß, sich für die in der Heimat erlittenen Demütigungen zu rächen. Er gab sich als Ire aus, schrieb für 20 $ pro Woche Artikel für *The Fatherland. Fair Play for Germany and Austria,* deren subversiver Spott seinen Auftraggebern allerdings wenig Sympathien eingebracht haben wird: »Aus irgendeinem Grund haben die Deutschen für ihr letztes Zeppelin-Bombardement Londons beschlossen, den Schaden so weit wie möglich zu streuen, anstatt sich auf bestimmte Viertel zu konzentrieren. [...] Viel Schaden gab es in Croydon, [. . .] wo meine Tante wohnt. Leider wurde ihr Haus nicht getroffen. Graf Zeppelin wird hiermit in aller Hochachtung um einen weiteren Versuch gebeten. Die genaue Adresse ist [. . .].«

Nach dem Krieg verteidigte Crowley seinen Vaterlandsverrat mit dem Argument, er habe die deutsche Propaganda willentlich ins Absurde übersteigert, um Anhänger für die Alliierten zu werben — natürlich glaubte ihm die britische Spionageabwehr nicht, schließlich wußte man aus eigener Erfahrung, daß Kriegspropaganda definitionsgemäß viel zu grotesk ist, um persifliert werden zu können.

Neben seiner Agitationstätigkeit übte sich Crowley auch weiterhin unverdrossen in Sexualmagie. Mit zunehmendem Bekanntheitsgrad konnte er auf Prostituierte verzichten. Viele seiner Ministranten liefen ihm von selbst zu, andere fand er über Anzeigen:

GESUCHT

ZWERGE, Bucklige, Tätowierte Frauen, [. . .] Krüppel aller Art, Farbige Frauen, jedoch nur, wenn besonders abstoßend oder verkrüppelt [. . .] Photographie erbeten.

Crowley verließ sich bei der Auswahl stets auf seinen Instinkt. Das gefiel. Er konnte eine neue Besucherin, ohne Zeit und Worte zu verschwenden, zu küssen beginnen, und zwar durchaus zu deren freudigem Erstaunen: Sie fand »ihre Seele, als Crowley seinen hypnotischen Blick auf sie geworfen und sie auf den Rücken gelegt hatte, wie ein Fakir eine hypnotisierte Henne«.

Ein nicht geringer Teil seiner Faszination auf Frauen war darauf zurückzuführen, daß er — im Gegensatz zu der

überwiegenden Zahl der Ehemänner und Gelegenheits-
liebhaber — sehr genau wußte, aus welchem Punkt religiöse Leiden zu kurieren waren: »Jede Frau hat eine über-
sensible Stelle. [...] Der große amerikanische Dichter
Henry Wadsworth Longfellow hat diese Wahrheit nur
vage angedeutet und nur ungenügend ausgeführt. Deshalb
sind die amerikanischen Männer unwissend, oder es küm-
mert sie nicht. Ein großes Wehklagen hat sich darob erhoben unter den Frauen Amerikas, daß ihre Männer und
Liebhaber wertlos seien. Um die Genugtuung zu erhalten,
von dieser Kategorie ausgeschlossen zu sein, ist es lediglich
vonnöten, diese Stelle zu finden und sie andauernd hartnäckig, aufmerksam und unermüdlich mit all den Instrumenten zu liebkosen, die eine reiche Natur und ein gütiger
Gott zu diesem Zwecke uns gegeben haben.«

Diese magische Kur hatte immer Erfolg. Aber so
respektvoll seine Anhängerinnen auch dienern mochten, so
ekstatisch die Sitzungen auch verliefen, so wenig vermochte das alles den Trott längst zur Routine gewordener
Ausschweifung zu beleben. Crowley sehnte sich nach Abwechslung — er erflehte ein Zeichen des Himmels. »Vor
einer Stunde noch befand ich mich in den Tiefen der Verzweiflung und fragte mich, wozu ich überhaupt noch
tauge, usw. Doch da schlug ein Feuerball nur ein paar Zoll
vor meinen Füßen in den Boden, und ein Funke sprang
über in meinen linken Mittelfinger — übrigens ein ganz
besonders heiliger Finger. [...] Wie dem auch sei — all
dies ist eine klare Botschaft [...].« Crowley vollzog das
Ritual des Frosches und wurde Gott.

Wodurch sich vorerst nicht allzuviel an seinem Tagesablauf änderte. Er praktizierte auch weiterhin mit magischer Ausdauer seine Sexualriten, ohne daß mehr als eine
gelegentliche Schwangerschaft das Wirken übernatürlicher
Kräfte bezeugte, denn in der Regel bevorzugte er bei
Frauen den nämlichen Zugang wie bei Männern. Diese
Gleichstellung behagte nicht allen, was zu einer hohen

Fluktuation unter seinen sensibleren Anhängerinnen führte: Viele von ihnen flohen in die Hysterie oder die Trunksucht.

Nach der Kapitulation des Deutschen Reiches kehrte Crowley nach Europa zurück. Die Bilanz des fünfjährigen amerikanischen Exils fiel negativ aus, alles, was er zurückließ, waren Schulden: »Ach und Weh' schrie ich wie Elias! Dies ist nicht das Land für Aleister Crowley, den Dichter, für Aleister Crowley, den Adepten, für To Mega Therion [Das Große Tier], das da trachtet, der Menschheit Erlösung zu bringen mit dem einen Gesetz: Die Wahrheit wird euch frei machen!« Der Empfang in England war alles andere als freundlich, man nahm ihm noch immer seine Propagandadienste für die Deutschen übel. Entrüstet zog er nach Frankreich weiter. In Paris traf er eine seiner amerikanischen Geliebten wieder, Leah Hirsig, magischer Deckname Hilarion, schwängerte zunächst sie und dann die Gouvernante ihres Sohnes. Nebenbei befragte er regelmäßig das chinesische Orakelbuch *I-Ging*, um zu erfahren, welche Stadt Europas er zur Hauptstadt der Magie und zum Sitz seiner zukünftigen Gemeinde erwählen sollte. Nach monatelangem Schweigen gab das Orakel Auskunft: Cefalù auf Sizilien.

Im Frühjahr 1920 kam die kleine Reisegruppe in dem ärmlichen Fischerstädtchen an der sizilianischen Nordküste an und bezog eine höhergelegene Villa außerhalb des Dorfes, die fortan als Abtei Thelema Zentrum allen Übels dieser Welt werden sollte. Die Ordensregel war einfach: »Tu, was Du willst, soll sein das ganze Gesetz.« Ein Gesetz, das Crowley ebenso wie den Namen »Thelema« von dem französischen Humanisten Rabelais geborgt hatte, weil er es als Freibrief moralischer Zügellosigkeit mißverstehen konnte: »Und mein Haus wird die Hölle der Hure sein, ein geheimer Ort des unauslöschlichen Feuers der Wollust und der ewigen Folter der Liebe.«

Im Atrium des einstöckigen Gebäudes richtete sich Crowley seinen Tempel ein. Das Zentrum bildete ein mit diversen magischen Instrumenten dekorierter Altar. Ihm gegenüber war der Thron des Tieres. Die Wände der Halle wie auch der anderen Räume wurden von Crowley nach und nach mit pompeianischen Zeichnungen der drastischsten Art verschönt.

Die Riten in der Abtei waren streng: Allmorgendlich legte man die heiligen Gewänder an, nahm die rituellen Gerätschaften zur Hand — Crowley den phallischen Stab, die Frauen das uterine Gefäß —, um magische Messen zu zelebrieren. Liturgische Gesänge wechselten mit Sonnenfeiern, die Beschwörung von Teufeln mit Anrufungen von Schutzgeistern und anderen hilfreichen Dämonen. In seiner Freizeit vergnügte sich Crowley mit Malen und Schreiben, er erkundete mit seiner jeweiligen Favoritin die Gegend, badete im Meer, nahm Heroin, Opium, Kokain, Haschisch und was sonst an Drogen zu kaufen war. »Wir wollen [. . .] leben getreu dem Motto: Wo Crowley ist, da herrscht keine Langweile.«

Eine Maxime, die sich in unerhoffter Weise bewahrheiten sollte, da seine beiden Frauen zunehmend aufeinander eifersüchtig wurden. Crowley versuchte die Konflikte zu lösen, indem er, dem Ratschlag des Koran folgend, einen Harem einzurichten gedachte: »Mit zwei Frauen hat man ständig Ärger, die eine vor der andern rechtfertigen zu müssen. Bei dreien hingegen tauschen zwei davon ihre Erfahrungen aus, während du gerade bei der dritten bist. Vier Frauen jedoch sind eine gesichtslose Masse, die man vernachlässigen kann.«

Aber so viele Besucher auch nach Thelema pilgerten, neue Jünger fanden sich nur selten. Für Neuankömmlinge war ein 13wöchiger Initiationsritus vorgesehen, und nur sehr wenige waren willens, eine solche Tortur über sich ergehen zu lassen. Alles, was die Mehrzahl der durchreisenden Bohemiens suchte, waren einige Tage Nervenkitzel.

Im Sommer kam Crowleys große Liebe, die Schauspielerin Jane Wolfe, der er bislang nur brieflich bzw. auf der Astralebene begegnet war. Ihr Eindruck allerdings war alles andere als gut: »Es stank zum Himmel« — der Tempel verdreckt, die beiden Priesterinnen nicht minder. Crowley war nicht weniger enttäuscht: Wohlweislich hatte ihm Jane bei der Bitte um Horoskope stets ihr Geburtsjahr verschwiegen — mit beiderseitigem Einverständnis unterblieb die Sexualmagie. Um ihre Reise nicht gänzlich bereuen zu müssen, ließ sich Jane jedoch herab, einige Wochen platonisch am »Großen Werk der Befreiung der Menschheit« teilzuhaben, Yoga zu lernen und Opium zu rauchen. Crowley zeigte sich zufrieden, seine Frauen wiederum waren froh, keine weitere Nebenbuhlerin akzeptieren zu müssen. Der stetig steigende Umsatz an Drogen aller Art verhieß eine farbenfrohe Zukunft, und so war man allgemein guter Dinge: »›Die Keule des Priapos‹, des Heiteren, schmetterte auf mein Haupt und trieb mich zum Wahnsinn.«

Die Euphorie hielt nicht allzulange vor. Crowley wurde durch seinen exzessiven Drogengebrauch körperlich zunehmend hinfälliger. Zwei Tage nach seinem 45. Geburtstag starb seine Tochter. Sein väterliches Vermögen war längst aufgebraucht. Die Abtei selbst hatte er mit den Erbschaften dreier Tanten finanziert, aber auch diese Mittel gingen zur Neige. Auf den Rat seines Orakels hin beschloß Crowley, nach Paris zu gehen und reich zu heiraten. Entweder hatte das Orakel geirrt oder Crowley die richtige Gelegenheit versäumt, zwei Monate später kehrte er unverrichteter Dinge wieder zurück. Die Lage wurde bedrohlich. Crowley beschwor seine Gottesmacht: »Einsicht und Weihe haben mich zum Ipsissimus gemacht. Ich werde der Erscheinung meiner selbst ins Auge blicken und ihm dies ins Gesicht sagen. Den Wahnsinn selbst werde ich beschwören. Aber weil ich die Wahrheit gedacht habe, werde ich nicht davor zurückschrecken [. . .].

21.34 Uhr. Ich schreite, wie ein Gott schreitet.

22.05 Uhr. Zurück an meinen Schreibtisch, die Tat ist vollbracht. [. . .] Ich schwor, lebenslanges Schweigen zu bewahren über die Natur des Erreichten.«

Crowley war erneut zum Gott geworden, seine Finanzmisere behob sich dadurch jedoch nicht. Er hoffte auf Unterstützung durch seine Gäste, denen zu Ehren er heilige Messen zelebrierte und »Lichtkuchen« reichte: »Die Hostien meiner Messe sind aus Exkrement, auf daß ich sie esse in Ehrfurcht und Liebe« — die Besucher jedoch übersahen den sakramentalen Sinn und beklagten, daß Crowley ihnen »Ziegenscheiße auf einem Teller« angeboten habe.

Mit dem Unmut über seine missionarischen Mißerfolge stieg der Heroinkonsum: für gewöhnlich nahm er schon vor dem Frühstück »drei oder vier Prisen, damit das Aufstehen leichter fiel«. Während des Tages schnupfte er abwechselnd Heroin und Kokain, daneben nahm er Veronal und diverse Alkoholika in für normale Sterbliche tödlichen Mengen zu sich. Das Heroin, das ihm einst als Arkanum gegen seine Asthmaanfälle verschrieben worden war, drohte ihn nun zu zerstören. Er litt an Juckreiz und Erbrechen; in der Nacht quälte ihn Schlaflosigkeit, am Tage versank er in Lethargie. Die Visionen blieben aus. Die Kreativität versiegte. Zur Sexualmagie fehlte immer häufiger die Kraft.

Im Februar 1922 reiste Crowley zu einem Entziehungsurlaub in die französische Provinz. Er schwor den Drogen, ohne die er zu mystischen Ekstasen unfähig war, nicht ab, er versuchte ihrer Nebenwirkungen Herr zu werden. Ein Spaziergang brachte erste Erleichterung. »Die Waldluft traf mich wie ein Keulenschlag. Ich fühlte mich vollkommen kuriert und brach in Schluchzen aus. Erleichterung.« Der Irrtum währte kaum eine halbe Stunde. Dann setzten die ersten Entzugserscheinungen ein. Vier Minuten ertrug er sie, dann griff er wieder zum Heroin.

Crowley versuchte jeden Tag eine halbe Stunde länger drogenfrei zu bleiben, wobei die gefährlichere Droge immer die war, die er gerade nicht nahm — alle anderen waren zugelassen. Alkohol zählte er prinzipiell nicht zu den Drogen. Nach einigen Tagen brach er die Kur ergebnislos ab und traf Leah in Paris. Aber die Begegnung mit ihr war nicht weniger qualvoll als der Entzug, und so kehrte er wieder in die Provinz zurück, um den Kampf erneut aufzunehmen. Doch dieser Dämon war nicht zu besiegen. Crowley wandte sich hilfesuchend an die Götter. Gerührt über die prompte Fürsorge, begrüßte er ihren Gesandten in Gestalt eines eigens ihm zu Ehren angereisten Bewunderers, lieh sich von ihm Reisegeld und floh gemeinsam mit Leah nach England. Er schrieb Zeitungsartikel über die Drogensucht und arbeitete an einer Autobiographie, für die kein Verleger bereit war, einen Vorschuß zu zahlen. Er brach die Arbeit ab und diktierte statt dessen — in talentloser Anlehnung an de Quinceys *Tagebuch eines englischen Opiumessers* — *The diary of a Drug Fiend:* »Summa summarum 121 000 Wörter [. . .], aufgeschrieben von meiner Frau [. . .] zwischen 11 Uhr morgens am 4. Juni und 0.45 Uhr am 1. Juli [1922]: 27 Tage mit je 12 3/4 Stunden. 4321 Wörter *per diem.*« Das Buch wäre ebensoschnell in Vergessenheit geraten, wie es geschrieben worden war — hätte sich nicht die Skandalpresse seiner angenommen und dem ob seiner publizistischen Verteufelung zutiefst geschmeichelten Crowley zu neuen Einkünften verholfen.

Ende des Jahres riet ihm sein tägliches Orakel, nach Sizilien zurückzukehren, um in der Abtei für Ordnung zu sorgen. Die zurückgebliebenen Kinder drohten vollends zu verwahrlosen. Leahs Sohn hatte mit fünf Jahren zu rauchen angefangen »und wurde so süchtig, daß man ihn niemals ohne Zigarette sah. Obwohl er die meiste Zeit im Freien verbrachte, wurde er schwach, krank und in der Entwicklung gehindert. ›Laßt mich allein!‹ schrie er und drohte mit einem Stock. ›Wißt ihr nicht, daß ich Das Tier Nummer Zwei bin und euch zerschmettern kann? Ja, das werde ich auch tun! Ich werde euch ins Meer werfen. Ich bereite mich vor, Das Große Tier der Apokalypse zu werden, und wenn Crowley stirbt, werde ich die ganze Welt kaputtreißen‹

Die Gemeinschaft wuchs. Crowleys schlechter Ruf lockte immer neue Schüler an. Gemäß seiner Satzung hatte er die absolute Obergewalt über die Gemeinde inne, was sich unter anderem darin äußerte, daß ihm, dem »Ipsissimus«, als einzigem gestattet war, »Ich« zu sagen. Seine Jünger dagegen hatten sich für jeden Rückfall in egozentrische Anmaßungen mit einem Rasiermesserschnitt in den Oberarm zu strafen, was bei einigen zu nicht unerheblichen Blutverlusten führte, die auch durch die therapeutische Gabe von Katzenblut nicht auszugleichen waren. Bruder Loveday bekam diese Lebensführung nicht, er starb an akuter Dünndarmentzündung. Crowley ließ ihn feierlich bestatten und flüchtete sich vor den anstehenden Querelen in ein nervöses Fieber. Die Witwe war mittlerweile nach England zurückgekehrt und versorgte die dortige Skandalpresse mit neuen Enthüllungen über den »Zauberer der Verderbtheit«. Crowleys Bild nahm immer dämonischere Züge an.

Die italienische Regierung merkte auf und verwies ihn des Landes. Mussolini fürchtete Subversion und Aufruhr. Im Mai 1923 verließ Crowley seine Abtei und reiste nach Tunis. In einer Absteige nahe dem Meer schrieb er an seiner Autobiographie und verschickte zahllose Bettelbriefe an Bekannte in aller Welt. Noch im gleichen Monat gebar ihm seine Nebenfrau Ninette ein Mädchen. Das Horoskop entsprach seiner Gemütsstimmung: »Wahrscheinlich gibt es keinen besonderen Ärger. Nichts deutet darauf hin, daß das Kind sich irgendwie auszeichnet. Womöglich entwickelt sie sich zu einer ziemlich gewöhnlichen, kleinen Nutte.«

Crowley war mißgelaunt. Es fehlte an Geld. Seine Gesundheit war ruiniert, und die Welt schien noch immer nicht reif für die Herrschaft des Tieres. Er entschloß sich, an Trotzki zu schreiben und ihm eine konzertierte Aktion zur Ausrottung des Christentums vorzuschlagen, aber er bekam keine Antwort — vermutlich hat er den Brief nie abgeschickt.

Tunis begann zu langweilen, und so fuhr Crowley Ende 1923 nach Paris. Er borgte Geld, vergnügte sich mit Prostituierten und versank immer tiefer in Melancholie. Unterdessen waren die in der Abtei zurückgebliebenen Jünger dem Hungertod nah. Ihre Lage war verzweifelt, wie Crowley auf ihre wiederholten Hilfegesuche hin ungerührt zugeben mußte. Die Weltlage aber — so sein tröstender Verweis — nicht minder: »Um es ganz grob auszudrücken, der industrielle Kapitalismus führt in den Abgrund. Die einzige Alternative ist der Bolschewismus; aber der hilft auch nicht weiter.« Einen wirklichen Ausweg bot allein das Gesetz Thelema, »Tu, was du willst«, aber das schien noch immer zu wenigen geläufig. Immerhin fand sich eine neue Bewunderin, die 32jährige Amerikanerin Dorothy Olsen. Leah wurde nach 6 Jahren mystischer Ehe entschädigungslos verabschiedet. Sie versank im Elend — ohne von Crowley lassen zu können: »Er war und ist mein Geliebter, mein Mann, mein Vater, mein Kind und alles andere, was eine Frau in einem Manne sucht.«

Unterdessen machte sich Crowley mit seiner neuen Geliebten zu einer »magischen Pilgerfahrt« nach Nordafrika auf, aber schon nach drei Monaten war der romantische Zauber verflogen — Dorothy begann zu langweilen. Leah mußte sich derweil in Paris als Prostituierte durchschlagen, was ihr erstmals die Selbständigkeit und den Mut gab, sich von Crowley loszusagen. Im September 1930 sandte sie ihm aus Spanien ihre offizielle Unabhängigkeitserklärung und trat zum Katholizismus über.

Crowley begann wieder einmal mit seinem Schicksal zu hadern: Reiche Gönner waren nicht in Sicht, die Gläubiger drängten, die Zahl seiner Anhänger schien zu stagnieren, und Dorothy wurde immer häufiger von hysterischen Schuldgefühlen heimgesucht — da erschien ein deutscher Bruder des bereits totgeglaubten O.T.O.-Ordens, dem er sich nächtens als Messias offenbart hatte. Crowley wußte von nichts, war aber hocherfreut, als man sich bereit zeigte, seine Schulden zu zahlen und die Reisekosten nach Deutschland zu übernehmen. Er schickte einige seiner neueren magischen Werke voraus — was sich als Fehler herausstellen sollte. Die deutschen Ordensbrüder waren entsetzt über die hemmungslose Unmoral ihres geistigen Führers. Crowley kehrte nach Paris zurück und tröstete sich über den Unverstand der allzu Zaghaften mit einer Reihe neuer Mätressen und der Niederschrift seines Opus magnum: *Magick in Theory and Practise,* das, streng besehen, wenig mehr als das altbekannte »Tu, was du willst« bot. Aber auch das war anstoßerregend genug, und so erhielt er bald darauf Besuch von der Pariser Polizei.

»Der Inspektor machte es sich im Sessel bequem, sah Crowley scharf an und begann das Verhör:

›Warum nennt man Sie den König der Verruchtheit?‹

›Man gibt mir allerlei Namen‹, antwortete Crowley.

›Nehmen Sie Rauschgift?‹

›Nein.‹

Der Inspektor deutete auf einen Apparat von ungewöhnlichem, wenn nicht teuflischem Aussehen und fragte:

›Und was ist das da?‹

›Eine Kaffeemaschine.‹«

Crowley wurde des Landes verwiesen.

In Leipzig heiratete er am 16. August 1929 seine neue Favoritin, Maria Teresa Ferari, und zog mit ihr weiter nach Berlin, wo er auf dem Bahnhof eine Kostprobe seines prophetischen Talents gab: »Erhob mich zu meiner Macht, ließ die Hauptbahnhofdurchsage verstummen und verkündete allen auf der Stelle den Tod« — eine der wenigen seiner Voraussagen, die sich erfüllen sollten.

In der mit Erlösern übervölkerten Reichshauptstadt war es selbst für Crowley schwer aufzufallen, und so kehrte er unverrichteter Dinge wieder nach England zurück, wo man ihn erneut als deutschen Spion verdächtigte. Ein kleiner Verlag erklärte sich bereit, seine »Autohagiographie« zu drucken, und ging Konkurs — kein Buchhändler war willens gewesen, das Werk in sein Sortiment aufzunehmen, was nicht zuletzt daran lag, daß Crowleys Signatur des Titelbildes mit einem als Phallus gestalteten A(leister) begann.

Enttäuscht fuhr er abermals nach Deutschland, gemeinsam mit seiner Frau. In Berlin machte er die Bekanntschaft einer jungen Künstlerin, »dem Monster«, wie er sie zutraulich taufte — eine Liaison, die seine eifersüchtige Ehefrau, wie viele ihrer Vorgängerinnen, in die Trunksucht trieb. Gestärkt und verjüngt durch seine neue Liebe, versuchte Crowley erneut in England Fuß zu fassen, diesmal als Maler. Niemand zeigte Interesse. Crowley ließ die 160 Gemälde nach Berlin schicken und nahm Hanni, »das Monster«, mit sich nach Lissabon in magische Klausur — aber die Stadt langweilte ihn: »Schon einmal hat Gott versucht, Lissabon aus seinem Dämmerzustand aufzuwecken — mit einem Erdbeben. Aber er hat aufgegeben. Es lohnte sich nicht.«

Sei es, daß selbst Crowleys unerschöpfliche Kräfte zu versiegen begannen oder Lissabon tatsächlich zu wenig Attraktionen bot: Hanni floh. Crowley unterrichtete die Presse von seinem Selbstmord und reiste ihr nach. Erschüttert durch die Todesnachricht, nahm sie ihn wieder auf. Im Herbst eröffneten beide gemeinsam eine Ausstellung seiner Werke in Berlin. Die Bilder waren schlecht — zum Malen besaß Crowley noch weit weniger Talent als zum Schreiben —, aber zumindest sein Name lockte einige Besucher.

Maria Teresa hatte er derweil nach England gesandt, um sich von ihr scheiden zu lassen. Bevor es zur Verhandlung kam, wurde sie in eine Nervenheilanstalt eingeliefert, sie hielt sich für die leibliche Tochter des Königs von England. Hanni war unterdessen schwanger geworden, aber die Aufregungen wurden auch ihr zuviel — sie floh erneut und machte den Platz frei für Bertha Busch, die ihn am 3. August 1931 vor einem Reisebüro »Unter den Linden« mit der metaphysisch anzüglichen Frage: »Und wohin soll die Reise gehen?« in ihren Bann gezogen hatte.

Crowley war noch immer eine imponierende Erscheinung: fett, kahlrasierter Schädel, wunderliche Kleidung, kalter, stechender Blick und ein widerwärtig-anziehender Geruch: »Duft der Unsterblichkeit« genannt und nach eigener Rezeptur aus einem Teil Ambra, zwei Teilen Moschus und drei Teilen Zibet zu einem olfaktorischen Aphrodisiakum zusammengebraut, das die Frauen magisch anzog. Aber wie all seine obsessiven Beziehungen endete auch diese in Streit und Haß. Bertha versuchte ihn zu erstechen, er schlug sie auf offener Straße, was wiederum einige zufällig vorbeikommende SA-Männer zum Anlaß nahmen, ihn in den Rinnstein zu treten. Deutschland hatte sich verändert: Crowley trug dem Rechnung und traf mit Thälmann zusammen, um ihn zu überreden, den Klassenkampf aufzugeben und sich zum »Tu, was du willst« zu bekehren. Erfolglos — und so kehrte er gemeinsam mit Bertha nach England zurück, wo sie bald darauf irrsinnig wurde.

Crowley waren all die politischen Aufregungen lästig, sie betrogen ihn um sein Publikum. Ihm selbst blieben angesichts der überhandnehmenden Wirren nur die Freuden des vorzeitigen Ruhestands: »Er wanderte durch Chelsea und Piccadilly, lupfte seinen Hut, wenn er ein Liebespaar in Umarmung sah, und verfluchte jeden entgegenkommenden Geistlichen mit den Worten [. . .] ›Und bewahre uns vor bösen Geistern‹ [. . .].« Um sich etwas

Geld zu verdienen, plante er die Eröffnung eines »Restaurants zur Schwarzen Magie«, er entwickelte ein Gesellschaftsspiel mit Namen »Thelema« und vertrieb Lebenselixier-Pillen, letzteres mit einigem Erfolg, wohl weil die wenigsten Kunden ahnten, daß er seinen eigenen Samen zur Herstellung verwandte.

1935 verboten die Nationalsozialisten den O.T.O.-Orden. Der deutsche Übersetzer Crowleys wurde mehrmals inhaftiert, bevor er nach Amerika emigrieren konnte, wo sich eine kleine thelemitische Gemeinde zu formieren begann — zum Wohlgefallen ihres religiösen Oberhauptes, der auf die transatlantischen Spendengelder angewiesen war. Im Frühjahr 1945 trat Ron Hubbard der Gemeinde bei und beschloß nach dem Ende seiner mystagogischen Lehrzeit, das Werk des Großen Tieres in eigener Regie zu vollenden — in der Church of Scientology. Crowley war all das längst gleichgültig geworden, ihn hatte das Schicksal in einer ganz unvorhergesehenen Weise ereilt — 1940 notierte der 64jährige stirnrunzelnd in sein Tagebuch: »Schwache Erektion«. »Das Große Tier« war alt geworden.

Die letzten Jahre verbrachte Aleister Crowley als Gast eines exzentrischen Lords im sicheren Schutz vor deutschen Bomben auf einem Herrensitz in Hastings. Die Hausregeln für Besucher lauteten:

»Die Gäste mögen bitte nicht die Geister verärgern.

Allen, die die Nacht überlebt haben, wird das Frühstück um neun Uhr morgens serviert.

Der Städtische Friedhof von Hastings kann von hier aus bequem zu Fuß in fünf Minuten erreicht werden (im Falle der Mitführung einer Leiche in zehn Minuten). Fluchtweg für Geister eine Minute. Wir bitten alle Gäste höflichst, vom Abnehmen der Leichen in den Bäumen abzusehen.«

Auch wenn sein Verstand zerrüttet und seine Gesundheit ruiniert war, Crowleys Lebensführung blieb unverändert: Er rauchte, er trank und nahm zum Mittag für gewöhnlich ein gekochtes Ei und eine Prise Heroin zu sich. Sein Lebenswerk war vollbracht: »Mein Fleisch überließ ich der Fäulnis, mein Blut dem Gift, meine Nerven den Qualen der Hölle, meine Gedanken den Hexen. So trug ich Verderbtheit ins Erdenrund.« Stolz und voll Zuversicht erwartete er seine Auferstehung. Vergeblich. Seine letzten Worte waren: »Ich bin überrascht . . .«

IX

Der Tod des Wahrsagers *Hermann Steinschneider alias Erik Jan Hanussen*

2. 6. 1889 bis 24. 3. 1933

Am Abend des 15. April 1992 gastierte im kleinen Saal des Kurhauses Borkum der Berliner Telepath, Zukunftsprognostiker, Diplom-Hypnotiseur, Diplom-Graphologe und Psychotherapeut Hanussen sec. 120 Zuhörer hatten sich versammelt. Nach zehnminütiger Verspätung betrat der Vortragende den Raum, eilte ohne Seitenblick durch den Mittelgang, sprang auf die Bühne und griff zum Mikrophon. Klein von Gestalt, im abgetragenen Smoking, die Haut alt, faltig und nikotingelb. Mit durchdringendem Blick musterte er sein Publikum. Seine Stimme war klar und — trotz einer gewissen Mattigkeit — von einschmeichelnder Präzision. »Willkommen, meine Damen und Herren. Was ich in den folgenden 1 1/2 Stunden beabsichtige, ist nicht mehr und nicht weniger, als einige ungewöhnliche Experimente aus jenem Zwischenreich vorzuführen, dessen Existenz jeder ahnt, aber keiner zu beweisen vermag. Jeder von Ihnen weiß, daß es mehr Dinge zwischen Himmel und Erde gibt, als es sich all die wissenschaftlichen Besserwisser vorzustellen vermögen.« Er lächelte gewinnend. Das Kopfnicken vieler gab ihm recht. »Keiner, meine Damen und Herren, der nicht schon die Wirkung übersinnlicher Phänomene erfahren hat, keiner, der nicht schon selbst telepathische Fähigkeiten bei sich oder anderen entdeckte. Was steckt dahinter? Meine Damen und Herren — ich weiß es nicht. Ich weiß nur, es gibt diese Kräfte, sie sind heilsam, und wir sollten sie nutzen. Deswegen bitte ich Sie um Ihr Vertrauen, nein, ich bitte Sie um Vorurteilslosigkeit, um kritische Vorurteilslosigkeit. Ich weiß, es gibt viele Skeptiker, auch hier unter Ihnen, aber überzeugen Sie sich mit Ihren eigenen Augen. Ich werde Ihnen in den folgenden 1 1/2 Stunden einige Proben telepathischer Kunst geben. Danach urteilen Sie selbst. Auch der große Erik Jan Hanussen, bei dem in die Lehre zu gehen ich die Ehre und das Glück hatte, wurde immer wieder von Kritikern angefeindet. ›Wäre ich so gerissen, wie meine Gegner es glauben‹, sagte er mir immer, ›dann hätte ich Karriere in der Wirtschaft oder der Politik gemacht und mir nicht den harten Beruf des Telepathen gewählt.‹« Gelächter. »Das gilt auch für mich. — Meine Damen und Herren, ich darf Sie nun um Ihre Aufmerksamkeit bitten ! — Wählen Sie bitte einen Gegenstand aus, flach und von beliebiger Machart, gut in einem Briefumschlag unterzubringen.« Ein erwartungsvolles Raunen belebte den Raum, als Hanussen sec. zehn Umschläge verteilte, die er zuvor zur Kontrolle an einen Unbeteiligten gereicht hatte. Zunächst zögerlich, dann zunehmend fordernder meldeten sich Neugierige, die in aller Heimlichkeit die Umschläge füllten und — auf ausdrückliches Anraten mißtrauischer Nachbarn — sorgfältig verschlossen.

Bedächtig sammelte Hanussen sec. die Umschläge wieder ein, gemessenen Schrittes ging er zur Bühne zurück und hielt inne. »Dank meiner telepathischen Kräfte bin ich in der Lage, den Inhalt dieser Umschläge zu sehen, ohne sie zu öffnen. Selbstverständlich erfordert diese Übung ein hohes Maß an Konzentration, ich bitte daher um absolute Ruhe.« Das Wispern verstummte. Hanussen sec. richtete seinen durchdringenden Blick auf den ersten Briefumschlag, genauer auf die Kinokarte, die bereits entwertete Kinokarte, die sich in ihm befand, wie er beiläufig verkündete — und auch beweisen konnte, indem er den Brief öffnete und den Inhalt seinem Besitzer zurückbrachte. In rascher Folge weissagte Hanussen sec. nun auch die Inhalte der restlichen neun Briefe, fehlerlos, was die Mehrheit der Zuschauer mit spontanem Beifall dankte, während sich die Skeptiker, bedrängt von den triumphierenden Blicken ihrer Umgebung, unruhig auf ihren Sitzen wanden.

Hanussen sec. wirkte gelöster, ohne daß seine Anspannung gänzlich verlorengegangen wäre. Nach einem kurzen meditativen Innehalten kündigte er den eigentlichen Höhepunkt des Abends an: die Weissagung der unmittelbaren und weiterer Zukunft einzelner ausgewählter Gäste. Viele schienen diesen Programmpunkt zu kennen, denn noch ehe Hanussen sec. die Modalitäten seines prophetischen Tuns erklärt hatte, meldeten sich schon zahlreiche Interessierte. »Jeder von ihnen notiert bitte eine kurze Frage, die ihm besonders wichtig ist, auf einen dieser Zettel und verschließt ihn dann wie gehabt in einem Briefumschlag. Diese schriftliche Beglaubigung ist zu Ihrer und meiner Kontrolle. Kritiker finden schließlich immer etwas zu beanstanden. Viele haben mir schon unterstellt, ich würde speziell präparierte Umschläge benutzen, aber bitte, jeder von Ihnen kann sich überzeugen, daß es sich um gewöhnliches Briefpapier handelt.« Hanussen sec. gab die Umschläge zur Kontrolle an einen unbeteiligten Zuschauer, der sie sorgfältig untersuchte und kopfschüttelnd zurückreichte. Die Schar der Neugierigen hatte sich unterdessen weiter vermehrt, auch einige der Zweifler meldeten sich jetzt, spät, aber um so drängender. Hanussen sec. zeigte sich unbeeindruckt und wählte ohne längeres Zögern zehn Zuschauer aus, denen er Papier und Umschlag reichte. »Meine Damen und Herren, da es nun ein Höchstmaß an telepathischer Energie freizusetzen gilt, bitte ich Sie, mich im folgenden weder durch Klatschen noch durch Zwischenrufe zu stören.«

Ruhigen Schrittes ging Hanussen sec. nach einer kleinen, die Konzentration schärfenden Pause durch den Mittelgang, sammelte die Briefe ein, schritt zurück zur Bühne und blickte starr auf den ersten Umschlag. Im Saal herrschte vollkommene Ruhe. Das aufgeregte Wispern war verstummt. Aller Augen richteten sich auf Hanussen sec., dem die telepathische Anstrengung die Gesichtszüge verzerrte. Einen kurzen Moment lang schien er abbrechen zu wollen, eine mutlose Geste, die Unruhe nahm zu, einige witterten Betrug, da begann er zu sprechen. »Sie werden das Abitur bestehen, zwar nicht in diesem Jahr, aber im nächsten, und besser, als sie gedacht haben, das ist deutlich zu sehen. Das war doch die Frage oder, werde ich das Abitur, die Prüfung bestehen, das war die Frage?« Hanussens Blick richtete sich prüfend auf das Publikum. Dann öffnete er langsam den Briefumschlag und las: »›Werde ich das Abitur bestehen?‹ Sie werden, junger Mann, Sie werden.« Hanussen lächelte. Die Zuschauer seufzten erleichtert. »Der Fragesteller bitte, wo ist der Fragesteller.« Ein junger Mann meldete sich. Mitleidige Blicke musterten ihn. »Alles hat seine Richtigkeit«, fragte Hanussen sec. ohne sonderlichen Nachdruck. »Ja«, der junge Mann nickte enttäuscht, aber bestätigend. Tobender Applaus. Hanussen winkte nach wenigen Sekunden ab. »Noch stehen neun Fragen aus. Zwar ist mir noch nie ein Fehler unterlaufen, aber die Kraftanstrengung ist ungeheuerlich, ich bitte also um Ruhe. — Sie werden sich beruflich verbessern; Sie werden Großmutter, vermutlich sogar von Zwillingen, ein Junge, ein Mädchen; nein, Sie sollten mit diesem Geschäft noch warten, denn man versucht, Sie zu täuschen; ja, verlassen Sie Ihren Freund, denn er ist Ihnen untreu, Sie können an seiner Seite nicht glücklich werden; ein Unglück wird Ihre Familie treffen, aber Sie werden es meistern; nein, die Gehaltserhöhung läßt noch auf sich warten; ja, die Liebe kommt, von ganz unerwarteter Seite allerdings; die Operation wird erfolgreich sein, aber Sie sollten nicht zögern; nein, Ihr Hund wird nicht wiedergefunden werden, aber Sie werden viel Freude an einem neuen haben.« Schlag auf Schlag beantwortete Hanussen sec. Frage um Frage.

Die Zahl der Skeptiker schwand. Einige verließen ratlos empört den Raum. Hanussen sec. selbst hingegen schien wenig erstaunt über die Unruhe, die er ausgelöst hatte. Mit einem müden Wink gebot er Ruhe. »Leider«, schränkte er ein, »kann ich nicht mehr als 10 Fragen beantworten, da sonst der Rahmen dieser Veranstaltung gesprengt wird, aber ich weiß aus Erfahrung sehr wohl, daß mehr Interessenten vorhanden sind.« Ein aufgeregtes Raunen gab ihm recht. »Im Interesse dieser Menschen biete ich an, auch den morgigen Tag auf Borkum zu verbringen — trotz des Wetters —, um einer wiederum begrenzten, aber doch weitaus größeren Zahl Auskunft über ihre Zukunft erteilen zu können. Eine weitaus umfassendere Auskunft im übrigen, als sie hier vor Publikum möglich ist. Das Honorar beträgt DM 50,— Vorkasse. In der Pause besteht nun für Sie die Möglichkeit, diese Privattermine mit meiner Assistentin zu vereinbaren.«

Kaum hatte man die Saaltür geöffnet, wurde der Tisch der Assistentin von Bittstellern umlagert. Hanussen sec. hatte sich unterdessen etwas abseits in einen der abgenutzten Foyersessel gesetzt. Er rauchte in schnellen Zügen. Still umstand ihn ein Kreis von Bewunderern. Eine junge Frau drängte sich ungeduldig hindurch. »Warum haben Sie mich nicht aufgerufen, obwohl ich mich als eine der

ersten meldete? Und wenn Sie schon Ihre Kritiker nicht
an der Vorstellung beteiligen, könnten Sie wenigstens hier
und jetzt Ihre Kunst beweisen. Irgend etwas, sagen Sie
nur irgend etwas, es muß nichts Zukünftiges sein, eine
Belanglosigkeit aus meiner Vergangenheit würde schon
genügen.« Die Umstehenden waren entrüstet. Hanussen
sec. winkte ab: »Kommen Sie bitte morgen in eine meiner
Sprechstunden, wenn Sie etwas erfahren wollen. Auch ich
brauche hin und wieder Ruhe.« Zustimmendes Murren.
»Aber es ist doch für Sie ein Kinderspiel, ein Satz, ein
Wort, und Sie hätten bewiesen, daß Sie tatsächlich Hellsehen können.« Die Stimme der jungen Frau überschlug
sich angesichts der abweisenden Miene Hanussens sec.
Empört wurde sie aus dem Kreis gedrängt, der sich schüt-
zend um ihn zusammenschloß.

Nach fast zwanzigminütiger Pause kehrte Hanussen sec.
langsamen Schrittes auf die Bühne zurück. »Die Telepathie, meine Damen und Herren, ist kein Handwerk wie
jedes andere, sie ist eine Gnade, eine Gnade, mit der sehr
sorgfältig umzugehen ist, denn sie kann sehr wohl schaden — dem, der sie ausübt, wie dem, dem sie eigentlich
nützen sollte. Und wie immer, wenn ein Mensch mit
einer besonderen Gabe ausgezeichnet ist, finden sich Neider. Ich selbst habe es längst aufgegeben, mich wortreich
gegen solche Anfeindungen zu wehren, ich lasse Taten
sprechen. Meine Damen und Herren, Sie haben gesehen,
was die Telepathie vermag, und Sie werden jetzt einen
neuen Beweis erhalten.« Sein Blick richtete sich auf die
jugendliche Kritikerin. »Hätten Sie Interesse, bei diesem
Versuch mitzuwirken? — Dann bitte kommen Sie nach
vorn. Applaus, meine Damen und Herren, für die mutige
junge Dame! — Ganz ruhig, ich werde Sie nicht verzau-
bern.« Gelächter. »Haben Sie einen Gegenstand, der sich
zum Verstecken eignet? Einen Schlüssel? Sehr gut, hier,
meine Damen und Herren, ein Schlüssel, ich hoffe, es

wird der Schlüssel zum Herzen meiner ebenso schönen wie heftigen Kritikerin sein.« Heiterkeit. Die junge Frau lächelte abweisend. »Ich werde nun diesen Saal unter Aufsicht verlassen und bitte Sie, diesen Schlüssel an einer beliebigen Stelle des Raums so sorgfältig zu verbergen, daß jeder andere Mühe hätte, ihn zu finden. Ich gebe Ihnen fünf Minuten Zeit. Welche der Herrschaften möchte unterdessen mit mir den Raum verlassen?« Galant reichte Hanussen sec. zwei älteren Damen den Arm und verließ den Saal. Unschlüssig stand die junge Frau in der Mitte des Raums. Die ersten geflüsterten Hinweise aus dem Publikum überhörte sie, bis die Stimmen schließlich immer lauter und drängender wurden. Einige der Besonneneren mahnten Ruhe an — ihr vielsagendes Kopfnicken in Türrichtung brachte die erregte Menge wieder zum Verstummen. Der Schlüssel wurde versuchsweise an zahlreichen Plätzen deponiert, bis ihn die junge Frau schließlich, verzweifelt über die Einfallslosigkeit der bisherigen Verstecke, einem der Zuschauer in die Hand drückte. Zustimmendes Nicken. Man ließ Hanussen sec. zurückkommen. Er musterte streng das Publikum und nahm dann die junge Frau begütigend an seine Hand. »Nun, meine neue Assistentin wird mir die Arbeit sicherlich nicht einfach gemacht haben.« Heiterkeit. Zielstrebig durchschritt er den Raum, vor und zurück. Die junge Frau blieb stumm an seiner Seite. In der achten Reihe hielt Hanussen sec. mit einem plötzlichen Ruck inne. Er musterte die dort Sitzenden, drängte sich langsam an ihnen vorbei und besann sich einen kurzen Moment. »Wäre der Herr so freundlich, mir den Schlüssel zu reichen.« Begeisterter Applaus. Hanussen gab die Hand der jungen Frau frei und ging mit ihr zur Bühne zurück. »Ich hoffe«, er lächelte, »Sie gönnen nun fortan auch mir die wenigen Momente der Erholung.« Stumm kehrte sie auf ihren Sitz zurück.

»Meine Damen und Herren, kein moderner Wissenschaftler würde es wagen, das Wunder der Hypnose zu bestreiten. Ich selbst habe in meiner langjährigen Praxis als Hypnotiseur unzähligen Menschen Erleichterung von ihren Leiden verschafft, sie meist sogar heilen können. Natürlich läßt sich dergleichen nicht während einer solchen Vorstellung leisten, aber eine kleine Probe meiner Kunst möchte ich Ihnen doch geben. — Wer von Ihnen leidet unter Schmerzen? Akuten Schmerzen?« fügte er angesichts der vielen Handmeldungen hinzu, »akuten Schmerzen im Kopf- oder Rückenbereich, Ischias, Migräne, was auch immer?« Hanussen sec. musterte die Vielzahl älterer Damen, die aufgeregt um Behandlung baten. Seine Wahl fiel schließlich auf eine beleibte Sechzigjährige mit rosigen Gesichtszügen, die angab, unter starken Rückenbeschwerden zu leiden. Hanussen sec. bat sie nach vorn auf die Bühne und drückte sie sanft auf einen Stuhl nieder. Sie schauderte. Hanussen sec. fuhr ihr unmerklich über den Rücken. »Sie haben Schmerzen?« Sie nickte. »Im Rückenbereich. Hier, auf der Höhe des Nackens?« »Ja, genau!« »Sie sind in Behandlung?« »Seit Jahren.« »Ohne Erfolg?« »Ohne Erfolg.« »Medikamente helfen nichts?« »Gar nichts!« »Wann waren Sie das letzte Mal schmerzfrei?« »Das muß noch vor meiner Hochzeit gewesen sein.« Heiterkeit. Hanussen sec. wartete mit ernstem Gesicht, bis erneut Ruhe eingekehrt war.

»Ich werde Sie heilen, heute, hier und jetzt. Bitte« — er wandte sich an einen der Zuschauer, »holen Sie der Dame ein Glas Wasser. Ich würde es selbst tun, aber dann werden die Kritiker sicherlich vermuten, ich hätte ihr eine schnell wirkende Medizin verabreicht. Darf ich also bitten? — Meine Damen und Herren, in meiner Praxis in Berlin habe ich unzählige Fälle dieser Art erfolgreich kuriert, auch schwierigere, weitaus schwierigere. — Sie sind guter Dinge?« Die Frau lächelte. »Sie sind ruhig, entspannt, und Sie können sich schon jetzt auf ein neues, schmerzfreies Leben freuen. Ah, da ist das Glas. Bitte. Sie sehen mir jetzt in die Augen. Sie entspannen sich. Sie sind ruhig. Ganz ruhig. Sie nehmen einen Schluck aus diesem Glas. Langsam. Einen kleinen Schluck. Sie sind ganz entspannt. Sie sehen mir in die Augen. Und wenn Sie diesen Schluck Wasser getrunken haben, sind Ihre Schmerzen verschwunden. Einfach verschwunden.« Er schnippte mit dem Finger. »Einfach verschwunden. Also bitte, trinken Sie einen kleinen Schluck Wasser, hier, trinken Sie, einen kleinen Schluck, nur einen kleinen Schluck.«

Die Frau trank. Hanussen sec. schnippte. Die Frau sah auf und lächelte. »Keine Schmerzen?« »Nein«, sie nickte verwundert und dankbar. »Nein, keine Schmerzen, überhaupt keine Schmerzen.« »Drehen Sie ihren Kopf, Ihren Oberkörper.« »Keine Schmerzen!« »Bitte!« Hanussens sec. triumphale Geste wies ihr den Weg zurück zum Sitz. Begeisterter Applaus.

»Meine Damen und Herren, die Hypnose vermag noch viel mehr. In meiner Berliner Praxis habe ich gerade auch in schwierigen Fällen durch ausdauernde Behandlung weitaus spektakulärere Erfolge erzielt. Wer nun so bald nicht die Möglichkeit hat, in die alte und neue Hauptstadt zu reisen, dem empfehle ich mein Buch *Hanussen sec., Helfende Kraft Hypnose.* Preis DM 31,50. Nur Vorkasse, Scheck oder bar im Brief. Wenn Sie Schlafstörungen haben, bestellen Sie meine Schlafcassette. Sie schlafen gut und schnell ein, in 8 Minuten, ohne schädigende Medikamente, und wachen erholt auf. Sie können die Weckzeit im übrigen selbst bestimmen. DM 90,— incl. Porto und Verpackung, nur gegen Vorkasse, Scheck oder bar im Brief. — Meine Damen und Herren, damit darf ich mich von Ihnen verabschieden, ich hoffe, Hanussen sec. hat Ihnen bewiesen, daß es mehr Dinge zwischen Himmel und Erde gibt, als sich die Schulweisheit mancher träumen läßt. Zu Anfang erbat ich Ihren Kredit, ich hoffe, ich habe ihn nicht verspielt.« Enthusiastischer Applaus. Bescheiden lächelnd zog sich Hanussen sec. zurück.

Die geheilte Dame wurde von Neugierigen umringt und eindringlich befragt. Sie wußte nicht mehr zu antworten, als daß sie selbst sich das Wunder kaum erklären könne, zumal bislang noch kein Arzt oder Therapeut ihr Linderung habe verschaffen können. Um so dankbarer sei sie jetzt, daß sie so günstig Erleichterung von ihren Leiden gefunden habe. Nein, sie kenne Hanussen sec. nicht und habe ihn nie gesehen. Die Verwunderung war groß. Einige Nachzügler versuchten vergeblich Termine für den nachfolgenden Tag zu vereinbaren, andere sicherten sich eilends das Buch. Im Foyer ließ man nochmals bewundernd die Ereignisse Revue passieren, die wenigen Skeptiker beratschlagten bis tief in die Nacht Strategien der Enttarnung.

Hermann Steinschneider wurde am 2. Juni 1889 in einem Wiener Kreisgefängnis geboren. Sein Vater, Siegfried Steinschneider, Schauspieler mehr aus Leidenschaft denn Talent, hatte die einzige Tochter des reichen Pelzhändlers Samuel Kohn verführt, weniger der Mitgift als ihrer Schönheit wegen, was ihn in den Augen seines Schwiegervaters um nichts respektabler erscheinen ließ. Samuel Kohn verweigerte ihm mit abschätziger Eile die Hand seiner Tochter, woraufhin Siegfried Steinschneider sie getreu seiner dramatischen Profession umgehend entführte, allerdings nicht ohne zuvor ihre Einwilligung eingeholt zu haben. Der erzürnte Vater erstattete seinerseits Anzeige wegen Raub des Familienschmucks. Nach neun Monaten wurde das Paar gefaßt und inhaftiert. Noch ehe Samuel Kohn seine Anzeige zurückgezogen hatte, war er Großvater geworden. Dieses voreilige Erscheinen verzieh er seinem Enkel nie.

Die junge Familie zog mit einer kleinen Theatertruppe umher, immer auf der Suche nach einem neuen Engagement. Man spielte in Scheunen und Gasthäusern, wurde mehr beschimpft als beklatscht. Juden galten nichts in Österreich, schon gar nicht, wenn sie schlechte Schauspieler waren. Als sein Sohn ins schulpflichtige Alter kam, gab Siegfried Steinschneider das Theater auf und wurde — dank diskreter Hilfe seines Schwiegervaters — Vertreter einer Textilfirma. Die Familie ließ sich in der kleinen mährischen Stadt Boskowitz nieder. Die Mutter, schwerkrank, aber ohne Reue über ihren romantischen Fehltritt, versuchte ihren Sohn für Höheres zu begeistern, für Kunst, Literatur, Geschichte, aber Hermann fand, wie sein Vater, nur Gefallen an Spektakulärem — insbesondere Neros Auftritt vor dem brennenden Rom hatte es ihm angetan. In seinen Tagträumen visionierte er eine nicht minder cäsarische Tat: »Ich beschloß, Boskowitz anzuzünden. Mittel und Wege standen mir genügend zur Verfügung, da ich der Stärkste, Rauflustigste und wahrscheinlich auch der Frechste unter der Jugend von Boskowitz war; der Führer und der anerkannte Gewalthaber der Straßenzüge vom Schloßberg bis zum Marktplatz. Eines Tages versammelte ich meine Getreuen um mich und bewies ihnen haarscharf, daß man Boskowitz endlich einmal anzünden müsse. Wir wollten Helden werden.« So leicht der Entschluß für die herostratische Tat fiel, so schwer war ihre Umsetzung. Von der Abfackelung der gesamten Stadt sah man nach reiflicher Überlegung ab — schließlich hätten darunter auch die eigenen Elternhäuser gelitten —, auf ein alleinstehendes Wohnhaus konnte man sich aus Humanitätsgründen nicht einigen, und so beschloß man, die alte, unbewohnte Mühle am Ortsrand abzubrennen. Die Ausführung war dilettantisch, die Komplizen geständig, und so flog Hermann Steinschneider von der Schule. Wenig später wurde sein Vater entlassen. Die Familie zog weiter nach Wien. Die Mutter starb an den Anstrengungen des unruhigen Lebens. Nach Ablauf der Trauerzeit heiratete Siegfried Steinschneider erneut und zog zu seiner Frau in den verrufenen 16. Bezirk. Hermann, nunmehr ungeliebter Stiefsohn, streunte umher und wurde bald regelmäßiger Gast im Café Louvre, dem Stammlokal der Varietéartisten, Animiermädchen und Gelegenheitsganoven, »der Zigeuner, Lumpen, Künstler, Vagabunden und Prachtkerle«. »Die anständigsten Menschen«, rühmte er noch Jahrzehnte später dankend in seiner Autobiographie, »gibt es unter Gaunern und Huren.« Eines der Mädchen nahm sich seiner an. Er ließ sich aushalten und versuchte nebenbei, in allerlei Berufen Tritt zu fassen. Unter dem Pseudonym Anselm Wahrheit schrieb er Zeitungsartikel, er mühte sich als Anzeigenakquisiteur, dichtete Liebesromane und reimte Volkslieder; er zog mit Zirkusleuten umher, studierte bei Varietékünstlern und übte sich als Schmierenkomödiant.

In seinen Lebenserinnerungen begab er sich in dieser Zeit auf eine Tourneereise an den Bosporus, eine Tourneereise, die kläglich gescheitert wäre, hätte er nicht tatkräftig den unfähigen Theaterdirektor zu ersetzen gewußt. Um die Heimfahrt des Ensembles zu finanzieren, annoncierte er kurzerhand eine ungeschriebene Lehár-Oper mitsamt Brillantfeuerwerk zu Ehren des Sultans. Das Schauspiel ließ sich extemporieren, das Feuerwerk nicht. Dank seines Rednertalents gelang es ihm jedoch, die lynchbereite Menge nicht nur zu besänftigen, sondern auch zu reichlichen Almosen für die Heimfahrt der Truppe zu animieren. Mit dem Großteil des so verdienten Geldes charterte er eine Kabine erster Klasse an Bord des Passagierschiffes Baron Beck. Seinen neuen Künstlernamen lieh er sich von Titta Ruffo, dem berühmtesten Baritonisten der Welt, den allerdings chronische Heiserkeit hinderte, eine Probe seiner Kunst zu geben. Hermann Steinschneider war nicht der einzige Hochstapler an Bord. Mit einer an die Helden Karl Mays gemahnenden Gewieftheit enttarnte der vermeintliche Bariton einen falschen Grafen mitsamt Komplizen, die es auf die Pretiosen der Passagiere abgesehen hatten.

Zum Dank erstattete man dem im Angesicht seines Triumphes ebenfalls Geständigen die Reisekosten.

Tatsächlich tingelte Hermann Steinschneider während dieser Monate durch die österreichischen Provinzen, um bald darauf wieder dort anzukommen, von wo er ausgezogen war, im Café Louvre. Hier machte er die Bekanntschaft des alternden Zauberkünstlers Rubini, dessen Assistentin die Flucht ins bürgerliche Leben gesucht hatte. Hermann bot sich ihm als Lehrling an. Er zeigte Talent — und bald auch die nötigen medialen Kräfte. Rubini erschien mit verbundenen Augen auf der Bühne, sein Assistent lief ins Publikum, zog den Zuschauern eine Reihe alltäglicher Gegenstände aus den Taschen, die der Meister wiederum umgehend erriet — dank Hermanns unauffälliger Komplizenschaft: Alle Fragesätze unterschieden sich unmerklich voneinander und bezeichneten so den gefragten Gegenstand. Der zweite Zauberstreich, mit dem Hanussen später zum Erstaunen aller Uneingeweihten reüssieren sollte, war nicht weniger geläufig und kaum schwieriger einzustudieren. Der Magier verließ den Saal und ließ einen Gegenstand verstecken. Nach kurzer Zeit kehrte er zurück, nahm einen der Zuschauer bei der Hand, durchkreuzte ziellos den Raum und fand nach kurzem Zögern das Versteck. Der Pulsschlag seines Mediums hatte ihm den Weg gewiesen. In der glaubensstarken österreichischen Provinz feierte man dergleichen enthusiastisch als Wirken des Übernatürlichen.

Hermann Steinschneider wurde ein geschickter Zauberer, aber er war zu ehrgeizig, um sich mit Taschenspielerkunststückchen zufriedenzugeben. Sein Selbstbewußtsein stand seinem Willen zum Erfolg in nichts nach, und so war es ihm ein leichtes, selbst an seine magischen Talente zu glauben, als er, zu einem karrieregünstigen Zeitpunkt, hypnotische Fähigkeiten an sich entdeckte.

Die Hypnose ist nichts Übernatürliches, aber sie verleiht dem, der sie beherrscht, die Aura des Dämonischen.

Hermann Steinschneider machte sich wenig Gedanken über die psychologischen Ursachen, was ihn faszinierte, war die Macht. Eine Macht, die täuscht, denn weder das Medium noch der Hypnotiseur selbst vermögen einzulösen, was sich landläufiger Aberglaube von der hypnotischen Verzauberung verspricht. Aber da enthemmungsbedürftige Matronen und vernunftmüde Honoratioren sich mit ungestümer Eile den Zauberkünsten Hermann Steinschneiders ergaben, da askeseunwillige Jünglinge wie die ihrer Keuschheit überdrüssigen höheren Töchter nur allzuleicht in Trance zu versetzen waren, machte ihn die Euphorie blind für alle Einwendungen der Vernunft. »Heute habe ich im Café des Hotel Flora einen Mann kennengelernt, der ebenfalls hypnotische Experimente macht. Ein Arzt aus Wien, er heißt Dr. Freud oder Freund. Ich habe mit ihm eine Partie Billard gespielt und haushoch gewonnen. [...] Ich erzählte dem Doktor, daß ich der Assistent von Rubini bin und nebenbei hypnotische Experimente mache. Der Doktor sagte, das täte er auch, aber nur aus therapeutischen Gründen. Alles andere wäre Scharlatanerie. Ich ließ mich nicht provozieren, da ich erkannt hatte, daß er schlechter Laune war, weil ich so hoch gewonnen hatte [...]. Er hielt mir dann einen schwer verständlichen Vortrag über seine Entdeckung des Unterbewußtseins. Nebbich! Wie soll ausgerechnet er das Unterbewußtsein — wenn es so etwas überhaupt gibt — entdeckt haben? Da er mich langweilte, forderte ich ihn zu einer vierten Partie auf, die ich ebenfalls gewann.«

Der Zauberlehrling begann Karriere zu machen. Da brach der Erste Weltkrieg aus. Hermann Steinschneider wurde eingezogen. Wegen Aufsässigkeit gegen seinen vorgesetzten Feldwebel bekam er — so seine sentimentale Erinnerungsfälschung in Schwejks Manier — täglich die »Abortur« und wurde solchermaßen »Virtuose im Latrinenreinigen«. Der Feldwebel jedoch gab angesichts der stoischen

Ruhe, mit der sein Opfer den Dienst versah, entnervt auf. Hermann dagegen zog es zum Feind: »Da mir die Rauflust seit jeher im Blut steckte, ging ich auch ganz gern mal an die Front. Ich war in Wolhynien, in Galizien, ich war in den Karpaten, und ich eroberte die Gegend von Tarnopol bis Lublin. Ich war bei Lemberg dabei, bei Przemysl und bei Gorlice. Ich bekam ein paar Schüsse, wo sie gerad hinfielen, und ich freute mich jedesmal außerordentlich auf das Spital. Meine Beliebtheit an der Front war grenzenlos. Meine Eskapaden waren berühmt [...].« Kein Soldat, der sich nicht über seine Streiche gefreut, kein Vorgesetzter, der ihn nicht augenzwinkernderweise hätte gewähren lassen — bis Hermann Steinschneider eines Tages genug hatte vom Krieg und Frieden schloß. Er simulierte ein Gemütsleiden und ließ sich zur Feldgendamerie versetzen. Sein Dienst bestand im »Herumstochern« auf verlassenen Schlachtfeldern. »Was das heißt? Wenn die Leichen der Gefallenen endlich exhumiert waren, mußte ich mit einem Stock, so gut es ging, die verfaulten Kleider öffnen und nach der Legitimationskapsel suchen, die jeder Soldat [...] um den Hals bekommen hatte. [...] So ein Massengrab zu öffnen, das war keine leichte Aufgabe. Regen und Verwesungsdämpfe bildeten mit der Zeit aus den drunter und drüber geworfenen Leichen einen oft fast vollkommen ineinander verbackenen Brei. Erst kam Erde, dann kam Wasser und dann kam blaue Erde, ganz blaue Erde. Darunter lagen die Menschen. Mit Schaufeln wurden sie aus den Gräbern geholt und in eine Kiste geworfen. Diese Kisten bekamen Nummern und diese Nummern wurden nach den Heldenfriedhöfen transportiert.«

So treffend die Beschreibung selbst, so irreführend die autobiographische Erinnerung: Hermann Steinschneider war nach seiner Grundausbildung Schreiber in einer ungarischen Etappenstadt, bis ihn der dortige Hauptmann, ehemals Zuschauer in einer Vorstellung des großen Rubini und begeisterter Amateurzauberer, entdeckte: Hermann wurde zur Frontunterhaltung abkommandiert — und hatte Erfolg. Die Moral der Truppe stieg, wo immer er seine Kunststückchen darbot. Man beförderte ihn zum Zugführer, das Oberkommando selbst zeigte sich interessiert. Voll Dankbarkeit gegenüber seinem Hauptmann, der ihn gleichsam an Sohnes Statt angenommen hatte, gab sich Hermann Steinschneider den Künstlernamen Hanussohn, geglättet zu Hanussen, mit Vornamen Erik Jan, Herkunftsland Dänemark.

Erik Jan Hanussen stand erneut vor einer großen Karriere. Da kam der Friede und mit ihm das Ende des Habsburgerreiches. Was blieb, war Wien und die Not eines verlorenen Krieges. In der Stadt herrschte Hunger, der Schwarzhandel blühte, »und es kam auch in Wien die große Revolution. Sie war nicht schrecklich in der Kaiserstadt. Bei schlechtem Wetter fand sie überhaupt nicht statt, nur wenn es sehr schön war, machten die Wiener Umsturz.« Das Nachtleben wurde dadurch nur lebendiger. Hanussen trat in den einschlägigen Varietés und Kleinkunstlokalen auf. Er zauberte, hypnotisierte und übte sich in telepathischer Wahrsagerei. Meist waren die Fragen so einfältig, daß es kaum mehr als Dreistigkeit zu ihrer Beantwortung bedurfte. Ein junger Mann zweifelte, ob ihm sein neuer Beruf eine schönere Zukunft bringen würde. Hanussen gab ihm die Gewißheit. Ein Mädchen ängstigte sich, ob sie den Richtigen finden würde. Hanussen begütigte. In diesem einen Fall allerdings löste er seine Prophezeiung selbst ein. Hanussen liebte stets auf den ersten Blick und stets mit unerhörter Leidenschaft. Vor allem aber liebte er es, sich selbst leidenschaftlich verliebt zu sehen. Wenn dieses Gefühl nachließ, dann verlor er auch das Interesse an seinem Gegenüber, was all seine Ehen unglücklich werden ließ. Erik Jan Hanussen imponierte bei seinen Vorstellungen weniger durch die Antworten, die er gab, als durch die Art und Weise seines Auftretens — er hatte gelernt, sich und seine Kunst zu inszenieren: »Bei den Hellseherexperimenten zitterte er am ganzen Leib und schwitzte so, daß er während der Vorstellung immer das Hemd wechseln mußte. Man sah ihm die Überanstrengung und unerhörte Konzentration an, mit der er arbeitete. Nach Beendigung des Programms war sein Gesicht aschgrau und verfallen, seine Züge schlaff.« Es hatte sich im Laufe der Jahre erwiesen, daß allenfalls größere Mengen Champagner diese mediale Auszehrung zu lindern vermochten.

Hanussen konnte mit seinen Erfolgen zufrieden sein; er war eine lokale Berühmtheit, er hatte sein Auskommen als Varietékünstler, aber er zielte höher — und dazu brauchte es propagandistischen Auftrieb. Der Zufall kam ihm zu Hilfe. Im Frühjahr 1919 wurde die, sei es der stillen Hoffnung auf Wiedervereinigung oder habsburgischer Trägheit wegen noch immer Österreichisch-Ungarisch geheißene Staatsbank beraubt. Unbekannte hatten kistenweise fertigungsfrische Tausendkronenscheine entwendet. Die Polizei tappte im dunkeln. Da bot Hanussen seine Dienste an. Gegen eine angemessene Belohnung erklärte er sich bereit, die Täter zu nennen und das gestohlene Geld wiederzubeschaffen. Die Bank war einverstanden. Pressevertreter wurden geladen. Hanussen ließ sich an den Tatort führen. Sein Gespür für dramatische Örtlichkeiten ließ ihn geradewegs im Direktionssessel in Trance fallen. Die Zuschauer zeigten sich beeindruckt, und das um so mehr, als Hanussen nach einem publikumswirksamen Zögern tatsächlich Versteck und Täter zu nennen wußte.

Die Kriminalbeamten allerdings waren alles andere als erfreut, weder über ihre eigene Statistenrolle noch über die telepathischen Ermittlungsergebnisse ihres Konkurrenten. Man ahnte, was es mit Hanussens Hellsichtigkeit auf sich hatte, schließlich wußte man um seine Herkunft aus dem 16. Bezirk, aber es fehlten Beweise. Der Presse waren die behördlichen Zweifel gleichgültig, sie hatte ihre Sensation. Hanussen wurde über Nacht zu einer europäischen Berühmtheit. Es beeinträchtigte seinen Ruhm keineswegs, daß sich nach kurzer Zeit der von ihm Identifizierte als unschuldig erwies — der tatsächliche Täter war bereits einen Tag zuvor verhaftet worden, allerdings gestand er erst, als mit dem stetig wachsenden Groll der Ermittlungsbeamten auch die Effektivität ihrer Verhörmethoden wuchs. Die wahren Sachverhalte interessierten ohnehin niemanden. Wien, ganz Europa wollte Hanussen sehen. Die Verträge waren abgeschlossen, die Tournee wurde ein Triumphzug.

Als Hanussen nach Wien zurückkehrte, mußte er mit erzwungener Gelassenheit die Schnellebigkeit seines Ruhms zur Kenntnis nehmen. Sigmund Breitbart, genannt der Eisenkönig, zog durch halsbrecherische Kraftakte das Varietépublikum in seinen Bann: »Er bog dicke Eisenstangen zu Spiralen, schlug Nägel mit der flachen Hand in starke Bohlen; er legte sich unter ein mächtiges Brett, das er mit vielen zentnerschweren Steinen beladen ließ, oder mit entblößtem Rücken auf ein mit Nägeln bespicktes Brett, nahm einen Amboß auf die Brust und ließ darauf herumhämmern, er zerriß Ketten mit den Fäusten, ja er ging sogar so weit, Ketten zwischen den Zähnen zu zerbeißen, als wären sie Salzbrezeln.« Zum Ärger Hanussens, der neidvoll Betrug vermutete, ohne ihn nachweisen zu können. In seiner Not präsentierte er eine seiner weiblichen Straßenbekanntschaften als »Martha Farra, die stärkste Frau der Welt«, die dank seiner hypnotischen Verzauberung die gleichen Kraftakte vollbringen konnte wie ihr schwergewichtiger Konkurrent. Das Publikum kam und staunte. Zum Ärger Sigmund Breitbarts, der sehr wohl wußte, daß Hanussen betrog. Es fiel ihm nicht schwer, dessen Helfer ausfindig und so betrunken zu machen, daß sich Martha Farra eines Abends vergeblich an den nicht präparierten Ketten festbiß. Das Publikum tobte, die Polizei triumphierte und verwies den nunmehr zweifelsfrei des Betrugs Überführten des Landes.

Hanussen nahm die Ausweisung zum Anlaß einer ausgiebigen Amerikatournee — gemeinsam mit Martha Farra: »Sie, die vorher ein armes Schneidermädchen war, wurde der Star von Paris, Madrid, New York und Philadelphia.« Seinen nach eigenem Bekunden sensationellen Erfolg in der Neuen Welt verdankten beide nicht zuletzt der Tatsache, daß es den Zuschauern dort völlig gleichgültig war, ob die vorgeführten »Experimente echt waren«. »In Amerika genügt es vollkommen, wenn es so aussieht, als ob es echt wäre [. . .].« Diese intellektuelle Indolenz garantierte gute Geschäfte. 1927 kehrte Hanussen zurück und beschloß — nicht zuletzt in Erinnerung an die schlechte Behandlung seitens der Wiener —, jene Stadt zu erobern, die vielen als das neue urbane Zentrum der Welt galt: Berlin. »In Berlin ist alles da, Amerika und Nizza, Port Said und Lemberg, alles ist da, und darum liebe ich diese Stadt wie keine zweite in der Welt. In Berlin kann man nicht untergehen [. . .].«

Hanussen ließ sich im Romanischen Cafe nieder, posierte als Geheimnisvoller, praktizierte gelegentlich als Telepath und verliebte sich. Seines aufdringlichen Charmes und mehr noch seines berühmten Namens wegen konnte er sich bald darauf auf Hochzeitstournee begeben. Nach seiner Rückkehr wurde er am 10. Februar 1928 in Teplitz Schönau wegen Betrugs verhaftet. Im März kam er gegen eine hohe Kaution auf freien Fuß. Die Staatsanwaltschaft ermittelte annähernd zwei Jahre. Am 16. Dezember 1929 wurde die Hauptverhandlung eröffnet. Die Zahl der Geschädigten wie die der Zeugen machte eine Verschiebung um weitere fünf Monate notwendig. Mittlerweile hatte die Presse den Prozeß längst zu einem Tribunal werden lassen, verhandelt wurde nicht länger die Strafsache Hermann Steinschneider, verhandelt wurde die

Glaubwürdigkeit der Parapsychologie. Und das Gericht fügte sich dem Druck der öffentlichen Meinung.

Die Zeugenaussagen summierten sich zu einer erdrückenden Beweislast, die Mehrzahl der Fälle belegte zweifelsfrei Hanussens betrügerische Absichten: »Der Bäcker Rudolf Schöller in Gablonz ging [...] in die Privatordination zum Beschuldigten. Nach dreistündigem Warten kam er endlich an die Reihe. Er wollte von dem Beschuldigten seine Zukunft hören. Der Beschuldigte fragte ihn: Wollen Sie es um 100 oder 150 Kronen? Schöller gab zur Antwort: Es ist beides zu viel. Darauf der Beschuldigte: So kann ich nichts sagen. Jetzt erst gab Schöller nach und sagte, er wolle es um 100 Kronen. Der Beschuldigte entgegnete: Bitte, erst die 100 Kronen. Als er dann die 100 Kronen erhielt, fing er an, die Zukunft des Schöller zu deuten. Er nahm dessen rechte Hand und sagte: Da sehe ich nichts. Dann die Linke und erklärte: Aha, da habe ich's schon. Sie haben zwei Lebenslinien: gehen Sie diese. Sie werden in Kürze ein Geschäft anfangen, werden sich gut verheiraten, müssen aber bei der ersten bleiben, dann wird es Ihnen gutgehen und 1929 werden Sie ein reicher Mann werden. Rudolf Schöller war sehr erstaunt und erwiderte, daß dies alles nicht stimmt; er sei schon acht Jahre verheiratet, habe sechs Jahre ein Geschäft, mit dem er nicht zufrieden sei. Der Beschuldigte erklärte nun, Schöller solle ihn in Ruhe lassen, er sei überanstrengt, rief den Sekretär, sagte noch zu Schöller, seine Zeit koste Geld, er könne sich nicht mit so einem Menschen wie Schöller unterhalten, er bekomme die Zeit besser bezahlt als von ihm.«

Die Gutachter bekräftigten, daß der Beschuldigte »in keinem einzigen Falle eine Tatsache vorausgesagt, die ihm nicht bekannt wäre und zu deren Erkenntnis er nicht auf natürliche Weise gelangt wäre. [...] Bei Hanussen liege nur geschickte Kombination, Menschenkenntnis und detektivische Gewandtheit vor.« Es gab jedoch auch posi-

274

tive Zeugenaussagen: »Zeuge Kaufmann Klöcker aus Teplitz: Er hatte eine Hundert-Mark-Note verloren, ging zu Hanussen und schilderte ihm alle Lokale, in denen er sich aufgehalten hatte. Am nächsten Tag schickte er seinen Chauffeur zu Hanussen, und dieser gab ihm das Lokal an, wo er die Note verloren hatte. Klöcker begab sich dorthin und erhielt tatsächlich die Note ausgefolgt.« Nach Veröffentlichung dieser Zeugenaussage meldete sich ein Kellner des betreffenden Lokals bei der Staatsanwaltschaft und gestand, daß er den Geldschein zusammen mit zwanzig Kronen Trinkgeld von Hanussens Sekretär erhalten habe.

Der Vorsitzende Richter, abergläubisch befangen, gab sich mit den unspektakulären Rationalisierungen nicht zufrieden, was Hanussen wiederum geschickt zu seinem Vorteil zu nutzen verstand: Über seinen Anwalt bat er darum, gleichsam als experimentellen Wahrheitsbeweis, Teile seines üblichen Programms vorführen zu dürfen — das Gericht stimmte zu, die Zuschauer waren begeistert. Wie in seinen Vorstellungen ließ er zunächst einen Gegenstand verstecken — und fand ihn dank der mangelnden Phantasie und des beschleunigten Pulsschlags eines vermeintlichen Mediums umgehend wieder. Er ließ von zwei unbeteiligten Prozeßteilnehmern Daten niederschreiben, mit deren Hilfe er ihnen die Vergangenheit wie auch die unmittelbare Zukunft deutete. Bei einem der beiden Probanden gelang ihm das mit spektakulärem Erfolg — nach Hanussens Tod stellte sich heraus, daß der Betreffende, ein unscheinbarer Gendarm, von Hanussens Sekretär bestochen worden war. Die amtlichen Gutachter blieben skeptisch, das Gericht aber war begeistert, zumal sich auch ein hanussentreuer Sachverständiger fand, der dankbar die Gelegenheit nutzte, seinen Fakultätsrivalen die Stirn zu bieten. Hanussen wurde schließlich »im gesamten Umfang von der gegen ihn erhobenen Anklage« freigesprochen. Zur Begründung hieß es: »Wer in den Laden eines

Goldschmiedes tritt, um einen Edelstein zu kaufen, weiß ganz genau, daß er einen Diamant, Saphir oder Smaragd kauft und nicht buntes Glas. Wenn er aber tatsächlich buntes Glas erhält, hat er allen Grund, sich für betrogen anzusehen. Wenn aber ein Mensch, der nicht schwachsinnig ist, zum Hellseher geht, um Erkenntnisse kraft einer geheimnis- und rätselvollen Seelengemeinschaft zu erlangen, kann er unmöglich mit voller Sicherheit hundertprozentige Wahrheit erwarten [...]. Dazu kommt aber noch als gewichtigster Umstand, daß das Gericht nicht in der Lage ist, auszusprechen, daß der Angeklagte die Gabe des Hellsehens nicht besitze.« Wieder einmal hatte sich die Weimarer Justiz zum Werbeträger eines Hochstaplers erniedrigen lassen.

Hanussen konnte sich nunmehr als erster amtlich beglaubigter Hellseher präsentieren. Mit Hilfe eines eilends engagierten Werbeagenten bereitete er den publizistischen Boden für seinen triumphalen Einzug in Berlin. Auf einer eigens anberaumten Pressekonferenz stellte sich der »Hellseher Deutschlands« den Fragen der Journalisten. »Ein untersetzter Herr, Ende der Dreißig, mit schlauen kleinen Augen und beginnendem Bäuchlein«, notierte man mißtrauisch, prognostiziert die Zukunft des Jahres 1930: »Die Wirtschaftslage wird sich bessern«, die Arbeitslosigkeit wird zurückgehen, die »demokratische Diktatur [...] wird sich befestigen«, »Hitler wird zwar nie die gewünschte Führerstellung einnehmen, aber Hugenberg ist der kommende Mann, er wird die deutsch-nationale Richtung durchführen.« Hanussen prophezeite, was ihm gerade in den Sinn kam und was spektakulär genug war, um Aufmerksamkeit zu erregen. Er wußte nur allzu genau, daß ihm genug Zeit blieb, sich im Einzelfall zu korrigieren. Worauf es jetzt ankam, war der augenblickliche Erfolg, und den garantierte die Presse durch ihren unentgeltlichen Werbefeldzug. »Ich bin Journalist und brauche Sensationen«, bekannte einer der Lobredner mit zynischem Freimut, »daß jemand *nicht* hellsehen kann, ist keine Sensation.«

»Der berühmteste Hellseher Berlins« ließ sich auf dem Kurfürstendamm nieder und bot — in juristisch abgesicherter Begrifflichkeit — »Psychographologie, Geschäfts- und Schicksalsberatungen« aller Art an. Seine Wartezimmer waren voll, nicht zuletzt dank seiner professionellen Öffentlichkeitsarbeit, die jede propagandistische Gelegenheit geschickt zu nutzen verstand: Hanussen besuchte regelmäßig die Galopprennbahn im Hoppegarten, wo sein Tun auf Schritt und Tritt von einer neugierigen Menschenmenge beobachtet wurde. Es lag nahe, dies auszunutzen. Eines Tages ging Hanussen an einen der Wettschalter, reichte wortlos einen Zettel hindurch und nahm nach Ende des Rennens mit aufreizender Beiläufigkeit die Banknotenbündel in Empfang. Dieser Umstand war um so erstaunlicher, als die spätere Abrechnung ergab, daß an diesem Schalter keineswegs Gewinne ausbezahlt worden waren. Hanussen hatte dem bestochenen Schalterbeamten das Geld vorab überreichen lassen. Die Rennleitung, bemüht, einen Skandal zu vermeiden, ersuchte Hanussen um die bereitwillig gegebene Zusage, fortan jedes Wettbüro zu meiden. Die Presse dagegen feierte das »Hellsehwunder vom Hoppegarten«.

Hanussen machte Karriere in den besseren Kreisen Berlins. Und er machte Bekanntschaft mit denen, die in den besseren Kreisen zunehmend den Ton anzugeben begannen. Wolf Heinrich Graf von Helldorf beispielsweise, Freikorpskämpfer, Kapp-Putschist, Adjutant des Stahlhelmführers Duesterberg, Nationalsozialist der ersten Stunde. 1935 wurde er Polizeipräsident von Berlin. Hanussen, der sich von seiner prophetischen Parteinahme für Hugenberg längst distanziert hatte, diente sich Helldorf als Freund und Gönner an. Er unterstützte ihn finanziell, lieh ihm seinen Wagen, für private Zwecke wie für Dienstfahrten der SA. Helldorf seinerseits machte Hanussen mit dem stellvertretenden SA-Gruppenführer Karl Ernst bekannt. Einst Page des Eden-Hotels und Lustknabe Ernst Röhms, frönte er nun im kompensatorischen Überschwang einer kräfte- wie einkommenszehrenden Promiskuität, die ihn nicht weniger empfänglich für diskrete Beihilfen sein ließ als den lebenslustigen Grafen.

Hanussen gab gern. Fasziniert von der virilen Militanz der NS-Chargen und dem okkultistischen Dünkel der Blut- und Bodenmythologie, verschrieb er sich im vollen Bewußtsein der zu erwartenden Karrieremöglichkeiten dem Nationalsozialismus. In seinem *Berliner Wochenblatt* verkündete er das Kommen des »Dritten Reiches«, in seiner Zeitschrift *Die andere Welt* warb er mit geschönten Horoskopen und fingierten Jenseitsmeldungen für die Sache Hitlers. Die in den Jahren des »Aufbruchs« ihrer Sache noch durchaus ungewissen örtlichen NS-Größen wiederum zeigten sich erfreut über diese unerwartete Unterstützung seitens einer so illustren Persönlichkeit.

Dem Publikum war all das gleichgültig. Die Berliner schätzten seinen Unterhaltungswert und strömten in Scharen, um im Wintergarten sein neues Programm zu bestaunen. Hanussen begann mit hypnotischen Experimenten, zu denen er — unter dem begeisterten Applaus der Zuschauer — fünf Pressevertreter auf die Bühne bat. »Er konnte«, spöttelte bewundernd ein Kritiker, »bezaubernd, charmant, liebenswürdig, bizarr, oberflächlich, talmudisch, melancholisch, harmlos wie ein Kind, bösartig wie ein Teufel, verführerisch wie Casanova und Don Juan sein.« Und er nutzte dieses schmeichlerische Talent mitsamt seiner hypnotischen Gabe, um die zur Demonstration Zitierten der Lächerlichkeit preiszugeben. Ob es nun der dem Berufsstand eigene Hang zur autosuggestiven Selbsttäuschung war, der sie so hervorragend als Medium geeignet sein ließ, oder nur der Wille, an der Sensation mitwirken zu dürfen, ob kalkulierte Willfährigkeit oder einfach nur Bestechung, die Journalisten boten das erhoffte Spektakel. Unter Hanussens stechendem Blick regredierte der eine in mitleiderweckende Infantilität, entblößte sich der andere mit exhibitionistischer Unbekümmertheit, bekannte ein dritter mit ungewohnter Wahrheitsliebe privateste Peinlichkeiten. Das Publikum dankte es mit anhaltendem Applaus.

Nach der Pause begann der spektakulärste Programmpunkt der Vorstellung: Hanussen bat die Anwesenden, ihnen wichtige Fragen auf einem kleinen Zettel zu notieren, zu falten, und in den von seinem Assistenten herumgereichten Zylinder zu werfen. Der Andrang war groß. Nach wenigen Augenblicken ließ sich Hanussen den Zylinder zurückbringen. Eindringlich bat er um Ruhe. Mit aufmerksamkeitsheischendem Zögern nahm er den ersten Zettel aus dem Zylinder, legte ihn an die Stirn, schloß die Augen und sprach, abgehackt, atemlos, dramatisch überstürzt. Was er sah und schauspielerte, war der Endspurt eines Pferderennens. Hanussen öffnete den Zettel und las: »Ich möchte wissen, ob unser Pferd am nächsten Sonntag im Hoppegarten gewinnt.«

Hanussens Blick suchte den Fragesteller. Es meldete sich eine in den besseren Kreisen Berlins wohlbekannte Dame: Gräfin Pongrács, Lebensgefährtin des Barons von Redwitz, Vertraute des Grafen Helldorf. Niemand im Raum konnte sie der Komplizenschaft mit Erik Jan Hanussen verdächtigen, niemand im Raum wußte, daß ihr Geburtsname Sarah Levi war und daß sie einst die Vorgängerin Hermann Steinschneiders in Diensten des Wiener Zauberkünstlers Rubini gewesen war. Hanussen hatte die zufällige Wiederbegegnung mit ihr sofort zu nutzen verstanden und ihren Auftritt detailliert vorausgeplant — wozu es, in sentimentaler Rückerinnerung an vergangene Zeiten, nicht des geringsten erpresserischen Nachdrucks bedurft hatte. Es war keine Kunst, der Gräfin die Niederlage ihres Pferdes zu weissagen, und es forderte kaum mehr Geschick, so zu tun, als wäre es ihr Zettel, von dem er die ihm längst bekannte Frage ablas. Tatsächlich hatte Hanussen in diesem Augenblick bereits den nächsten Zettel in der Hand, so war es für ihn ein leichtes, telepathische Antworten auf all die Fragen zu geben, die er jeweils einen Moment zuvor ablesen konnte. Der Trick war schlicht, wirkungsvoll und umstandslos zu inszenieren, denn ein Komplize fand sich immer, wenn auch nicht immer unentgeltlich. Waren aber die Fragen erst bekannt, ergaben sich die Antworten und der Beifall von selbst. Hanussen konnte bei diesen telepathischen Tricknummern stets auf zweierlei rechnen: auf die Zeit und die Einfalt der Fragesteller, die jede noch so vage Auskunft dankbar beklatschten. Und Hanussen zeigte sich großzügig: Angesichts der hohen Eintrittsgelder fiel es ihm leicht, Beförderungen auszusprechen, Liebende zueinander zu führen und verschollene Verwandte auch weiterhin verschollen sein zu lassen. Was immer er über die Zukunft phantasierte, nachprüfen ließ sich ohnehin das wenigste. Das Publikum staunte, die Geprellten schwiegen, und die Pressevertreter trieben »Deutschlands berühmtestem Telepathen« mit zynischem Eifer die Kunden in Scharen zu.

Hanussen eröffnete ein okkultistisches Haus mit Seanceraum, exotischen Zierfischen und Abhörgeräten der neuesten Bauart. Bevor die Besucher vorgelassen wurden, hatten sie reichlich Gelegenheit im stets gefüllten Wartezimmer ihre Probleme untereinander zu besprechen. Diese Gespräche verfolgte Hanussens Sekretär und filterte sie nach wissenswerten Intima. Eine Standleitung zu einem bestochenen Beamten des Einwohnermeldeamts lieferte weitere Daten, so daß es Hanussen selten an einer prophetischen Auftaktpointe mangelte. Und selbst wenn die vorgefertigten Inspirationen ausblieben, seine Menschenkenntnis und die Gutgläubigkeit der Ratsuchenden halfen über alle Unsicherheiten hinweg.

Hanussen hat aus den wenig wundersamen psychologischen Geschäftsbedingungen seiner Arbeit nie einen Hehl gemacht. So offen er in seiner Autobiographie in Felix Krull-Manier über seine Vergangenheit plaudert, so offen hat er sich in Artikeln über seine Verkaufsstrategie geäußert: »Ich nehme nur solche Kunden, die von vornherein bereit sind, zu kaufen, die wollen, daß die Sache gelingt. Nun habe ich aber noch den immensen Vorteil des das Medium einschüchternden Menschen, von dem man ja gehört hat und von vornherein überzeugt ist, daß ihm diese Dinge gelingen, daß es also wahr sein müsse, wenn er sagt: Sie können die Augen nicht öffnen [...]. Ich überschütte mein Medium mit einem Schwall von Behauptungen und lasse dem ohnedies verwirrten Gehirn nicht eine Sekunde Zeit zur Kritik. Die von mir mit ungeheuerer Festigkeit vorgebrachten Argumente gegenüber einer Person, deren ganzes Denken und Fühlen auf die Sache abgestimmt ist, haben die Wirkung, daß das Gehirn bei der angeborenen Denkfaulheit in jedem Individuum endlich träge geworden, sich nicht weiter bemüht, meine Worte einer kritischen Prüfung zu unterziehen und, eingedenk meiner Vorbedingung, Widerstand zu leisten. Dazu kommt nun bei den meisten Menschen die psychologisch begründete Lust zu imponieren, das Erstaunen, welches meist schon dann einsetzt, wenn ich etwas behaupte, was eigentlich noch gar nicht gelungen ist, und zum Schluß — wenn das Experiment geglückt ist — der unbedingte Glaube an meine Gewalt, der sich zu widersetzen einfach zwecklos wäre.«

Sein ehemaliger Sekretär, der ihm bei den Telepathievorführungen assistierte, hatte dem in seiner nach der unehrenhaften Entlassung aufgesetzten eidesstattlichen Erklärung kaum noch etwas hinzuzufügen: »Ich weiß ganz positiv, daß Hanussen seit dem Tag, an dem er das sogenannte Hellsehen in sein Programm aufgenommen hat, bis zum Tage meiner Trennung von ihm, was zwei Jahre später der Fall war, auch nicht ein einziges Mal wirklich hellsehen konnte. Ich bin im Gegenteil davon überzeugt, daß ihm keinerlei übernatürliche Fähigkeiten eigen sind, wenn man nicht seine brutale Hemmungslosigkeit und übernormale Kühnheit als solche bezeichnen will.«

Nichtsdestoweniger wuchsen Hanussens Einnahmen in neiderweckende Höhen, seine Limousinen wurden allerorten bestaunt, seine Yacht, auf der Wochenende für Wochenende rauschende Feste stattfanden, erhielt im Volksmund den Namen »Yacht der sieben Sünden«. Hanussen fühlte sich geschmeichelt. Er war aufreizend spendabel und spekulierte um so großzügiger auf die Zukunft: Eine Hanussen-Klinik sollte entstehen, Hanussen-Zeitschriften, an der Seite des Führers gedachte er ein Imperium des Okkultismus zu errichten.

Am 30. Januar 1933 wurde Adolf Hitler als Reichskanzler vereidigt. Die zur Siegesfeier in die Stadt einbestellten SA- und SS-Verbände johlten durch die Straßen. Tags darauf begann das »Großreinemachen«, systematischer, brutaler, mitleidloser, als es viele der Gegner und Sympathisanten erwartet hatten. Hanussen war Jude. Nun drohte unversehens das Ende seiner Karriere — trotz aller finanziellen und propagandistischen Hilfeleistungen. Nach wie vor ließ er örtlichen NS-Größen großzügig Darlehen zukommen, um die Schuldscheine zu horten; nach wie vor veranstaltete er intime Soupers mit parteiwilligen Damen und prophezeite den Nationalsozialisten jeden Triumph, den sie sich wünschen konnten. Sein Chauffeur war Mitglied der SA, er selbst trug immer häufiger eine maßgeschneiderte braune Uniform, wiewohl er als Ausländer nur förderndes Mitglied sein durfte. Noch glaubte er Herr der Lage zu sein, noch konnte er seine Freunde bei der SA um den ein oder anderen Gefallen bitten, wenn es galt, Kritiker mundtot zu machen. Als Hanussen erfuhr, daß ein ehemaliger Sozialdemokrat namens Max Moecke eine Broschüre unter dem Titel

Der neue Rasputin publizieren lassen wollte, stellte er ihn im Schutze einiger SA-Männer im Romanischen Café. »So gestärkt, zog er dem zu Tode erschrockenen Moecke zwei mit der Peitsche über, dann zwang er ihn auf den Tisch zu klettern, dort einen Hahn nachzuahmen und dreimal laut Kikeriki zu rufen. Moecke gehorchte.« Aber er rächte sich. Er denunzierte Hanussen bei der Parteileitung als Juden und empörte sich über die hohen SA-Führer, die sich von ihm mit Geld und Frauen hofieren ließen. Göring tobte und befahl, die Sache zu bereinigen.

Hanussens Fehler war gewesen, daß er in seiner Autobiographie offen seine jüdische Abstammung bekannt hatte. Er erinnerte sich eines der käuflichen Notare in Wien und ließ eine Adoptionsurkunde ausfindig machen, die beglaubigte, daß seine Eltern einst den Sohn eines früh verstorbenen arischen Ehepaares adoptiert hatten. Aber die Glaubwürdigkeit solcher Adoptionsurkunden schwand mit der inflationären Häufigkeit ihres Auftretens, und so blieb Hanussen als letzte Hoffnung nur, will man seinem Biographen, dem Drehbuchautor Géza von Cziffra Glauben schenken, das »Unternehmen Nero«.

Am 18. Februar 1933 kam Marinus van der Lubbe in Berlin an. Van der Lubbe war Kommunist, Anarchist, Vagabund und Pyromane aus Leidenschaft. Ein ideales Medium für einen Hypnotiseur. Hanussens Faktotum hatte ihn auf seiner Suche nach geeigneten Brandstiftern ausfindig gemacht, und Hanussen selbst — so Géza von Cziffra — flüsterte ihm die herostratische Idee ein, sich durch ein loderndes Fanal unsterblich und das deutsche Proletariat endlich kampfbereit zu machen. Van der Lubbe zeigte sich von der Idee begeistert, nicht aber von Hanussen. Er verschwand von der Bildfläche. Wenige Tage später, am 25. Februar, kehrte er wieder, prahlte: »Ich habe das Wohlfahrtsamt angezündet, und das Rathaus, und das Schloß«, und verschwand erneut. Van der

Lubbe hatte nicht gelogen. Allerdings war der Sachscha-
den dank seiner dilettantischen Vorgehensweise in allen
Fällen gering.

Am nächsten Tag brannte der Reichstag. Halbnackt
wurde der schweißtriefende und völlig verwirrte van der
Lubbe im Gebäude aufgegriffen. Wenig später traf Hitler
am Tatort ein, »sein Gesicht flammend rot [...] vor
Erregung und von der Hitze, die sich in der Kuppel
sammelte. Als ob er bersten wollte, schrie er [...]: ›Es
gibt jetzt kein Erbarmen; wer sich uns in den Weg stellt,
wird niedergemacht. Das deutsche Volk wird für Milde
kein Verständnis haben. Jeder kommunistische Funktio-
när wird erschossen, wo er angetroffen wird. Die kommu-
nistischen Abgeordneten müssen noch in dieser Nacht
aufgehängt werden. Alles ist festzusetzen, was mit den
Kommunisten im Bunde steht. Auch gegen Sozialdemo-
kraten und Reichsbanner gibt es jetzt keine Schonung
mehr!‹« Noch in der gleichen Nacht ordnete Göring die
Verhaftung aller ranghohen KPD-Funktionäre und anderer
namhafter Oppositioneller an. Am nächsten Tag erließ
das Kabinett eine »Verordnung zum Schutz von Volk und
Staat«, um die Grundrechte außer Kraft zu setzen. Zwischen März und April wurden allein in Preußen 25 000
Personen verhaftet, von denen viele bereits die Verhöre
nicht überlebten. Die nationalsozialistische Willkür hatte
ihren Vorwand gefunden. »Es ist wieder eine Lust zu
leben!« jubelte Goebbels.

Auch Hanussen wähnte sich am Ziel. Zwar hatte van
der Lubbe letztlich auf eigene Faust gehandelt, aber es
war seine Idee gewesen, er hatte ihn auf den Gedanken
gebracht, ihm hatte der Dank der Partei zu gelten. In
der *Bunten Wochenschau* triumphierte er: »Die Würfel
sind gefallen. Von der Burg kommunistischer Schreckens-
herrschaft, dem Karl-Liebknecht-Haus in Berlin, weht
stolz die Hakenkreuzfahne als Symbol der endgültigen
Befreiung Deutschlands von der roten Pest [...]. Ich

habe Jahre hindurch von dem Tage geträumt, der nun endlich gekommen ist. [. . .] Jahrelang bin ich beschimpft worden, aber auch immer wieder geehrt durch das Prädikat ›Hitler-Hellseher‹ und ›Nazi-Hellseher‹, das sie mir verleihen mußten in ohnmächtiger Wut darüber, daß meine Prognosen des nicht abzuwehrenden völkischen Erwachens immer wie Keulenschläge eingetroffen sind.«

Der Jubel war verfrüht. Welche Rolle Jan Erik Hanussen auch immer in den Ereignissen dieser Tage gespielt haben mag, es war die falsche. Der »Hellseher des Führers« hatte ausgedient. Am 24. März verschwand Hanussen nach seiner Nachmittagsvorstellung im Scala-Varieté. Seine Entführer verschleppten ihn in ein Waldstück nahe dem Ort Baruth. Am 7. April wurde seine Leiche gefunden. Das Gesicht war von Nagelstiefeln und Wildfraß entstellt.

Das letzte Lächeln *Paramahansa Yogananda*

5. 1. 1893 bis 7. 3. 1952

In Indien leben 844 Millionen Menschen, 180 Millionen Rinder und mehr Heilige als in jedem anderen Land der Welt. Das Pro-Kopf-Einkommen liegt bei 500 DM im Jahr, die offizielle Säuglingssterblichkeit bei 10%, die Lebenserwartung beträgt für Besserverdienende 60 Jahre.

Weit über 500 Millionen Inder sind Analphabeten, jeder zweite ist unterernährt und arbeitslos, jeder dritte lebt unterhalb der Armutsgrenze, eine unbekannte Zahl stirbt alljährlich den Hungertod. 15 Millionen Inder, Erwachsene wie Kinder, leben in Schuldknechtschaft und müssen lebenslänglich Zwangsarbeit leisten. 30 Millionen wohnen in Slums, ohne Wasserversorgung und Kanalisation. Von 4000 Städten verfügen 217 über ein mehr oder minder funktionierendes Abwassersystem, 93% der ländlichen Haushalte sind ohne Latrinen, 700 Millionen Inder verrichten ihre Notdurft auf dem freien Feld. Die medizinische Versorgung ist unzureichend: Für 80 000 Menschen stehen durchschnittlich 17 Krankenschwestern, 66 Krankenhausbetten und 1 Zahnarzt zur Verfügung. Jeder 3. Mediziner emigriert nach seiner Ausbildung ins Ausland. Seit 1974 besitzt Indien die Atombombe.

Indien ist eines der ältesten Kulturländer der Welt. Im 4. Jahrtausend, als der Okzident in der Jungsteinzeit dahindämmerte und starkbehaarte, mit dem Schleifen von Steingeräten und der Erfindung von Tontöpfen hinlänglich beschäftigte Mitteleuropäer mitsamt ihren dürftig domestizierten Schafen und Schweinen die Seßhaftigkeit probten, lebte der hochzivilisierte Inder, sofern er zu den Bessergestellten zählte, in planvoll angelegten Städten, deren prunkvolle Paläste und Wohnhäuser mit gekachelten Bädern und einer funktionstüchtigen Kanalisation ausgestattet waren.

1500 v. Chr. begann die Invasion arischer Nomaden und der Niedergang der Stadtkulturen. Die Ureinwohner wurden versklavt, die ständisch organisierte Herrenrasse der Eroberer vagabundierte plündernd umher und gewöhnte sich nur sehr zögerlich an die Vorzüge städtischer Zivilisation. Wenn einzelne Stämme seßhaft wurden, gründeten sie Königreiche, die selten älter wurden als ihre Monarchen. Diese Kleinstaaterei lockte immer wieder andere Völker zu Raubzügen in die reiche Indusebene. Einer der erfolglosesten war der Alexanders des Großen, der auf der Suche nach den Grenzen der Welt und den legendären Schätzen Indiens von seinem kriegsunwilligen Heer zur Umkehr gezwungen wurde.

Während in Europa Jahrhunderte hindurch das zivilisatorische Niveau dank der unablässigen Glaubens- und Machtkämpfe christlicher Feudalherren konstant niedrig blieb, entstanden in Indien Großreiche von märchenhafter Ausdehnung und Pracht, die binnen weniger Generationen wieder zerfielen; mäzenatische Herrscher förderten Künste und Wissenschaften, islamische und mongolische Invasoren plünderten und mordeten, Stammesfehden und Religionskriege kosteten Millionen das Leben.

So phantasiereich die Legenden, die sich in Europa um das sagenhafte Land am Ostrand der Welt rankten, so real war der Profit aus dem Handel mit all dem, was Europäer

als Kostbarkeit schätzten und arabischen Zwischenhänd-
lern teuer bezahlten: Edelsteine, Elfenbein, Gewürze und
Baumwolle. Die Größe der zu erwartenden Beute sta-
chelte die Erfindungskraft der Schiffsbauer und den Mut
der Entdecker an. Dank der navigatorischen Fahrlässig-
keit des Columbus blieben Indien noch einige wenige
Jahre der Ruhe, bis Vasco da Gama 1498 seinem Land den
Weg zu Macht und Reichtum wies. 100 Jahre lang beherrschten die Portugiesen den Handel mit Indien, dann
stritten sich Holländer und Engländer um das koloniale
Erbe. Mit Beginn des 17. Jahrhunderts beutete die Britische Ostindienkompanie in Konkurrenz mit den Franzosen generalstabsmäßig das Land aus, was immer wieder
Anlaß zu erfolglosen Aufständen gab. Nach dem erzwungenen Rückzug Frankreichs herrschten die Briten von 1810
an mit dem ihnen eigenen patriotischen Altruismus, der
das Wenige an zivilisatorischem Fortschritt und effizienter
Verwaltung so teuer berechnete, daß die Mehrheit des zur
Kultivierung vorgesehenen Volkes auf unabsehbare Zeit
in jener Primitivität verharren mußte, die es so ungeeignet
für die englische Demokratie erscheinen ließ. Während
sich Unterhaus und Regierung in all den Jahrzehnten
prinzipiell einig über ihre Verpflichtung wurden, diesen
Entwicklungsrückstand zu verringern — wenn auch mit
einer den Orientalen angemessenen Gemächlichkeit —,
bereicherten sich staatlich protegierte Spekulanten und
korruptionswillige Regierungsbeamte in einer Hemmungslosigkeit, die sprichwörtlich wurde. Die Mißstände besserten sich nur unwesentlich, als das Land zunächst einem
Generalgouverneur und schließlich, 1858, nach einem
gescheiterten Söldneraufstand, direkt der englischen Krone
unterstellt wurde. Die disziplinierenden Massaker der
Kolonialarmee beschleunigten die politische Organisation
der Befreiungsbewegung: 1885 wurde der indische Natio-
nalkongreß gegründet, um eine angemessene Beteiligung
des Bürgertums an der Regierungsverantwortung im

eigenen Land durchzusetzen; 1893, im Geburtsjahr Yoganandas, begann in Südafrika der indische Anwalt Mohandas Gandhi für die Rechte seiner unterdrückten Landsleute einzutreten.

Nachdem sich England im Zweiten Weltkrieg politisch wie ökonomisch zur Bedeutungslosigkeit gesiegt hatte, ergriff es mit zögerlicher Dankbarkeit die Gelegenheit, die verlustreiche und zunehmend unregierbar werdende Kolonie aufzugeben. 1947 wurde Indien in die Unabhängigkeit entlassen. Zuvor war, unter widerwilliger Zustimmung Gandhis und der Kongreßpartei, Pakistan als selbständiger Staat abgetrennt worden — die Gegensätze zwischen den Hindus und der muslimischen Minderheit hatten sich als unüberwindbar erwiesen. Annähernd 15 Millionen Menschen machten sich auf die Flucht in ihre jeweils neue Heimat. Hunderttausende kamen bei nationalistischen Gewalttaten um — trotz eines mahnenden Hungerstreiks Gandhis, der ein Jahr später von einem fanatischen Hindu als Vaterlandsverräter erschossen wurde.

Der Hinduismus, die zahlenmäßig bedeutendste Weltreligion, ist ein Glaube, dessen lethargische Toleranz westlichen Missionaren kaum mehr zu tun ließ, als an ihrer Berufung zu zweifeln. Der Hinduismus kennt keinen Stifter, hat sich dogmatisch nie verfestigt und wirbt keine Anhänger. Es gab und gibt kein gemeinsames Glaubensbekenntnis und folglich keine Ketzer, die auf Scheiterhaufen zu maßregeln wären. Jede Form des Gottesglaubens, sei er heidnisch viel- oder christlich dreigestaltig, gilt als praktikabel, alle Erlösungswege als gangbar — sofern sie aus der Welt hinausführen, denn über die Nichtigkeit des irdischen Lebens waren sich die indischen (wie die europäischen) Religionslehrer stets einig. Hinduistischem Glauben zufolge ist die Welt eine Besserungsanstalt, in der jedem Wesen genau der Platz zugewiesen ist, den

290

es aufgrund seines Vorlebens verdient hat, was nicht wenige lebenslang voll Bitterkeit über die Verfehlungen ihrer Vorgänger grübeln ließ und läßt. Diese Seelenwanderung ist ohne Anfang — ein Ende findet sie erst dann, wenn alle Sünden abgebüßt sind. Die Zahl der Götter und Dämonen, Geister und Heiligen, die diesem Läuterungsprozeß beiwohnen, vermag niemand zu überschauen, selbst die Priester nicht. Neben dem Weltschöpfer Brahma, dem Welterhalter Wischnu und dem fruchtbar-zerstörerischen Schiwa tummeln sich Heerscharen zweit- und drittrangiger himmlischer Existenzen — in altindischen Erzählungen wird ihre Zahl auf 330 Millionen geschätzt. Während Brahma zurückgezogen in der Unnahbarkeit seiner Allmacht residiert, genießen Krischna, der menschgewordene Wischnu, Schiwa, der Phallusgestaltige, und sein janusgesichtiges Weib, die schrecklich-schöne Weltenmutter Parvati/Kali, mitsamt den unzähligen Regional-, Lokal- und Bezirksgottheiten eine weit volkstümlichere Verehrung. Wohl nicht zuletzt aufgrund dieser tumultösen Zustände herrscht im hinduistischen Olymp genau jenes Maß an theologischer Konfusion, die Unübersichtlichkeit und Toleranz garantiert. Toleranz allerdings nur gegenüber dem, der auf der gleichen Einkommensstufe steht, der gleichen Kaste angehört und kein Pakistaner ist.

Der Hinduismus ist eine Klassengesellschaft, entstanden aus dem Abgrenzungswillen der arischen Eroberer gegenüber der einheimischen Bevölkerung. Zuoberst steht die Kaste der Brahmanen, der Priester, gefolgt von der des Adels und der Bauern; die unterste, die der Unberührbaren, versammelt die Angehörigen der unterworfenen Völker, aus denen sich das Personal der verachteten Berufe, die Korb- und Mattenflechter, Abdecker, Straßenkehrer und Musikanten rekrutiert. Nicht anders als seinerzeit die mittelalterliche Ständeordnung gilt auch diese Hierarchie denen, die davon profitieren, als eine gottgewollte, deren

Unumstößlichkeit um so offensichtlicher scheint, als das Karma der niedrigen Geburt deutlich genug das skandalöse Vorleben der Parias bezeugt. Ein Vorleben, das es abzuarbeiten gilt — gegen möglichst bescheidene Entlohnung.

Yoganandas Eltern gehörten der zweitobersten Kaste an, was für ein ungemein tugendsames Vorleben spricht. Der Vater, Vizepräsident einer der größten Eisenbahngesellschaften des Landes, war fleißig, streng und von asketischer Bedürfnislosigkeit. Die Mutter, in unverbrüchlichem Gehorsam ihrem Mann gegenüber, gütig, liebevoll und fromm. Luxus war verpönt, die Freizeit mit Andachtsübungen angefüllt, und nur um des Fortbestands der Familie willen traf man sich alljährlich einmal zum Beischlaf. Acht Kinder entsprangen diesem zyklischen Ritual, Yogananda war der zweite von vier Söhnen. Sein früheres Leben hatte er als Heiliger im Himalaya verbracht, entsprechend bestürzt war er über die kindliche Hilflosigkeit, zu der ihn seine Wiedergeburt nötigte. Auch wenn er nur noch spärliche Erinnerungen an sein einstiges Eremitendasein hatte, so war er sich doch früh seiner Auserwähltheit bewußt und ließ bereits als Kind seine Mitmenschen über die Macht seiner spirituellen Begabung staunen. Als seine Schwester einst an einem Furunkel litt und diesen mit Heilsalbe bestrich, nahm sich der kleine Yogananda ebenfalls etwas Salbe und verschmierte sie mit kindlichem Eifer auf seiner gesunden Haut. Auf ihre verdutzte Frage hin belehrte er sie in ernstem Ton, daß ihm ebenfalls bald ein Furunkel wachsen würde. Die Schwester lachte und schalt ihn einen Schwindler. Yogananda, entrüstet über ihren Zweifel, prophezeite, daß ihm selbst binnen 24 Stunden ein Furunkel wachsen und der seiner Schwester zur Strafe für ihre Kleingläubigkeit sich um das Doppelte vergrößern würde. Und so geschah es. Die Schwester litt noch mehr, die Eltern waren entsetzt, er selbst mit einem Geschwür geplagt — schlechten Gewissens gelobte er, seine Zauberkraft fortan nur noch zum Wohl der Menschen zu verwenden.

Als Yogananda 11 Jahre alt war, starb seine Mutter, die, anders als der Vater, nie Zweifel an der himmlischen Berufung ihres Lieblingssohnes gehegt hatte. In ihrem letzten Willen hinterließ sie ihm ein kleines Kästchen mitsamt einer Botschaft, die ihn über all die wunderlichen Umstände bei seiner Geburt aufklärte. In dem Kästchen selbst lag ein Amulett, das ein geheimnisvoller Fremder in ihren Händen sich hatte materialisieren lassen, auf daß sie es einst ihrem Sohn als Beweis seiner messianischen Berufung weitergebe. Solchermaßen beruhigt und bestärkt beschloß Yogananda, seine Erziehung nicht der Schule zu überlassen, sondern alle heiligen Männer der näheren Umgebung aufzusuchen, bis er seinen persönlichen Lehrmeister und Guru gefunden hatte.

Heiligen begegnet man in Indien allenthalben, entsprechend groß war die Zahl der Bekanntschaften und Legenden, die Yogananda sammelte. So erzählte ihm einst ein Bahnpolizist von einem für indische Verhältnisse eher alltäglichen Wunder, das ihm und einem Kollegen widerfahren war, als sie einst am Gangesufer nach einem als Pilger verkleideten Mörder fahndeten. Nach einigem Suchen entdeckten sie tatsächlich eine Gestalt im Mönchsgewand. Der Mann ließ sich durch Zurufe nicht beirren und ging weiter, worauf ihm der ungehaltene Polizist, kaum da er ihn gestellt hatte, mit seiner Dienstaxt den Arm abhieb. Unbeeindruckt ging der Fremde weiter. Als sie ihn schließlich erneut eingeholt hatten, gab er ihnen sanft zu verstehen, daß er nicht der Mörder sei. Der Polizist erkannte seinen Irrtum und bat um Entschuldigung. »»Mein Sohn, das war nur ein verzeihlicher Irrtum‹, sprach der Heilige, indem er mich freundlich anblickte. ›Geh nur und mache dir keine Vorwürfe. Die geliebte Mutter

[Natur] wird sich meiner annehmen.‹ Damit schob er seinen herabbaumelnden Arm in den Stumpf, und er blieb tatsächlich haften; auch das Bluten hörte erstaunlicherweise auf.«

Yogananda lernte schnell, daß es nichts gibt, was die heiligen Männer Indiens nicht zuwege bringen — wenn sie nur wollen und das Karma es ihnen gestattet. Für versierte Swamis ist es ein leichtes, sich in einem Zweitkörper zu materialisieren, um mit entfernter lebenden Jüngern zu sprechen oder ihnen ihren Besuch anzukünden. Blinde lernen sehen, Lahme gehn, Magistratsbeamte glauben; Bestien aller Art werden zahm oder mit bloßen Händen erwürgt, ätzende Kalklösungen literweise und ohne gastrale Komplikationen getrunken. Selbst eine wilde Löwin ließ sich von ihrem Guru bekehren, aller fleischlichen Nahrung zu entsagen und sich statt dessen von Reis und Milch zu ernähren, was dazu führte, daß sie fortwährend — sei es der religiösen Inbrunst oder des knurrenden Magens wegen — »mit einem tiefen, wohllautenden Brummen den Laut OM« erzeugte.

Alle heiligen Männer, die ihr Dasein ausschließlich der Askese weihen, verfügen über eine nach westlichem Verständnis unglaubliche Ausdauer, die es ihnen gestattet, nahezu ihr gesamtes Leben in den unbequemsten Stellungen zu verbringen. Es ist für einen wohltrainierten Yogi nichts Außergewöhnliches, 20 Jahre in einer verborgenen Grotte zu leben, 18 Stunden am Tag zu meditieren, um einen höheren Bewußtseinszustand zu erlangen, der es erlaubt, 25 Jahre lang täglich 20 Stunden in Yogaekstase zu verbringen. Aufgrund dieser stupenden Untätigkeit vermögen Fortgeschrittenere nahezu gänzlich ohne Schlaf auszukommen.

Swamis schweben durch Gefängniszellen, lassen Tote wiederauferstehen, kennen weder Hunger noch Durst. Dank ihrer zurückhaltenden Lebensführung altern sie wenn überhaupt, nur willentlich: 1000 Lebensjahre sind für einen Yogi keine Seltenheit, allerdings verbergen sich diese älteren Heiligen meist in jenen Tälern des Himalaya, die Touristen nicht zugänglich sind.

Mit freundschaftlicher Süffisanz hält Yogananda in seiner Autobiographie westlicher Skepsis entgegen, daß es in den glaubensstärkeren Zeiten Europas eine Vielzahl christlicher Heiliger gab, die durch ähnlich wunderliche Talente von sich reden machten: Joseph von Copertino wurde von seinen Klosterbrüdern vom Küchendienst entbunden, weil er häufig mitsamt dem Geschirr zur Decke aufstieg. Teresa von Avila soll es zuweilen ähnlich ergangen sein; allerdings wußte sie ihr Gebrechen durch das Mitführen kleinerer Gewichte zu steuern.

Die von Yogananda mitgeteilten hinduistischen Wunder, seien sie selbst erlebt oder durch die von ihm befragten Augenzeugen als authentisch bestätigt, fordern nicht mehr Glaubenskraft als Reliquienkult, Quellenmagie oder Hostienzauber. Der Unterschied ist keiner der Qualität, der Wahrscheinlichkeit oder des Nutzens, wie Yogananda mit naiver Folgerichtigkeit bemerkt, der Unterschied ist allein einer der Zeit. Es gibt in der westlichen Welt keine Wunder mehr, weil das wissenschaftliche Denken den Vertretern der Amtskirchen den Mut genommen hat, sie propagandistisch zu nutzen. Die Wunderbereitschaft der Gläubigen dagegen ist keineswegs gesunken, im Gegenteil: vom horoskopischen Alltagsschwindel bis zum esoterisch aufgeputzten Kapitalverbrechen findet jede mysteriöse Gaukelei Zuspruch, die Erlösung von der Monotonie des Alltagsdenkens verspricht. Und umgekehrt, ohne die Attraktionen des Übersinnlichen, ohne Betmagie und Gnadenbeweis ist eine Religion für die Mehrzahl ihrer Anhänger ohne Wert. »Wenn ihr nicht Zeichen und Wunder sehet, so glaubet ihr nicht« — voll anzüglicher Ironie hat Yogananda seiner Autobiographie diesen christlichen Wahlspruch als dezenten Hinweis auf die didaktische Fiktionalität des von ihm Erzählten vorangestellt: Wahr ist alles, was den Menschen glaubhaft vorkommt und ihnen Freude macht.

Unter den Swamis, die Yogananda aufsuchte, fanden sich keineswegs nur weltflüchtige Asketen, sondern auch viele praktische, dem Leben in frommer Sympathie zugewandte Männer. So war es für einen der Heiligen ein besonderes Vergnügen, jeder duftlosen Blume den Geruch einer beliebigen anderen zu verleihen, was bei Jüngern wie Besuchern zu heiteren Irritationen führte. Zudem vermochte er, was Millionen seiner Landsleute aufgrund ihres sündigen Vorlebens nicht einmal durch härteste Arbeit gelingt, er konnte jederzeit aus Äther Lebensmittel aller Art materialisieren, ein Talent, das er seiner asketischen Lebensweise wegen allerdings nur selten nutzte. Im Grunde ist dieses Wunder spiritueller Kalorienvermehrung ein ungemein einfaches, wie auch Yogananda versichert, denn physikalisch gesehen handelt es sich nur darum, die Schwingungsstruktur der Biotronen, jener Teilchen also, die feiner als Atome sind und die jeweiligen »Ideensubstanzen der fünf Sinne« enthalten, in Form von Mandarinen, Brötchen bzw. der jeweils gewünschten »Bioform« anzuordnen. Natürlich wäre es ein leichtes, so des Swamis nachsichtige Belehrung auf den philanthropischen Einwand Yoganandas hin, selbst ein so ungeheuer großes Volk wie das indische durch Biotronenderivate zu speisen, aber das unabänderliche Karma verbiete nun einmal jede allzu durchschlagende Reform der ökonomischen Misere.

Yogananda suchte die Begegnung mit heiligen Männern aller Disziplinen — auch mit Wissenschaftlern. Sein Gespür für illustre Persönlichkeiten führte ihn mit dem berühmten indischen Biologen Dschagadis Tschandra Bose zusammen, der mittels des Bose-Crescographen den Naturwissenschaften ungeahnte Möglichkeiten eröffnet hatte. So spektakulär das Gerät — das außerhalb Indiens nie Anwender fand —, so bahnbrechend die Ergebnisse, die mit seinen zehnmillionenfachen Vergrößerungen möglich waren. Was fanatische Floristen schon immer geahnt und skrupulöse Vegetarier stets insgeheim befürchtet hatten, wurde wissenschaftliche Gewißheit: auch Pflanzen besitzen ein hochsensibles Nervensystem und ein ausgeprägtes Gefühlsleben. Selbst im scheinbar Unbelebten, in Steinen und Metallen pulsiert die göttliche Energie, was mit unverhoffter Deutlichkeit den Einklang von religiöser und naturwissenschaftlicher Erkenntnis bezeugt, wie er in dieser Harmonie nur in Indien zu finden ist.

Die heiligen Männer, die Yogananda aufsuchte, die Wissenschaftler und Theologen, die er befragte, alle bestärkten den Heranwachsenden in seiner religiösen Mission, und doch quälten ihn Zweifel, denn noch immer hatte er seinen Guru nicht gefunden, noch immer hatte er kein ausdrückliches Zeichen seiner Berufung erhalten. So bat er eines Tages Meister Mahayasa, den ewig glückselig Lächelnden, bei der göttlichen Mutter Fürsprache für ihn einzulegen. Der Heilige zögerte, aber angesichts der ostentativen Seelenqualen seines jugendlichen Bittstellers stimmte er schließlich zu. Am selben Abend noch erschien Yogananda die göttliche Mutter, um ihn in inniger Kürze ihrer ewigen Liebe zu versichern. Dieser Gnadenbeweis war um so notwendiger, als Yoganandas Schulleistungen aufgrund seiner unermüdlichen Suche nach Heiligen derart gesunken waren, daß nach menschlichem Ermessen keine Aussicht mehr auf ein erfolgreiches Examen bestand. Aber der himmlische Vater wollte es anders. Er sandte ihm einen Mitschüler als Nachhilfelehrer ins Haus und ließ ihn zudem, da dieser in der Eile die Sanskritübungen vergessen hatte, die entsprechenden Prüfungsverse auf der Straße finden. Yogananda bestand das Abitur.

Im Hochgefühl dieses unerwarteten Erfolges beschloß er, seine Familie zu verlassen und seine geistige Ausbildung in einer Einsiedelei zu vervollkommnen. Aber die Bewohner des von ihm erwählten Aschrams waren keineswegs erfreut über den meditativen Eifer des Neuankömmlings, der bevorzugt die Stunden des Küchendienstes zur Gottessuche verwendete. Seine Verzweiflung angesichts dieser Empfindungslosigkeit wuchs von Tag zu Tag, bis er in seiner Not die Mutter des Alls bat, ihm den so lang ersehnten Guru zu senden, auf daß er ihn von all dem erlöse. Sein Gebet wurde erhört. »»Dein Meister kommt noch heute!« erklang eine göttliche Frauenstimme [...].«

Kurze Zeit später schickte man Yogananda einkaufen. Zum Erstaunen aller machte er sich ohne Murren auf den Weg. In einer kleinen Gasse kam ihm plötzlich ein »christusähnlicher Mann« entgegen, und — gleichzeitig stutzend — erkannte man sich als Lehrer und Schüler. Yogananda zweifelte keinen Augenblick, daß dieser Mann ihn umgehend zu Gott führen würde, und der geheimnisvolle Fremde wiederum spürte, daß er in diesem hingabebereiten jungen Einsiedler seinen würdigen Nachfolger gefunden hatte. Beiderseits war man sich rasch einig, einander ewig zu lieben; der Guru bot Yogananda darüber hinaus in der ersten Aufwallung seines pädagogischen Eros seine Einsiedelei mitsamt allem sonstigen weltlichen Besitz als Geschenk an.

Swami Sri Yukteswar Giri, so der Name des geheimnisvollen Fremden, residierte in Serampur, keine 20 Kilometer von Kalkutta, dem Wohnort der Familie Yoganandas, entfernt. Er befahl seinem neuen Schüler, augenblicklich zurückzukehren, was diesem um so leichter fiel, als seine Miteinsiedler keineswegs gewillt waren, weitere Extravaganzen zu dulden.

Einen Guru zu finden ist eine Gunst des Schicksals, ihm willfährig sein zu dürfen eine Gnade. Ein Guru ist mehr als nur ein Religionslehrer, er ist Vater, Übermensch und Gott zugleich — dank der beharrlichen Servilität seiner Jünger. Gurus sind allmächtig. Ihrer Kreativität und

Schaffensfreude sind keine Grenzen gesetzt, heute noch weniger als zu Zeiten Yoganandas. So hat der häufig in Europa gastierende Sri Chimnoy nach Auskunft seines Pressedienstes in 15 Jahren u.a. 400 Bücher geschrieben, 3000 Lieder komponiert und 130000 Bilder gemalt, davon 100000 innerhalb von 11 Monaten, was einem Schnitt von 4,75 Minuten pro Bild entspricht. Dagegen sind die 843 Gedichte, die er als poetische Leistungsprobe innerhalb von 24 Stunden niederschrieb, kaum mehr als eine Fingerübung. Eine Produktivität, die nur noch übertroffen wird durch die Glaubenskraft seiner Anhänger. Je größer ihr Wille zur Unterordnung, desto näher die Erlösung. »Um Erleuchtung und Leidenschaftslosigkeit zu erlangen«, empfiehlt die *Guru Gita,* die heilige Schrift des Guruismus, »soll man das heilige Wasser schlürfen, in dem der Guru seine Füße gewaschen hat.« Eine geschmackliche Erleichterung dieser kulinarischen Demutsübung ist den Vordenkern der Krischna-Bewegung zu danken: Sie ließen ihre Gurus die Füße in Yogurt baden.

An sich ist es die Aufgabe eines Gurus, die Leiden der Menschheit wenn schon nicht zu beheben, so doch zu lindern — eine messianische Verantwortung, der sich bislang die wenigsten gewachsen zeigten, was ihrem Ansehen keineswegs geschadet hat. Gurus lächeln immer. Und sie haben allen Grund dazu. Gurus werden nicht an ihren Taten, sondern an ihren Worten gemessen.

Schon beim ersten Hautkontakt mit Sri Yukteswar durchflutete Yogananda eine unbeschreibliche Glückseligkeit. Die läuternde Glut, die er durch seinen Körper strömen fühlte, wenn er vor seinem Guru niederkniete, die Erleuchtungszustände, die wohltuende Ruhe, die ein einziger Blick von ihm zu schenken vermochte, all das zeugt von jener Fertigkeit autoerotischer Suggestibilität, die seit jeher die Lust an mystischen Entrückungszuständen ausmacht. Ein Zustand, den Yogananda in naiver Offenherzigkeit als eine Form spirituellen Orgasmus schildert, was erklärt, warum jene ekstatische Verzückung auf den Gesichtern meditativ Entrückter bei keuschen Betrachtern für gewöhnlich eine peinliche Unruhe auslöst.

Der Guru weist seinen Schülern den Weg ins Nirwana. Das Skandalöse — im christlichen Sinne — daran ist, daß der Jünger nach dem Durchleben all der unzähligen Meditationsübungen und Inkarnationen sich an einem Ort wiederfindet, wo man ihn am allerwenigsten vermutet hätte: im Nirgendwo nämlich. Nirwana meint nichts anderes als Verlöschen, lustbetontes Verlöschen. Dieses Lebensziel der Erlösung aus dem Zyklus der Wiedergeburten ist traditionellem Hinduglauben zufolge nur möglich, wenn die Summe der kultischen Vorschriften penibel beachtet wird. Entgegen den puritanischen Kasteiungsimperativen des Westens war unter diesen moralischen Geboten allerdings auch durchaus das Streben nach *artha* und *kama,* dem materiellen wie leiblichen Wohlbefinden inbegriffen.

Zur meditativen Befriedung wurden Drogen gereicht, ein bescheidenes, aber reichhaltiges Mahl garantierte die vegetative Sättigung, abschließender Geschlechtsverkehr das somatische Wohlbefinden. Es war nicht unüblich, die Partner auszutauschen oder sich der Dienste einer versierten Tempelprostituierten zu versichern, denn die Praxis lehrte, daß der zur Gewohnheit gewordene Geschlechtsverkehr am allerwenigsten dazu taugte, jene ekstatische Vereinigung zu vollziehen, die ein Vorspiel der göttlichen sein sollte. Sexualität konnte so — spirituell gesehen — durchaus als eine Form der religiösen Pflichterfüllung verstanden werden, was nicht wenige zu beharrlicher Frömmigkeit animierte. Auch den Göttern selbst gestand man durchaus ein erfülltes Sexualleben zu; man freute sich an ihrer Schaffenskraft, man illustrierte ihr

300

heiteres Tun mit detailgenauen Wandgemälden, die Scharen westlicher Religionswissenschaftler zu interpretatorischen Verkennungen der mitleiderregendsten Art zwangen. Aber wie immer man auch das Dargestellte mystizistisch verfälschte: die unmittelbare Wirkung der erotischen Skulpturen und Gemälde sprach für sich, schließlich dienten sie seit alters her als ästhetisches Lockmittel für die zahllosen Tempelprostituierten, die durch ihren erzwungenen Opfermut die Unterhaltskosten des Tempels sicherten.

Während man im Germanien der Völkerwanderungszeit den Geschlechtsverkehr mit barbarischer Einfallslosigkeit als Rekrutierungsritual praktizierte, schrieb ein indischer Weiser das *Kamasutra*, jenes legendäre Lehrbuch orientalischer Liebestechniken, das Generationen westlicher Leser in gymnastische Verzweiflungsakte stürzen sollte. Die Klassifizierungen des *Kamasutra* sind vielfältig und zeugen von einer diffizilen Beobachtungsgabe. Es werden die Arten sanfter und leidenschaftlicher Umarmung unterschieden, die Formen des Liebesbisses, des Oralverkehrs, der erogenen Mobilität, der Kußmöglichkeiten und -winkel. Größe und Standkraft des *lingam* werden nach Hasen-, Stier- oder Pferdemann katalogisiert, die ihnen zugehörige *yoni* nach Reh-, Stuten-, oder Elefantenkuhgröße. Überkreuzungen sind nicht ausgeschlossen und können zu ebenso heiteren wie tragischen Unglücksfällen führen.

Einsiedler, Asketen und andere meditativ Versierte sind nach wenigen Jahren mentaler Übung in der Lage, die im Geschlechtsverkehr möglichen Ekstasen auch ohne Partner zu erzielen, wobei es durchaus nichts Anstößiges hat, sich gleichsam als methodischer Vorübung des eigenen *lingam* zu bedienen, da sexuelle Erregung hinduistischem Glauben zufolge stets göttliche Gegenwart indiziert. Je anhaltender die Ekstase, desto aussichtsreicher die Erlösung, desto eher lüftet sich der Schleier der Maya, der das wahre Sein hinter weltlichem Gaukelspiel verbirgt. Da Gott angesichts seiner nicht zu steigernden Vollkommenheit in keinem anderen Zustand als dem einer gewissen behäbigen Glückseligkeit existieren kann, wird das Angesicht jedes Verzückungswilligen, der sich mit ihm im meditativen Taumel vereinigt, vom Abglanz seiner saturierten Majestät überstrahlt. Eine unendliche Helligkeit, die alles Dunkle, alle Schatten, alle Konturen auslöscht, durchstrahlt sein Gemüt und läßt es heiter und licht werden. Diese sehr wörtliche Umsetzung dessen, was in metaphorischer Rede Erleuchtung genannt wird, ist ungemein intensiv und inhaltsleer, denn so hell es auch immer in der Seele eines Mystikers sein mag, wenn er ins Jenseits entrückt, so dunkel ist seine Rede, wenn es darum geht, Sinn und Nutzen seiner fortwährenden intellektuellen Absence plausibel zu machen.

Der Tagesablauf im Aschram war von beglückender Monotonie. Sri Yukteswar pflegte vor Morgengrauen zu erwachen und noch im Liegen in den Zustand überbewußter Glückseligkeit einzugehen, was er Yogananda dadurch kundtat, daß er sein Schnarchen abrupt enden ließ. Nach der morgendlichen Ekstase folgte ein gemeinsamer Spaziergang am Ganges, der vorwiegend der religiösen Unterweisung und meditativen Landschaftsbetrachtung diente. Ein reinigendes Bad schloß sich an, dann wurde das Mittagsmahl zubereitet, schlicht, vegetarisch und den asketischen Grundsätzen entsprechend nicht allzu reichlich portioniert. Am Nachmittag empfing der Guru Besucher, die aus aller Welt in die Einsiedelei kamen, um Belehrung zu suchen, die er allen, ohne Ansehen des Standes, zuteil werden ließ.

Um 20 Uhr gab es ein gemeinsames Abendbrot, das meist aus den Nahrungsresten des Tages zusammengestellt wurde, denn in der weisen Erkenntnis, daß Verschwendung stets Verdruß bringt, hielt er seine Jünger zum sparsamen Haushalten an. Nach der Mahlzeit predigte Sri Yukteswar gewöhnlich eine kleine Weile. Während der anschließenden religiösen Debatten verlor er sich oft unvermerkt in der Betrachtung des Unendlichen, was ihn aber keineswegs beim Sprechen innehalten ließ. Gegen Mitternacht fiel er auf seinem Tigerfell in einen leichten Schlaf, häufig genug aber dauerten die Diskussionen und Belehrungen auch die ganze Nacht, um sich direkt im Gangesspaziergang fortzusetzen.

Wie alle heiligen Männer verfügte auch Sri Yukteswar über wundersame Kräfte. Kobras scheuten ihn ebenso wie Moskitos, er vermochte Zuckerkranke und Epileptiker, Schwindsüchtige und Lahme zu heilen, er verhalf dem allzu dürren Yogananda zu einem selbst für indische Verhältnisse respektablen Übergewicht, indem er seine nervöse Gastritis heilte und ihn binnen 24 Stunden 50 Pfund zunehmen ließ.

Sri Yukteswar konnte Gedanken lesen, Regen machen und alle Körper dieser Welt, einschließlich des eigenen, jederzeit entmaterialisieren und nach Belieben neu synthetisieren. Seine Auslegungen der heiligen Schriften waren schon zu Lebzeiten Legende. Auch wenn er mitunter seinen Schülern sehr streng gegenübertrat, so sparte er doch nicht mit aufmunternden Weisheiten, deren tröstendste sicherlich die war, daß jedes Gebet vom himmlischen Vater erhört wird, sofern man sich nur häufig genug an ihn wendet.

Das müßige Leben im Aschram förderte Yoganandas Frömmigkeit, nicht aber seine Bildung, zumindest jene nicht, die an der Universität verlangt wurde. Anstatt dem Wunsch seines Vaters zu folgen und Vorlesungen zu besuchen, fuhr er allmorgendlich mit einem Strauß Blumen zur Einsiedelei seines Gurus und kehrte, wenn überhaupt, erst gegen Mitternacht wieder nach Hause zurück. Sein

Vater verzweifelte, seine Kommilitonen verspotteten ihn als »närrischen Mönch«, seine Professoren waren entschlossen, ihm sein demonstratives Desinteresse gerecht zu entgelten — Yogananda jedoch ließ sich in seinem frommen Lebenswandel nicht beirren. Je näher allerdings der Tag des Staatsexamens kam, desto weniger vermochte er seine zur Schau gestellte Gleichgültigkeit zu bewahren, aber Sri Yukteswar ermunterte ihn biblisch weise zu sorgloser Heiterkeit: »Trachtet am ersten nach dem Reich Gottes und nach seiner Gerechtigkeit, so wird euch solches alles zufallen. Darum sorget euch nicht um den morgigen Tag [. . .].«

Yogananda gehorchte, und der himmlische Vater dankte es ihm in Gestalt eines fleißigen Kommilitonen, der sich freiwillig als Tutor anbot. Und wieder einmal waren die Fragen, welche beide gemeinsam einstudierten, auch tatsächlich die Prüfungsfragen, die so viele andere kleingläubige Spötter scheitern ließen. Als dann selbst die erforderliche Mindestpunktzahl auf eben jenes Niedrigstniveau herabgesetzt wurde, das ihm dank himmlischer Hilfe zu erreichen gerade noch gelungen war, raunte man allenthalben — mit stillschweigender Billigung Yoganandas —, daß hier ein Wunder geschehen sei. Im Juni 1915 wurde er zum Bakkalaureus der philosophischen Fakultät ernannt. Im vollen Bewußtsein der dekorativen Nutzlosigkeit dieses Abschlusses entschied sich Yogananda, Mönch des Swami-Ordens zu werden. Die Einweihungszeremonie war schlicht. Im Wissen um Yoganandas zukünftige Mission kleidete ihn sein Guru anstatt in die westlichen Augen allzu ärmliche Baumwolle in ein ockerfarbenes Seidengewand und forderte ihn auf, einen neuen Namen zu wählen: Mkunda Lal Ghosch gab seinen bürgerlichen Namen auf und nannte sich fortan Yogananda, was soviel heißt wie Glückseligkeit durch Vereinigung mit Gott.

Traditionsgemäß hätte Yogananda sich nun als Eremit zur Ruhe setzen können, aber sein missionarischer Ehrgeiz trieb ihn zu Größerem: Er wollte die Welt von allem Übel erlösen und zu seiner Meditationstechnik, zur Meditationstechnik seines Lehrers bekehren. Wie viele Gurus lehrte auch Sri Yukteswar nicht Yoga schlechthin, sondern seine Variante, die er in alten Schriften wiederentdeckt und als die dem Seelenheil förderlichste erprobt hatte. Dieses Kriya-Yoga ist »eine einfache, psychophysiologische Methode, mit deren Hilfe dem menschlichen Blut Kohlendioxid entzogen und Sauerstoff zugeführt wird. Diese zusätzlichen Sauerstoffatome werden in einen ›Lebensstrom‹ verwandelt, der das Gehirn und die Rückenmarkszentren neu belebt. Dadurch, daß der Yogi die Anhäufung venösen Blutes verhindert, kann er den Verfall der Zellen reduzieren oder sogar aufheben. Ein fortgeschrittener Yogi verwandelt seine Körperzellen in reine Energie.« Es war eben dieses Kriya-Yoga, oder zumindest eine ähnliche Technik, die, so vermutet Yoganda, Propheten wie Elias, Jesus oder Kabir ihre Zauberkraft schenkten. Selbst Paulus war diese Meditationstechnik nicht unbekannt, wie die sibyllinischen Worte bezeugen, die er an die Korinther richtete: »Bei dem Ruhm, ihr Brüder, den ich euerthalben in Jesus Christus, unsrem Herrn, habe — ich sterbe täglich!« Ein Satz, dessen mysteriöses Dunkel sich erst verflüchtigt, wenn man erkennt, daß Paulus offensichtlich täglich nach Art des Kriya-Yoga die wahre Gottesvereinigung, d.h. den Tod der Sinnenwelt in sich erfuhr, sei es durch Mantra-Gesänge, ekstasefördernde Körperstellungen, konzentrationsdienliche Atem-Techniken oder das Verschlucken langer, reinigender Gaze-Streifen.

Mit den von Sri Yukteswar wiederentdeckten und durch Yogananda vervollkommneten Yogaübungen vermag der zahlungswillige Initiant zudem nicht nur der Sinnenwelt zu entkommen und die Unsterblichkeit zu erlangen, er beschleunigt auch die Evolution im allgemeinen: Nur »eine halbe Minute Kriya entspricht einem Jahr natürlicher geistiger Entwicklung«. Ein gewöhnlicher Mensch braucht nach Rechnung Yoganandas 1 Million Jahre, um sich selbst geistig zu vervollkommnen — eine Zeitspanne, die ganz zu durchleben, nur wenigen vergönnt ist. Kriya-Yoga beschleunigt diesen Prozeß. Mit regelmäßigen Übungen unter sachkundiger Anleitung läßt sich an einem Tag leicht der gleiche Fortschritt erzielen, der andere 1000 Jahre ihrer Lebenszeit kostet. In einem einzigen Jahr vermag der Kriya-Jünger auf diese Weise 365000 Normaljahre zu sparen. Bei einer Lebenszeit von 60 Jahren macht das eine Ersparnis von 21900000 Jahren. Rechnet man allerdings von der Stunde 0 des Evolutionsplans an, dann haben selbst junge Kriya-Schüler kaum Aussichten, über das Archaikum, das goldene Zeitalter vegetativer Universalherrschaft hinauszugelangen. Die täglichen Übungszeiten sind minimal, wer morgens und abends 14–24mal die entsprechenden Techniken anwendet, kann schon nach 6, 12, 24 oder 48 Jahren der Mitgliedschaft erste befreiende Wirkungen erwarten.

In der richtigen Einsicht, daß diese revolutionäre Technik meditativ zu erlangender Unsterblichkeit bei allen Mitmenschen auf großes Interesse stoßen würde, zwang sich Yogananda, der eremitischen Versuchung nicht nachzugeben und statt dessen der Wohlfahrt aller zu dienen. 1916 gründete er mit sechs Knaben in einem kleinen bengalischen Ort seine erste Schule; dank der Hilfe eines mäzenatischen Maharadschas konnte er bald darauf in einen leerstehenden Palast in Rantschi, einer kleinen Stadt 300 km südlich von Kalkutta, umziehen. In wacher Erinnerung an die eigenen schulischen Strapazen stellte Yogananda die intellektualistische Drangsal den frömmigkeitsfördernden Übungen weit hintenan. Die Schüler durften im Rahmen seiner ganzheitlichen Pädagogik viel im Garten arbeiten, sie wurden in Religion und der »einzigartigen« Yoganandamethode zur Ertüchtigung des Körpers unterrichtet, mit deren Hilfe man die »Lebenskraft willentlich von einem Körperteil in den anderen« verlagern kann, was bei den unterschiedlichsten Tätigkeiten von großem Nutzen ist. Schüler wie Eltern zeigten sich zufrieden. Der Ruhm der Schule wuchs — bald stieg die Zahl der Aufnahmeanträge auf über 2000, und Yogananda, als Gründer nunmehr überflüssig, setzte sich ein höheres Ziel.

Während der Westen sein Hauptaugenmerk noch immer darauf gerichtet hielt, den Osten wirtschaftlich zu kolonisieren, während die christlichen Kirchen ihre Missionierungsbewegungen in Ermangelung militärischen Beistandes zunehmend gewaltloser, aber noch immer mit der ihnen eigenen Kompromißunwilligkeit betrieben, hatten indische Religionslehrer längst erkannt, daß es Morgen- und Abendland, westlicher Finanzkraft und östlicher Geistigkeit bestimmt war, synergetisch zusammenzuwirken. Vordenker hatte es viele gegeben, Yogananda beschloß, den Worten Taten folgen zu lassen. Ähnlich erwartungsfroh wie einst Columbus gen Indien gereist war, um zum Wohl der heimischen Volkswirtschaft Millionen unerlöster Heiden Religion und Anstand zu lehren, trat auch Yogananda, auf Einladung der Freireligiösen Bewegung Amerikas, seine Pilgerfahrt in den Westen an, um allen, die ihrer bedurften, die Botschaft des Kriya-Yoga zu bringen. Die Hindernisse schienen zunächst unüberwindlich, aber göttlicher Beistand ebnete den Weg: der Vater reichte ihm unaufgefordert einen Scheck für die Reisekosten, und das Englische sprach sich nun, da er seiner bedurfte, wie von selbst.

Im August 1920 fuhr Yogananda mit dem Passagierdampfer City of Sparta nach Amerika. Schon auf dem Schiff wußte er seine Hörer mit einem extemporierten Vortrag über die religiösen Aspekte des alltäglichen Darwinismus gleichermaßen zu unterhalten wie zu belehren. In Boston angekommen, hielt er auf dem freireligiösen

Kongreß eine vielbeachtete Rede, die ihm so große Sympathien einbrachte, daß er drei bescheidene Jahre als Yogalehrer in Neuengland verbringen konnte. 1924 hatte er genug erspart, um eine landesweite Vortragsreise zu finanzieren. Die Resonanz war ermutigend. Bereits im Jahr darauf errichtete er dank der Großzügigkeit einiger zahlungskräftiger Schüler in Los Angeles das Mutterzentrum seiner Self-Realization-Fellowship.

Das Unternehmen florierte. Der Spiritismus, diskreditiert durch zahllose Enthüllungsskandale allzu spärlich entlohnter Handlanger, hatte längst seine Anziehungskraft verloren, die christlichen Religionen, eingeschüchtert durch den Fortschritt der Wissenschaften, boten den Gläubigen kaum mehr als den angestrengt munteren Verweis auf Vergangenes und vage Vertröstungen auf Zukünftiges, während Yogananda mit geschäftstüchtiger Unbekümmertheit augenblickliche Erlösung von allen Übeln mitsamt baldiger Unsterblichkeit versprach, sofern man seine Broschüren aufmerksam studierte und die, gemessen an den gebotenen Dienstleistungen, ungemein kostengünstigen Kriya-Kurse regelmäßig absolvierte. Diese Zuversicht fand Zuspruch. Zum Dank für das gläubige Entgegenkommen seiner amerikanischen Gastgeber verfaßte Yogananda einen kleinen Band mit Gebeten und Seelenversen, *Flüstern aus der Ewigkeit,* und professionalisierte die publizistische Vermarktung der Bewegung durch die Gründung der Zeitschrift *East-West.*

1935, nach 15 Jahren überaus gewinnbringender missionarischer Basisarbeit, kehrte Yogananda auf eine telepathische Botschaft seines Meisters Sri Yukteswar hin mitsamt Sekretär und Mäzenatin wieder nach Indien zurück. Da es weder an Zeit noch an Geld mangelte, unternahm die Reisegruppe einen touristischen Abstecher nach Bayern, um Therese Neumann, die Heilige von Konnersreuth, zu besuchen.

Theres, wie sie von ihren Verehrern zutraulich gerufen wurde, war 1898 als erstes von 11 Kindern eines armen Schneiders geboren worden. Ihr von Kindesbeinen an frommer Lebenswandel wurde nicht weiter auffällig, bis sie sich im März 1918 beim Feuerlöschen zwei Rückenwirbel verrenkte, den Zentralnervenstrang quetschte, bettlägerig und blind wurde. Wie bei ihrer Namensvetterin, der heiligen Therese von Lisieux, behob sich das Malheur auf wundersame Weise, selbst die Sehkraft kam zurück, allerdings verschwanden nun Hunger und Durst. Von 1923 an nahm Therese Neumann nichts anderes mehr zu sich als täglich eine Hostie und, in opulenteren Jahren, einen gelegentlichen Schluck Wasser. Diese radikale Bedürfnislosigkeit schien selbst kirchlichen Stellen unglaubwürdig, und so wurde 1927 eine medizinische Untersuchungskommission einberufen, die sie über 14 Tage hinweg in ihrem eigenen Haus beobachtete und einer abschließenden Leibesvisitation unterzog, was wenig mehr als die kaum überraschende Bestätigung ihrer intakten Virginität erbrachte. Als Jahre später angesichts ihres stetig wachsenden Ruhms der Wunsch nach weiteren, wissenschaftlich seriöseren Untersuchungen aufkam, verweigerte sie der Vater unter Verweis auf die unerbetene Unsittlichkeit der ersten.

1926 erschienen an Therese erstmals die blutenden Wundmale Jesu. Von nun an durchlebte sie zunächst jeden Freitag, dann, mit zunehmenden Alter, nur noch an Feiertagen die Passion Christi: Die Nagelnarben an Händen und Füßen brachen auf, die Herzwunde begann zu fließen, und sie verlor 10 ihrer 121 Pfund Normalgewicht — die sich in den Tagen danach aber wieder von selbst einstellten.

Jahr für Jahr drängten sich Tausende von Besuchern zu diesem blutigen Schauspiel und prozessierten in langen Schlangen durch Thereses Schlafzimmer. Dank des Pilgertourismus und des reichen Zuflusses an Spendengeldern aus aller Welt wurde die »Heilige von Konnersreuth« zum bedeutendsten Wirtschaftsfaktor der unterentwickelten Region.

Was auch immer der Anlaß für ihre selbstauferlegte Passion gewesen sein mag, ob es ein Zufall war, der sie die prestigefördernde Macht religiösen Wahns lehrte, oder die präzis kalkulierenden Hoffnungen einer ewig zu Armut und Unscheinbarkeit verdammten Dienstmagd, ob ein Familienkomplott am Anfang stand oder der fördernde Enthusiasmus des Dorfpfarrers, was auch immer Therese Neumann und ihre Helfershelfer zu diesem fortgesetzten Täuschungsmanöver getrieben haben mag, sie spielte ihre Rolle mit einer Ausdauer, die allein ihren Ruf als Heilige rechtfertigte.

Am 16. Juli 1935 traf Yogananda in Konnersreuth ein und erregte nicht zuletzt dank der aus Amerika mitgeführten Ford-Limousine sofort lebhaftes Interesse in der Bevölkerung. Therese Neumann allerdings war nicht zu Hause, sondern hielt sich bei ihren akademischen Förderern in Eichstätt auf. Yogananda eilte ihr nach. Im Haus des Universitätsprofessors Franz Wutz fand dann die erste bezeugte Begegnung zwischen östlichem Spiritualismus und westlicher Mystik statt. Im vollen Bewußtsein des säkularen Ereignisses lächelten sich beide in stillem Einvernehmen an, denn jeder »wußte vom anderen, daß er Gott liebte«. Natürlich erkundigte sich Yogananda nach dem Wunder ihrer Bedürfnislosigkeit, woraufhin Therese beteuerte, daß sie nur diese eine hauchdünne, münzgroße Hostie allmorgendlich zu sich nehme.

»»Sie können aber nicht zwölf Jahre lang nur davon gelebt haben?‹ — ›Ich lebe von Gottes Licht.‹« Wie einfach ihre Antwort war — wie »einsteinisch«! — »Ich verstehe! Sie wissen, daß Sie von der Kraft erhalten werden, die aus dem Äther, der Luft und den Sonnenstrahlen in Ihren Körper einströmt.« Therese verstand und war voll der Freude über die solidarische Sensibilität der exotischen Erscheinung, was wiederum Yogananda freudig lächeln ließ, zumal er nur allzugut nachvollziehen konnte, daß sie ihr Geheimnis der Welt nicht so ohne weiteres preiszugeben berechtigt war.

Beide genossen noch eine Weile die wortlose Eintracht, anschließend unterwies Yogananda die stets Lernbegierige auf ihren eigenen Wunsch hin noch kurz in Funktion und Handhabung seines Autoradios, was wiederum Therese mit kindlichem Entzücken erfüllte — dann schied man mit dem Versprechen eines baldigen Wiedersehens.

Am Freitag fand sich Yogananda pünktlich im Schlafzimmer Thereses ein, um ihr wöchentliches Martyrium zu bestaunen: Sie lag aufgebahrt in ihrem Bett und blutete. Aus den Augen floß Blut, aus den Wunden der Dornenkrone, aus der Herz- und der Seitenwunde, aus den Hand- und den Fußmalen. Yoganandas Sekretär ertrug das blutige Schauspiel nicht und wurde ohnmächtig. Yogananda selbst hatte sich rechtzeitig in Trance versetzt, um vor seinem geistigen Auge eben jenes Passionsspiel aufgeführt zu sehen, das Therese so dramatisch leiden ließ. Gerührt ob des Gleichklangs ihrer Seelen und der Unausweichlichkeit eines himmlischen Wiedersehens, verließ er den Raum, ohne sich eigens zu verabschieden.

Nach einer ausgiebigen Europarundreise und einer kurzen Wallfahrt ins Heilige Land kehrte Yogananda im August 1935 mitsamt Sekretär, Mäzenatin und Ford nach Indien zurück — zur Freude seines Vaters, seines Gurus und aller Schutzbefohlenen. Dank der Generosität amerikanischer Anhänger konnte nicht nur die Finanzmisere der Schule in Rantschi behoben, sondern auch zahlreiche weitere Institute, Einsiedeleien und Meditationszentren eröffnet werden, was Yogananda immer fülliger und sein Lächeln immer inniger werden ließ.

Beruhigt über die Wiederkehr seines Lieblingsschülers und den Umstand, sein Erbe nun in guten Händen zu wissen, entschloß sich Sri Yukteswar kurz vor seinem 81. Geburtstag zum Mahasamadhi, dem bewußten Verlassen des Körpers. Yogananda weilte zu dieser Zeit bei einer großen Festlichkeit in der heiligen Stadt Allahabad, aber eine schwarze Astralwolke kündete ihm das Dahinscheiden seines Lehrers, so daß er rechtzeitig eintraf, um einen letzten Blick auf den im Lotossitz Dahingegangenen werfen zu können. Yoganandas Trauer dauerte nicht allzulange, da Sri Yukteswar wenige Tage später in einem Bombayer Hotelzimmer von den Toten auferstand, um seinen einstigen Lieblingsschüler von der Beschaffenheit des Jenseits zu unterrichten.

Mit Freude vernahm Yogananda, daß das Universum tatsächlich aus unzähligen Astralplaneten besteht, die — von wenigen Strafanstalten für unreine Seelen und meditationsmüde Schüler abgesehen — bevorzugt von all jenen bevölkert werden, die sich im Kriya-Yoga hervorgetan haben. So schön, sauber und wohlgeordnet dieser astrale Kosmos dem Neuankömmling auch scheint, so wohltuend sein Klima, so reich an »kristallklaren Seen, leuchtenden Meeren und regenbogenfarbigen Flüssen« er ist, so melancholisch stimmt seine unentrinnbare Schönheit auf Dauer. Wie in allen Paradiesen herrscht eine gewisse, nie offen beklagte Monotonie des Glücks, die selbst die Heiligsten während ihrer letzten Läuterungsphase mitunter ins Grübeln bringt. Das mag nicht zuletzt an ihrem gewöhnungsbedürftigen Aussehen liegen: Astralwesen haben drei Augen, von denen zwei in dauernder Verzückung halb geschlossen sind, während das dritte und größte, das Stirnauge, mit stets wachsamer Freude ins himmlische Licht blinzelt.

Ein gewöhnlicher Astralmensch verbringt 500 bis 1000 Jahre in diesem lichten Jenseits, danach kehrt er — so sein Karma will — auf die Erde zurück oder geht in die nächsthöhere, die »Kausalform« ein, die der Erlösung im Nirwana unmittelbar vorausliegt. Kausalwesen sind — auch wenn ihr Name der esoterischen Diskretion wegen anderes vermuten läßt — kaum mehr natürlichen Gesetzmäßigkeiten unterworfen, da körperlos. In ihrer reinen Geistigkeit erleben sie die Welt nur noch als Sammelsurium von Bewußtseinsformen, in der alle Phantasien und Ideen Wirklichkeit, mentale Wirklichkeit werden können, sobald sie nur angestrengt genug gedacht werden. Kausalwesen leiden unter keinerlei Wünschen und Begierden mehr, da sie alles Begehrte augenblicklich zu materialisieren vermögen. Anders als Astralwesen, die ihres leiblichen Wohlergehens wegen noch auf ätherische Pflanzen und Früchte angewiesen sind, ernähren sich kausale Seelen ausschließlich durch das »Ambrosia ewig neuer Erkenntnis« und trinken wenn, dann nur aus dem »Quell des Friedens«. In der restlichen Zeit treiben sie im uferlosen »Meer der Freude dahin« oder flanieren auf Lichtstrahlen in der Unendlichkeit kosmischer Welten, vorbei an Millionen phantasierter Planeten, Universen, »Weisheitssternen und Traumgebilden aus goldenen Spiralnebeln«. Begrenzungen, ob räumlicher oder zeitlicher Art, existieren für Kausalwesen nicht, was viele, angesichts der Unübersichtlichkeit der sich eröffnenden Seinsmöglichkeiten, in ewiger Unentschiedenheit dahindämmern läßt.

Der Schritt vom Kausalkosmos zur göttlichen Glückseligkeit des Nichts ist ein so kleiner, daß die mehreren tausend Jahre, die ein gewöhnliches Kausalwesen dafür benötigt, als großzügiges Zugeständnis an das uneingestandene Zerstreuungsbedürfnis der himmlischen Bewohner erscheinen muß. Denn kaum ist ein Kausalwesen in die Ewigkeit eingegangen, löst sich seine Restindividualität in einer kaum mehr zu entrinnenden Glückseligkeit auf — unaufhörliches Lachen durchdröhnt den Kosmos und läßt die Unsterblichkeit zu einer unendlichen Ekstase werden. Nicht zuletzt deshalb kehren viele der Erlösten wieder als

Reinkarnationshelfer auf niedere Bewußtseinsstufen zurück oder lassen sich, wie Christus, Mohammed oder Buddha, als Propheten auf die Erde herab, um anderen Menschen den Weg ins himmlische Jenseits zu weisen.

Mit der Versicherung, sich bald gemeinsam im ewigen Lächeln zu vereinen und der ausdrücklichen Mahnung, auch allen anderen Menschen die Kunde seiner Auferstehung mitzuteilen, verließ Sri Yukteswar seinen Lieblingsschüler, nicht ohne ihm zum Abschluß, unter dem Siegel der Verschwiegenheit, einige Prophezeiungen von »weltumfassender Bedeutung« mitgeteilt zu haben, von denen — so Yoganandas ausdrückliche Versicherung — ein Teil bereits eingetroffen ist.

Im beruhigenden Gefühl der nunmehr gewissen Harmonie aller himmlischen Angelegenheiten wollte sich Yogananda der Ordnung im eigenen Land versichern, ehe er guten Gewissens zu seinen amerikanischen Jüngern zurückkehren konnte. Im August 1935 besuchte er Mahatma Gandhi in Wardha, um ihm seine Aufwartung zu machen. Nicht dem Reformer Gandhi, denn das Schicksal der Unberührbaren hatte Yogananda stets als ein unabänderliches empfunden, nicht dem Freiheitskämpfer, denn wahre Freiheit findet sich ohnehin nur in der Meditation, sondern dem religiösen Führer und international renommierten Volkshelden.

In einem kurzen Gespräch ließ sich Yogananda über Gandhis philosophische und politische Vorstellungen unterrichten — im Gegenzug weihte er ihn, auf dessen eigenen Wunsch, in die Techniken des Kriya-Yoga ein. Nun, da er Indien in der sicheren Obhut eines seiner Schüler wußte und im Land selbst kaum mehr Heilige zu finden waren, die aufzusuchen lohnte, entschloß sich Yogananda endgültig zur Abreise.

Während des Zwischenaufenthalts in England gründete er ein Tochterzentrum der Self-Realization-Fellowship und unternahm mit dem »unverwüstlichen« Ford einige